RÉPERTOIRE

DES

PROCÈS-VERBAUX

des preuves de la noblesse

DES JEUNES GENTILSHOMMES

ADMIS AUX ÉCOLES ROYALES MILITAIRES

1751-1792

COULOMMIERS

Imprimerie Paul Brodard.

RÉPERTOIRE

DES

PROCÈS-VERBAUX

des preuves de la noblesse

DES JEUNES GENTILSHOMMES

ADMIS AUX ÉCOLES ROYALES MILITAIRES

1751-1792

PAR

STÉPHANE GEOFFRAY

Liste des admis, la date et le lieu de leur naissance
l'année de leur admission, l'indication
du numéro ou de la page du Procès-verbal des preuves de leur noblesse
présenté au Roi par Messire **D'HOZIER DE SÉRIGNY**
avec Documents inédits

PARIS

A. LE VASSEUR ET Cie, ÉDITEURS

33, RUE DE FLEURUS, 33

1894

PRÉFACE

Au département des manuscrits de la Bibliothèque nationale, sont conservés, dans le cabinet des titres, quarante volumes, grand in-folio, très peu connus et cependant très intéressants.

Ils contiennent les procès-verbaux des preuves de la noblesse des élèves de l'École royale militaire dressés par messire Antoine-Marie d'Hozier de Sérigny, juge d'armes de la noblesse de France, en cette qualité, commissaire du Roy[1].

Cette collection est bien précieuse pour notre histoire puisqu'elle renferme les documents généalogiques indiscutables relatifs au plus grand nombre des officiers qui, dans la dernière moitié du siècle précédent et dans les commencements de celui-ci, ont illustré notre drapeau.

Ils donnent en même temps des indications précises sur les amilles qui, au service de l'État, ont glorifié la nation française dans les situations les plus diverses.

Pour l'honneur de notre pays, ces volumes (consultés aujourd'hui seulement par des généalogistes ou des personnes directement intéressées) doivent être vulgarisés.

---

1. Description des volumes (voir les notes à la fin du volume).

Il n'est pas sans à propos de donner à cette place l'historique sommaire de la grande institution des écoles militaires en Europe et notamment de la fondation de l'École royale militaire dont nous nommons ici les élèves.

Nous n'étonnerons pas nos lecteurs en affirmant que l'étude et l'enseignement de la science militaire se trouvent dans les plus anciennes dissertations didactiques.

Déjà, quatre cent trente ans avant Jésus-Christ, Platon, ce sage et grand professeur de toutes les choses qui intéressent l'existence et le bien-être de l'humanité, avait tracé dans *Criton* ou le *Devoir du citoyen*, des règles bien déterminées pour un enseignement militaire.

Il recommandait pour l'éducation des enfants destinés aux armes, que, avant neuf ans, ils apprissent la danse et la musique; que jusqu'à treize ans, ils étudiassent la littérature prosaïque; que l'astronomie et les mathématiques leur fussent montrées avant dix-huit ans; et que, de cette époque jusqu'à vingt et un ans, ils se livrassent à la gymnastique et aux exercices militaires.

Végèce (Flavius Vegetius Renatus), au IVe siècle, sous Valentinien II, écrivait un traité en cinq livres, *De re militari*, où il résumait les règles indiquées par un grand nombre d'écrivains, ses devanciers.

D'autres auteurs romains font un devoir de l'enseignement militaire, et, chez les peuples d'Orient, cet enseignement conserva au moyen âge son importance.

Au moyen âge, dans ce nouveau monde si divisé, les connaissances acquises qui pouvaient servir en vue des éventualités des guerres ne furent plus l'objet d'une éducation méthodique; néanmoins, dans les châteaux, dans le village, dans les corps de troupes, dans les bandes, l'enseignement était pratiqué.

Au XVIe siècle on recommença à agiter, dans des écrits nombreux, la question de l'instruction militaire; et un Français, de la Noue, vers 1587, préconisa l'idée d'une école militaire.

Le cardinal Mazarin avait l'intention d'établir une école militaire, quand il créa le collège de son nom [1], où on ensei-

---

1. Note sur le collège Mazarin (voir les notes à la fin du volume).

gnait les mathématiques et où les élèves devaient faire de la
gymnastique. Louvois avait eu le projet de fonder une véri-
table école militaire aux Invalides, et cette pensée eut pour
conséquence l'établissement des Compagnies de cadets [1] par
Louis XIV, en 1682.

On a fait aux Allemands l'honneur de leur attribuer l'institution de l'enseignement militaire méthodique.

Il est vrai que, dans cette partie de leur pays, où les arts
de la paix n'ont jamais eu qu'un éclat intermittent, Frédéric
de Prusse fit élever à ses frais trois cent soixante-douze gentilshommes et deux cent trente-six cadets, et que l'éducation
de ces jeunes gens fut entourée des soins des meilleurs professeurs du temps. Mais, tout bien observé, si, en Prusse,
une bonne application fut commencée, on peut dire que
l'élaboration de l'idée s'est faite en France, où d'ailleurs,
bientôt, après des essais répétés, une méthode survint, assez
sûre pour produire les résultats glorieux qui commandèrent
vis-à-vis de nous le respect de l'Europe.

La création des Compagnies de cadets, en 1682, obtenue
par Louvois, n'avait pas donné de bons résultats malgré deux
essais, le second tenté en 1696.

Louis XV réorganisa les Compagnies en 1726, et les plaça
dans les villes de Metz, Cambrai, Strasbourg, Perpignan,
Bayonne et Caen. — Chacune des Compagnies comprenait cent
jeunes gens qui ne devaient servir dans les milices qu'en cas
de guerre. — Cette organisation nouvelle parut encore défec-
tueuse et les cadets furent licenciés à Metz en 1733; ils com-
posaient alors une seule Compagnie de 600 élèves.

Cependant Pierre le Grand ayant institué à Moscou en 1732
une Académie militaire pour les enfants de la noblesse, les
esprits en Europe se préoccupèrent de nouveau de l'éducation
militaire.

A Lunéville, le roi Stanislas, duc de Lorraine, fondait en
1736 une école ou académie militaire sous le nom de Compagnies de cadets gentilshommes, en motivant son institution

---

1. Note sur l'établissement de l'École des cadets (voir les notes à la fin
du volume).

d'une façon qui mérite d'être rappelée. « Notre dessein, dit le roi dans l'ordonnance qui définit le but de l'institution, a été de donner à notre patrie, la Pologne, et à nos états de Lorraine, des marques essentielles de notre bienveillance en faisant élever des sujets qui puissent rendre des services signalés à leur patrie par leurs conseils et par leurs armes. » Cette faveur ne s'étendait toutefois qu'à ceux qui pouvaient justifier de quatre degrés de noblesse devant le conseil aulique. — Cet exemple dans un pays si rapproché ne devait pas tarder à être suivi chez nous, — Pâris du Verney qui avait étudié dans plusieurs mémoires le sujet et qui était très bien venu chez Mme de Pompadour [1], comme le prouvent deux lettres et un billet conservés aux Archives nationales, agit très activement, soit vis-à-vis du Régent, soit vis-à-vis de Louis XV pour faire accepter sa proposition de créer à Paris une école militaire [2].

D'autres personnages plus ou moins spécialistes favorisaient le projet dans le public et près du roi.

Enfin, en janvier 1751, parut l'édit royal portant création d'une école militaire [3].

En quelques mois, toutes dispositions étaient prises pour exécuter l'ordre royal, et Pâris du Verney acheta un emplacement sur le territoire de Grenelle, sur la paroisse de Saint-Lambert de Vaugirard ; il paya le terrain 277 860 livres — le contrat de vente est du 20 juin 1751.

L'architecte Gabriel fit le plan des constructions et reçut 500 000 livres avec l'ordre de commencer les travaux, qui furent terminés le 18 juillet 1755.

Les élèves admis suivant l'édit de 1751 qui avaient été établis à Vincennes, en attendant l'achèvement de la construction, vinrent s'installer dans les bâtiments de Paris, dans la semaine de Pâques 1756, au nombre de 80, avec les administrateurs de l'École et les professeurs non mariés.

En 1757, Pâris du Verney acheta encore pour 5000 livres

1. Voir les lettres de Mme de Pompadour à Pâris.
2. Mme de Pompadour passe, suivant certains auteurs, pour avoir eu l'initiative de la proposition ; en tous cas elle traça de sa main les indications utiles à la résolution favorable du roi.
3. Voir l'édit.

un bâtiment voisin entouré d'un parc pour loger une compagnie, le nombre des élèves ayant beaucoup augmenté.

L'institution prenait de l'importance; c'est pourquoi le roi fut amené à développer l'instruction militaire par une nouvelle fondation, *la Flèche*.

Le collège de la Flèche était une maison de Henri IV; ce roi l'avait donnée aux Jésuites en 1603 pour y établir une maison d'éducation et d'instruction.

Après l'expulsion des Jésuites, le collège fut administré sous la surveillance du roi, puis, par les lettres patentes du 7 avril 1764, fut déclaré collège royal.

Suivant ces lettres, le collège fut destiné à préparer les élèves à toutes sortes d'états indistinctement, clergé, magistrature, arts libéraux [1].

Ceux qui montraient des dispositions et qui avaient la santé et le goût pour le métier des armes, étaient désignés après avoir subi un examen pour continuer leurs études à l'École militaire de Paris. La préférence cependant était donnée aux fils d'officiers tués pendant le service, ou morts des suites de leurs blessures.

Outre les 250 jeunes gentilshommes admis à l'école de la Flèche, des cours gratuits et libres étaient suivis par un grand nombre d'externes.

Après avoir été la pépinière de l'École militaire, cet établissement fut supprimé le 27 mars 1776, lors de la création des écoles militaires provinciales [2].

Le 1er février 1776, une ordonnance porte à 600 le nombre des élèves de l'École de Paris. Peu de temps après cette date, l'ordre de vendre l'hôtel ayant été donné, les élèves furent répartis en divers collèges militaires provinciaux établis à Auxerre, Beaumont, Brienne, Dôle, Effiat, Pont-à-Mousson, Pontlevoy, Ribas, Sorrèze, Tournon, Vendôme.

Le 28 mars de la même année, une décision donna à ces collèges le nom d'Écoles militaires, et les élèves qui en sor-

---

1. L'âge pour l'admission ne devait pas dépasser 14 ans. Et de même que pour l'école de Paris, on exigeait des internes de l'école de la Flèche les preuves de quatre degrés de noblesse de père seulement.
2. Voir les lettres patentes du 7 avril 1764.

taient devaient entrer comme cadets gentilshommes dans les régiments.

L'hôtel de Paris cependant n'avait pas été vendu et, en juillet 1777, un certain nombre d'élèves y furent réinstallés.

Les sujets choisis dans les écoles militaires de province étaient appelés annuellement, après examen, à l'École de Paris, où ils restaient jusqu'à l'âge de dix-huit ans. Ils étaient alors envoyés, en qualité de sous-lieutenant, dans les régiments dont l'arme leur avait été désignée après un examen de classement et suivant leurs aptitudes particulières.

A partir de 1755 tous les élèves furent reconnus novices de l'ordre de Saint-Lazare et du Mont-Carmel et en portèrent les insignes : *une croix à huit branches et en or, suspendue à un ruban cramoisi.*

Ils furent plus tard membres titulaires de l'ordre, avantage qui leur donnait une priorité sur leurs camarades pour la proposition à la croix de Saint-Louis.

Cette mesure générale qui honorait aussi bien les mauvais élèves que les bons fut modifiée en 1760, et ne s'appliqua plus qu'aux quinze sujets reconnus annuellement les plus méritants ; ce nombre fut réduit à six, et enfin en 1779, jusqu'à la suppression de l'école, les trois premiers seulement eurent l'honneur de recevoir la croix.

Les édits et les instructions du roi nous disent l'administration, le régime, le costume et les conditions d'admission à l'École royale militaire.

Tout d'abord le Conseil examinait le dossier de chaque élève envoyé par l'intendant de la province. Le généalogiste des pages de la grande écurie, d'Hozier de Sérigny, vérifiait ensuite les degrés de noblesse établis par les généalogistes de son cabinet [1], contresignait les pièces, donnait son avis et proposait au roi, s'il y avait lieu, l'admission du postulant.

Ces propositions accompagnent chacun des procès-verbaux qui composent les quarante volumes de la Bibliothèque nationale.

1. Entre autres Cherin père, Cherin fils et Berthier.

Notre livre donne la liste des jeunes gentilshommes admis et la place dans les volumes du procès-verbal qui concerne chacun.

Beaucoup de familles retrouveront dans notre publication le nom d'aïeux ou d'alliés ; elles verront réunis des souvenirs et des preuves dont elles ignoraient peut-être l'existence et qu'elles n'avaient pas su ou pu conserver au milieu des tourmentes qui ont transformé tant de situations depuis cent années.

Qu'il nous soit permis, en terminant ce court exposé, d'exprimer l'espoir que notre répertoire sera utile aux élèves sortis des nouvelles écoles militaires qui le consulteront. Ils y apprendront quels ont été leurs aînés dont plusieurs ont fait beaucoup pour la gloire et le salut de la France ; ils y trouveront avec les noms déjà célèbres ceux qui ont été inconnus ou oubliés. Il leur viendra, avec le désir profitable de connaître l'histoire de chacun de leurs devanciers, la volonté de les imiter pour la conservation et la prospérité de la patrie.

Paris, ce 1er mai 1894.

STÉPHANE GEOFFRAY.

RÉPERTOIRE

DES

PROCÈS-VERBAUX

des preuves de la noblesse

DES JEUNES GENTILSHOMMES

ADMIS AUX ÉCOLES ROYALES MILITAIRES

1751-1792

A

d'Aboval de Bacoüel (Michel-Honoré).
Né le 8 juin 1750 à Saint-Romain, diocèse d'Amiens.
Admis en 1762. Vol. 7. P. V. 43.

d'Aboval de Bacoüel (Charles-François-Joseph).
Né le 31 mai 1760 à Saint-Romain, diocèse d'Amiens.
Admis en 1769 à la Flèche. Voï. 19. Fᵘ 5.

d'Aboville (Bernard-Alexandre).
Né le 15 janvier 1769 à Commercy en Lorraine.
Admis en 1780. Vol. 32. P. V. 63.

d'Aboville (Étienne-François).
Né le 22 février 1776 à Commercy, diocèse de Toul.
Admis en 1785 à la Flèche. Vol. 37. P. V. 44.

Absolu de la Gastine (Claude-Alexandre-François).
Né le 14 octobre 1746 à Laon en Picardie, diocèse et élection de Noyon.
Admis en 1756. Vol. 3. P. V. 1.

Absolu de la Gastine (Maximilien-Alphonse-Claude).
Né le 22 avril 1748 à Gisors en Normandie.
Admis en 1756. Vol. 4. P. V. 22.

Absolu de la Gastine (François-Charles).
Né le 16 janvier 1751 à Ham, diocèse de Noyon, généralité de Soissons.
Admis en 1760. Vol. 6. P. V. 36.

d'Abzac (Jean).
Né le 18 mai 1773 à Campagnac, diocèse de Sarlat.
Admis en 1783. Vol. 35. P. V. 4.

d'Abzac de Falgueyrac (François).
Né le 27 avril 1776 à Chamassy, Sénéchaussée de Sarlat.
Admis en 1778. Vol. 29. P. V. 6.

d'Abzac de Trévy (Jean).
Né le 25 octobre 1772 à Saint-Denis de Berbiguière en Périgord.
Admis en 1783. Vol. 35. P. V. 58.

Acary de Beaucoroy (Charles-Henry-Louis).
Né le 16 janvier 1748 à Escuire en Picardie.
Admis en 1760. Vol. 5. P. V. 42.

Acary de la Suze (Charles-Louis-François).
Né le 5 mars 1744 à Montreuil-sur-Mer, diocèse d'Amiens.
Admis en 1753. Vol. 1. P. V. 1.

d'Aché (Anne-Charles-René).
Né le 19 août 1757 à Évreux.
Admis à la Flèche en 1765. Vol. 17. Fo 57.
Admis à l'École militaire en 1771. Vol. 15. P. V. 41.

d'Aché (Charles-Marie-Placide).
Né le 8 avril 1755 à Saint-Denis de Boscguérard, généralité de Rouen.
Admis en 1764. Vol. 17. P. 43.

d'Aché (Michel-Louis-Placide).
Né le 30 décembre 1760 à Marbeuf, généralité d'Alençon.
Admis en 1771 à la Flèche. Vol. 21. Fo 33.

d'Acheux (Louis-Paul).
Né le 17 février 1767 à Moustières-Lignières, généralité d'Amiens.
Admis en 1778. Vol. 29. P. V. 37.

Acquet d'Hauteporte (Jacques-René).
Né le 12 octobre 1759 à Saint-Cyr la Lande en Poitou.
Admis en 1768 à la Flèche. Vol. 18. Fo 153.

Acquet d'Hauteporte (Louis).
Né le 17 novembre 1760 à Saint-Cyr la Lande en Poitou.
Admis en 1769 à la Flèche. Vol. 18. Fo 261.

Agis de Saint-Denis (Charles-Louis).
Né le 22 décembre 1760 à Saint-Jean de l'Aigle en Normandie.
Admis en 1769 à la Flèche. Vol. 19. Fo 155.

d'Agoult (Étienne-Antoine).
Né le 21 octobre 1741 à Upaix, diocèse de Gap en Dauphiné.
Admis en 1753. Vol. 1. P. V. 19.

d'Agoult (François-Louis).
Né le 16 septembre 1745 à Upaix, diocèse de Gap en Dauphiné.
Admis en 1754. Vol. 1. P. V. 33.

d'Agoult (Louis-Annibal).
Né le 22 février 1747 à Saint-Michel, diocèse de Sisteron.
Admis en 1755. Vol. 2. P. V. 37.

d'Agrain des Hubas (Philippe-Charles).
Né le 16 juin 1768 à Largentière en Vivarais.
Admis en 1778.   Vol. 29. P. V. 1.

d'Aguisy (Louis-Aimé).
Né le 5 mars 1756 à Mainbresson, diocèse de Reims.
Admis à la Flèche en 1766.   Vol. 17. F° 145.
Admis à l'École militaire en 1770.   Vol. 14. P. V. 49.

d'Aguisy (Louis-Antoine-Ferdinand).
Né le 17 novembre 1759 à Mainbresson, diocèse de Reims.
Admis en 1768.   Vol. 18. F° 145.

d'Aguisy de Touly (Antoine-Marie-Aimé).
Né le 16 novembre 1778 à Mayneux-lez-Fismes, diocèse de Reims.
Admis en 1786 à la Flèche.   Vol. 38. P. V. 34.

d'Ainval (Frédéric-Hubert-Louis).
Né le 3 novembre 1747 à Loüeuse, diocèse de Beauvais.
Admis en 1756.   Vol. 4. P. V. 2.

des Aix (Aunet-Gilbert-Antoine).
Né le 27 mars 1772 à Charbonnières la Vielle, diocèse de Clermont.
Admis en 1783.   Vol. 35. P. V. 51.

Ajasson (Abdon-Louis-Silvain-Joseph-Antoine).
Né le 18 août 1770 à Bonnet, diocèse de Limoges.
Admis en 1783.   Vol. 35. P. V. 59.

d'Aldeguier (Thérèse-Joseph-Hippolyte).
Né le 7 mai 1767 à Toulouse.
Admis en 1775 à la Flèche.   Vol. 26. P. V. 56.

d'Aldeguier (Jean-Baptiste-Augustin).
Né le 16 février 1769 à Toulouse.
Admis en 1779.   Vol. 31. P. V. 20.

d'Alès de Corbet (Pierre-Louis-Hugues).
Né le 2 février 1755 à Paris.
Admis en 1766.   Vol. 11. P. V. 26.

de l'Allemant (François-Henry).
Né le 27 juin 1750 à Nancy, diocèse de Toul.
Admis en 1760.   Vol. 6. P. V. 41.

de l'Allemant (Ferdinand-Ernest).
Né le 16 août 1756 à Nancy.
Admis en 1767.   Vol. 12. P. V. 33.

d'Alphonse (Jean-Baptiste-Joseph).
Né le 1er janvier 1749 à Bessan, diocèse d'Agde.
Admis en 1760.   Vol. 6. P. V. 11.

d'Alphonse de Plantade (Jean-Louis-Hyacinthe).
Né le 12 septembre 1762 à Bessan, diocèse d'Agde.
Admis en 1770 à la Flèche.   Vol. 20. F° 315.

d'Alverny de la Palme (Étienne-Blaize).
Né le 3 août 1752 à Carcassonne.
Admis en 1762.   Vol. 8. P. V. 27.

Amariton de Montfleury (Gabriel-Marie).
Né le 17 août 1769 à Ambert en Auvergne.
Admis en 1780.   Vol. 32. P. V. 56.

d'**Anceaume d'Houdas** (Pierre).
Né le 13 octobre 1765 à Neufchâtel, diocèse de Rouen.
Admis en 1775 à la Flèche.   Vol. 26. P. V. 6.

d'**Andigné de Mayneuf** (Louis-Gabriel-Auguste).
Né le 12 avril 1763 à Angers.
Admis en 1772 à la Flèche.   Vol. 22. P. V. 10.

d'**André** (Charles-François-Gaspard-Éléonor-Simon).
Né le 19 avril 1765 à Saint-Julien, diocèse de Mirepoix.
Admis en 1777.   Vol. 27. P. V. 17.

d'**André** (Joseph-Auguste).
Né le 8 décembre 1767 à Azillanet en Languedoc.
Admis en 1778.   Vol. 30. P. V. 16.

d'**André de Saint-Victor** (Louis).
Né le 13 octobre 1777 à Ivry, diocèse d'Evreux.
Admis en 1786 à la Flèche.   Vol. 38. P. V. 20.

d'**Anglars du Claux** (Jean).
Né le 5 avril 1756 à Eyvigues près Sarlat en Périgord.
Admis en 1767.   Vol. 12. P. V. 35.

d'**Anglars du Claux** (Jean).
Né le 4 décembre 1758 à Eyvigues près Sarlat en Périgord.
Admis à la Flèche en 1767.   Vol. 17. Fo 259.
Admis à l'École militaire en 1772.   Vol. 16. P. V. 20.

d'**Anglars** (Jean-Baptiste-Alexandre).
Né le 26 mai 1767 à Nachamps, diocèse de Saintes.
Admis en 1777.   Vol. 27. P. V. 32.

d'**Anglars** (Louis-Nicolas).
Né le 17 avril 1772 à Saint-Aignan de Veaugnes, diocèse de Bourges.
Admis en 1783.   Vol. 35. P. V. 29.

d'**Anglars de la Lauvie** (Jean).
Né le 3 novembre 1775 à Suneyrol, Sénéchaussée de Sarlat.
Admis en 1784.   Vol. 36. P. V. 31.

Anget (Antoine-Constantin).
Né le 1er août 1772 à Paris.
Admis en 1783.   Vol. 35. P. V. 30.

Ansart (Jean-Joseph-Marie).
Né le 7 février 1762 à Paris.
Admis en 1770 à la Flèche.   Vol. 20. Fo 69.

d'**Anserval** (Louis-Eugène).
Né le 6 septembre 1765 à Villers-Carbonnel, diocèse de Noyon.
Admis en 1774 à la Flèche.   Vol. 24. P. V. 45.

Ansquer de Kerailis (Joseph-Noël-Louis-Marie).
Né le 25 décembre 1775 à la Forest, en Bretagne.
Admis en 1785 à la Flèche.   Vol. 37. P. V. 37.

d'Anterroches (Alexandre-César-Louis).
Né le 2 avril 1776 à Peyrusse, diocèse de Saint-Flour.
Admis en 1786 à la Flèche.   Vol. 38. P. V. 63.

d'Anthouard de Vraincourt (Charles-Nicolas).
Né le 7 avril 1773 à Verdun, généralité de Metz.
Admis en 1784.   Vol. 36. P. V. 21.

d'Antignate (Charles-Nicolas).
Né le 10 mars 1772 à Sées.
Admis en 1782.   Vol. 34. P. V. 24.

d'Antignate (Jean-François-Camille).
Né le 31 mai 1772 à Bayeux.
Admis en 1782.   Vol. 34. P. V. 18.

Antoine (Henry).
Né le 15 novembre 1759 à Versailles, diocèse de Paris.
Admis en 1768.   Vol. 17. F° 345.

d'Apchier (Antoine-Marie).
Né le 27 novembre 1768 à Ternant, en Auvergne.
Admis en 1779.   Vol. 31. P. V. 49.

d'Apvrieux de la Balme (Louis-Anthelme).
Né le 30 décembre 1757 à Izernore en Bugey.
Admis à la Flèche en 1767.   Vol. 17. F° 193.
Admis à l'École militaire en 1772.   Vol. 16. P. V. 12.

d'Arbois de Jubainville (Claude-François-Joseph).
Né le 21 novembre 1771 à Neufchâteau, en Lorraine.
Admis en 1782.   Vol. 34. P. V. 26.

d'Arces (Marie-Joseph-Louis).
Né le 8 décembre 1766 à Domène, diocèse de Grenoble.
Admis en 1774 à la Flèche.   Vol. 25. P. V. 45.

d'Archambault de Languedoue (Jacques-François).
Né le 17 novembre 1746 à Mignières, diocèse de Chartres.
Admis en 1755.   Vol. 2. P. V. 35.

d'Arcizas d'Estansan (Denis).
Né le 12 février 1746 à Aulon, diocèse de Comenges en Languedoc.
Admis en 1756.   Vol. 4. P. V. 3.

d'Arcizas d'Estansan (Gilles).
Né le 22 novembre 1753 à Aulon, diocèse de Comenges en Languedoc.
Admis en 1764.   Vol. 9. P. V. 36.

d'Arcizas d'Estansan (Pierre-Paul).
Né le 31 octobre 1778 à Aulon en Nébouzan, diocèse de Comenges
en Languedoc.
Admis en 1788.   Vol. 40. P. V. 51.

d'Argy (Claude-Nicolas-Jean).
Né le 13 octobre 1756 à Bouilly, diocèse de Reims.
Admis à la Flèche en 1765.   Vol. 17. F° 103.
Admis à l'École militaire en 1770.   Vol. 15. P. V. 4.

d'Argy (Jean-Pierre-Thomas).
   Né le 17 novembre 1757 à Boüilly, diocèse de Reims.
   Admis à la Flèche en 1766.   Vol. 17. F° 155.
   Admis à l'École militaire en 1771.   Vol. 15. P. V. 31.

d'Argy de Malmy (Pierre-Louis).
   Né le 2 octobre 1779 à Lapogue, diocèse de Reims.
   Admis en 1787.   Vol. 39. P. V. 45.

d'Arlanges (Louis-René).
   Né le 10 février 1760 à Saint-Aubin-des-cinq-fonts, diocèse de
      Chartres.
   Admis en 1770 à la Flèche.   Vol. 20. F° 129.

d' Arlanges (Charles-Jean-Louis).
   Né le 7 octobre 1761 à Autainville, diocèse de Blois.
   Admis en 1771 à la Flèche.   Vol. 21. P. V. 18.

d'Arlez (Jean-Baptiste).
   Né le 18 février 1753, à Saint-Martin de Villebois, diocèse de Lyon.
   Admis en 1765.   Vol. 10. P. V. 2.

d'Arnault (Joseph-François-Marie).
   Né le 2 novembre 1767 à Plouarzel, évêché de Léon.
   Admis en 1777.   Vol. 28. P. V. 51.

d'Arnault (Gabriel-Jean-Marie).
   Né le 8 avril 1770 à Plouarzel, évêché de Léon.
   Admis en 1781.   Vol. 33. P. V. 17.

Arnois de Blangues (Louis-François).
   Né le 27 février 1751 à Bornembusc, diocèse de Rouen.
   Admis en 1760.   Vol. 6. P. V. 19.

Arnoult de la Fond (Jean-Louis).
   Né le 27 mars 1753 à Montmirail, diocèse de Soissons.
   Admis en 1764.   Vol. 9. P. V. 15.

d'Artigues d'Ossaux (Alexandre).
   Né le 1er février 1751 à Saint-Denis de Coulommiers, diocèse de
      Meaux.
   Admis en 1762.   Vol. 7. P. V. 42.

d'Artigues d'Ossaux (Pierre-Dominique).
   Né le 16 septembre 1776 à Aire, en Gascogne.
   Admis en 1785 à la Flèche.   Vol. 37. P. V. 41.

d'Aspremont (Henry-Joseph-Nicolas).
   Né le 5 décembre 1746 à Metz.
   Admis en 1756.   Vol. 3. P. V. 2.

d'Aspremont (Louis-Joseph-Augustin).
   Né le 4 juin 1756 à Metz.
   Admis en 1765.   Vol. 17. F° 87.

d'Assas de Peyregrosse (François).
   Né le 6 juillet 1744 à Bez près la ville du Vigan, diocèse d'Alais.
   Admis en 1756.   Vol. 3. P. V. 3.

d'Astin (Maurice-Charles).
   Né le 4 janvier 1767 à Caen, diocèse de Bayeux.
   Admis en 1777.   Vol. 28. P. V. 85.

Astorgue (Louis-Nicolas).
Né le 19 août 1765 à Saint-Amour, en Comté.
Admis en 1774 à la Flèche.   Vol. 25. P. V. 44.

d'Aubarède (Jean-Joseph-Henry).
Né le 14 janvier 1755 à Bourg, en Bresse.
Admis en 1766.   Vol. 11. P. V. 38.

Aubé de Bracquemont (Alexandre-Marie).
Né le 17 novembre 1777 à Reims.
Admis en 1786 à la Flèche.   Vol. 38. P. V. 54.

d'Auberjon (Germain-Marcel).
Né le 3 novembre 1779 à Gramazie, généralité de Toulouse.
Admis en 1788.   Vol. 40. P. V. 27.

Aubert du Petit-Thouars (Gilles-René-Gabriel).
Né le 3 avril 1755 à Saint-Martin de la Place, diocèse d'Angers.
Admis à la Flèche en 1764.   Vol. 17. F° 11.
Admis à l'École militaire en 1769.   Vol. 13. P. V. 46.

Aubert du Petit-Thouars (Georges-Laurent).
Né le 3 octobre 1756 à Saint-Martin de la Place, diocèse d'Angers.
Admis à la Flèche en 1765.   Vol. 17. F° 57.
Admis à l'École militaire en 1770.   Vol. 15. P. V. 11.

Aubert du Petit-Thouars (Aristide).
Né le 31 août 1760 à Saint-Martin de la Place, diocèse d'Angers.
Admis en 1769.   Vol. 18. F° 243.

d'Aubert de Résie (Jean-Baptiste-Thérèse-Alexandre).
Né le 18 février 1761 à Pesmes, diocèse de Besançon.
Admis en 1770 à la Flèche.   Vol. 20. F° 59.

d'Aubery du Maurier (Timoléon-Marie-François).
Né le 11 septembre 1756 à Poisay le Joly, diocèse de Poitiers.
Admis à la Flèche en 1767.   Vol. 17. F° 155.
Admis à l'École militaire en 1770.   Vol. 14. P. V. 44.

d'Aubery du Maurier (Louis-Marie-François).
Né le 19 janvier 1758 à Loches.
Admis en 1767.   Vol. 17. F° 187.

Aubin de Botconart (Jacques-Augustin).
Né le 23 décembre 1760 à Vannes.
Admis en 1770 à la Flèche.   Vol. 20. F° 185.

Auboutet de la Puiserie (Victor-Jérôme).
Né le 12 novembre 1768 au Blanc, diocèse de Bourges.
Admis en 1778.   Vol. 29. P. V. 47

Auboutet de la Puiserie (Victor-Nicolas).
Né le 9 décembre 1771 à Jouhé, en Poitou.
Admis en 1781.   Vol. 33. P. V. 61.

Aucapitaine de la Bernardière (Pierre-Louis).
Né le 29 décembre 1753 à Bourges.
Admis en 1764.   Vol. 9. P. V. 44.

Aucapitaine de la Bernardière (Pierre).
Né le 9 septembre 1757 à Vic-sur-Hautbois, diocèse de Bourges.
Admis en 1768.   Vol. 13. P. V. 13.

Aucapitaine (Alexandre).
Né le 8 juillet 1766 à Vic-sur-Hautbois, diocèse de Bourges.
Admis en 1775 à la Flèche.   Vol. 26. P. V. 39.

Aucapitaine de la Bernardière (Louis).
Né le 10 mars 1765 à Vic-sur-Hautbois, diocèse de Bourges.
Admis en 1777.   Vol. 27. P. V. 30.

Audebart de Ferrussac (Pierre). ⎫ Frères.
Audebart de Ferrussac (Jean-Louis). ⎬
  Nés à Clairac en Agenois ⎰ Pierre, le 28 juin 1740.
                            ⎱ Jean-Louis, le 30 juin 1745.
Admis en 1754.   Vol. 1. P. V. 38.

Augron de la Tanchère (Georges-Marie-Prosper).
Né le 13 septembre 1757 à Metz.
Admis en 1766.   Vol. 17. Fo 147.

Augron de la Tanchère (Marie-Prosper-Cyrille).
Né le 28 janvier 1780 à Sedan, diocèse de Reims.
Admis en 1789.   Vol. 40. P. V. 97.

d'Aulnay (Claude).
Né le 3 novembre 1756, à Saint-Loup-du-Grand-Viapre, généralité
  de Châlons.
Admis en 1767 à la Flèche.   Vol. 17. Fo 167.
Admis à l'École militaire en 1770.   Vol. 15. P. V. 6.

d'Aurelle des Cornais (Gilbert-Jean-Gabriel).
Né le 18 mars 1769 à Cumbernazat.
Admis en 1779.   Vol. 31. P. V. 64.

d'Aurelle des Cornais (Jean-Simon-Narcisse).
Né le 30 août 1775 à Courteserre en Auvergne.
Admis en 1785 à la Flèche.   Vol. 37. P. V. 18.

d'Auvergue des Cognées (Jean-Baptiste-François).
Né le 2 janvier 1766 à Luçay-le-Mal, diocèse de Bourges.
Admis en 1777.   Vol. 27. P. V. 15.

d'Auvergne (Guillaume-Aimable).
Né le 26 novembre 1764 à Paris.
Admis en 1779.   Vol. 31. P. V. 2.

d'Auvergne des Cognées (Pierre-Florimond).
Né le 19 février 1775 à Luçay-le-Mal, diocèse de Bourges.
Admis en 1784.   Vol. 36. P. V. 25.

d'Auvergne (Thomas-Alexandre).
Né le 8 mars 1778 à Paris.
Admis en 1786 à la Flèche.   Vol. 38. P. V. 4.

d'Auzaneau de Gastebois (Jean-Henry).
Né le 28 novembre 1745 à Saint-Maurice-des-Ville, diocèse d'Arras.
Admis en 1756.   Vol. 3. P. V. 4.

Aveline de Narcé (Auguste-Félix).
Né le 9 juin 1755 à Grugé, diocèse d'Angers.
Admis en 1783 à la Flèche.   Vol. 35. P. V. 24.

d'**Averton** (Jacques-Marie-Louis-Henry).
   Né le 29 novembre 1755 à Milly en Gatinois.
   Admis en 1765.   Vol. 10. P. V. 18.

d'**Averton** (Antoine-Charles-Marie).
   Né le 19 septembre 1759 à Milly en Gatinois.
   Admis en 1767.   Vol. 17. F° 169.

d'**Averton** (Charles-Bon-Catherine-Victor) }
d'**Averton** (Antoine-Gabriel-Frédéric) } frères jumeaux.
   Nés le 16 juillet 1762 à Milly en Gatinois.
   Admis en 1770.   Vol. 20. F° 167.

d'**Averton** (Charles-Isidore).
   Né le 7 octobre 1767 à Bonneval, diocèse de Sens.
   Admis en 1777.   Vol. 28. P. V. 15.

Avril de Boutigny (Augustin).
   Né le 12 juin 1754 à Pruniers, élection d'Angers.
   Admis à la Flèche en 1754.   Vol. 17. F° 41.
   Admis à l'École militaire en 1769.   Vol. 13. P. V. 34.

Aymar de Franchelins de Montval (Jacques-Antoine-Marie-Suzanne).
   Né le 16 janvier 1755 à Mâcon, en Bourgogne.
   Admis en 1764.   Vol. 17. F° 35.

Aymar de Franchelins de Montval (Antoine-Jean-Baptiste-Mathieu-François).
   Né le 12 novembre 1766 à Mâcon en Bourgogne.
   Admis en 1775 à la Flèche.   Vol. 26. P. V. 61.

B

du **Bac du Coudere** (Antoine).
   Né le 16 novembre 1778 à Servières, diocèse de Tulle.
   Admis en 1788.   Vol. 40. P. V. 56.

Baillet de Vaugremant (Jean-Baptiste).
   Né le 2 mars 1761 à Arras.
   Admis en 1769.   Vol. 18. F° 265.

Baillet de Vaugremant (Gaston-Louis-Alexandre).
   Né le 30 juin 1759 à Arras.
   Admis en 1767.   Vol. 17. F° 221.

de **Balnast de Sanlèque** (Charles-Joseph-Henry).
   Né le 3 décembre 1751 à Saint-Georges d'Haguenau, diocèse de Strasbourg.
   Admis en 1762.   Vol. 8. P. V. 20.

de **Balnast de Sanlèque** (Bernard-François-Joseph).
Né le 27 février 1755 à Haguenau, diocèse de Strasbourg.
Admis en 1776.   Vol. 11. P. V. 14.

de **Balathier de Bragelogne** (Élie-Charles).
Né le 13 décembre 1771 à Bastia en Corse.
Admis le 31 mai 1782.   Vol. 35. P. V. 6.

de **Bancalis de Pruynes** (Marie-Hyacinthe-Guillaume).
Né le 26 mai 1764 à Saint-Hilaire de Brugnes, Sénéchaussée de Rodès.
Admis en 1772 à la Flèche.   Vol. 22. P. V. 37.

de **Bancalis de Pruynes** (Jean-Louis-Armand).
Né le 22 avril 1773 à Strasbourg.
Admis en 1783.   Vol. 35. P. V. 48.

de **Bannerot de Criviller** (Joseph).
Né le 17 février 1778 à Deneuvre, diocèse de Nancy.
Admis en 1786 à la Flèche.   Vol. 38. P. V. 38.

de **Banyuls de Montferrer** (Joseph-Jean-Baptiste-Pierre-Camon).
Né le 14 mars 1764 à Perpignan.
Admis en 1773 à la Flèche.   Vol. 24. P. V. 17.

de **Banyuls de Montferrer** (Pierre-Cayetan-Étienne-Camon-Louis-Raimond).
Né le 8 août 1768 à Perpignan.
Admis en 1778.   Vol. 29. P. V. 58.

de **Bar** (Arnaud-Raimond).
Né le 17 décembre 1740 à Saint-Gaudence de Fouras, pays d'Aunis, diocèse de la Rochelle.
Admis en 1753.   Vol. 1. P. V. 21.

de **Bar** (Hugues).
Né le 4 janvier 1766 à Saint-Jean des Ollières, en Auvergne.
Admis en 1775 à la Flèche.   Vol. 26. P. V. 5.

de **Bar de la Garde** (Jean-Baptiste).
Né le 18 novembre 1766 à Gannat en Bourbonnais.
Admis en 1777.   Vol. 27. P. V. 13.

de **Bar de la Garde** (Étienne-Marien).
Né le 6 septembre 1770 à Gannat en Bourbonnais.
Admis en 1782.   Vol. 34. P. V. 10.

de **Baral d'Arènes** (Charles-Théodore).
Né le 6 janvier 1759 au Vigan, diocèse d'Alais.
Admis eu 1769.   Vol. 18. F° 225.

de **Barandier-Montmayen d'Essuile** (Marie-Louis-François).
Né le 18 septembre 1761 à Metz.
Admis en 1770.   Vol. 20. P. V. 39.

Barberot d'Autel (Alexandre-Clément-Emmanuel).
Né le 25 décembre 1750 à Châlons en Champagne.
Admis en 1761.   Vol. 7. P. V. 15.

Barberot d'Autel (Antoine-François).
Né le 8 juillet 1752 à Gray, diocèse de Besançon.
Admis en 1762.   Vol. 8. P. V. 32.

de **Barbier de Blamont** (Jacques-Philibert).
Né le 28 janvier 1767 à Blanzat, diocèse de Limoges.
Admis en 1775 à la Flèche.   Vol. 26. P. V. 65.

Barbot de la Trésorière (Jacques).
Né le 24 novembre 1771 à Saint-Léger en Angoumois.
Admis en 1782.   Vol. 34. P. V. 49.

de **Barbuat de Maisonrouge** (Pierre-François).
Né le 30 octobre 1738 dans la paroisse de Saint-Pierre d'Ervy,
diocèse de Sens, élection de Saint-Florentin. Généralité de Paris.
Admis en 1753.   Vol. 1. P. V. 18.

de **Barbuat de Maisonrouge** (Charles-Jean).
Né le 16 décembre 1752 à Chaource, diocèse de Langres.
Admis en 1764.   Vol. 9. P. V. 24.

de **Barbuat de Maisonrouge** (Joseph-Nicolas).
Né le 22 octobre 1755 à Chaource, diocèse de Langres.
Admis en 1766.   Vol. 11. P. V. 43.

de **Barbuat de Maisonrouge** (Jacques).
Né le 21 juin 1754 à Chaource, diocèse de Langres.
Admis à la Flèche en 1764.   Vol. 17. Fº 41.
Admis à l'École militaire en 1769.   Vol. 14. P. V. 4.

de **Barbuat de Maisonrouge** (Jacques).
Né le 8 août 1757 à Chaource, diocèse de Langres.
Admis à la Flèche en 1768.   Vol. 17. Fº 275.
Admis à l'École militaire en 1771.   Vol. 15. P. V. 27.

de **Barbuat de Maisonrouge de Boisgérard** (Anne-Marie-François).
Né le 8 juillet 1767 à Tonnerre, diocèse de Langres.
Admis en 1778.   Vol. 29. P. V. 11.

de **Barbuat de Maisonrouge** (Jean-Jacques-Marie).
Né le 11 mai 1770 à Tonnerre, diocèse de Langres.
Admis en 1780.   Vol. 32. P. V. 64.

de **Bardel** (Ignace-François-Xavier).
Né le 24 avril 1765 à Saint-Jean d'Hérans (Dauphiné).
Admis en 1774 à la Flèche.   Vol. 24. P. V. 38.

de **Bardel** (Jean-Honoré).
Né le 4 mai 1763 à Ajaccio en Corse.
Admis en 1773 à la Flèche.   Vol. 23. P. V. 3.

de **Barentin** (Charles-Toussaints-Joseph-François-de-Paule).
Né le 10 février 1753 à Marseille.
Admis en 1765.   Vol. 10. P. V. 4.

de **Barentin** (André-Jean-Baptiste-François-de-Paule-Charles).
Né le 10 janvier 1779 à Toulon en Provence.
Admis en 1787.   Vol. 39. P. V. 53.

de **Bargeton de Verclause** (Alexandre-Marie-Louis-Charles).
Né le 21 mars 1767 à Uzès.
Admis en 1775 à la Flèche.   Vol. 26. P. V. 54.

de **Bargeton de Verclause** (Augustin-Scipion-Basile).
Né le 15 septembre 1770 à Arpailhargue, diocèse d'Uzès.
Admis en 1781.   Vol. 33. P. V. 74.

Baril de Francquevilliers (Jean-Pierre-René).
Né le 21 mai 1770 à Auxerre.
Admis en 1781.   Vol. 33. P. V. 66.

de **Baritault** (Bertrand).
Né le 30 mai 1771 à Bordeaux.
Admis en 1783.   Vol. 35. P. V. 53.

de **Barlatier de Mas** (Jean-Joseph).
Né le 14 mai 1768 à Mas, diocèse de Glandève.
Admis en 1779.   Vol. 31. P. V. 66.

de la **Barre de Loubresay** (Alexis-Thibault).
Né le 31 août 1747 à Poitiers.
Admis en 1757.   Vol. 4. F° 40.

de la **Barre du Teilleul** (François-Marie-Louis-Paul).
Né le 25 janvier 1767 à Châteaugontier.
Admis en 1775 à la Flèche.   Vol. 26. P. V. 73.

de la **Barre** (Henry-Valery).
Né le 1er avril 1767 à Saint-Pierre de Missé, diocèse de Poitiers.
Admis en 1779.   Vol. 31. P. V. 70.

de la **Barre** (Louis-Fortunat).
Né le 2 mars 1770 à Saint-Pierre de Missé, diocèse de Poitiers.
Admis en 1780.   Vol. 32. P. V. 61.

de la **Barre** (Calixte).
Né le 12 juillet 1771 à Saint-Pierre de Missé, diocèse de Poitiers.
Admis en 1782.   Vol. 34. P. V. 48.

de **Barrois de Manonville** (Antoine-François-Catherine).
Né le 16 janvier 1764 à Saint-Mihiel en Lorraine.
Admis en 1773 à la Flèche.   Vol. 24. P. V. 15.

du **Barry** (Jean-Baptiste-Guillaume-Nicolas).
Né le 21 juillet 1742 à Lévignac, diocèse de Toulouse.
Admis en 1754.   Vol. 1. P. V. 30.

de la **Barthe** (Léonard-Jean).
Né le 5 novembre 1764 aux Garies, diocèse de Montauban.
Admis en 1777.   Vol. 28. P. V. 8.

de la **Barthe** (Jean-Joseph-Ignace).
Né le 13 avril 1766 à Auch (Armagnac).
Admis en 1777.   Vol. 28. P. V. 12.

de **Barville** (Jean-Alexandre).
Né le 15 juin 1740 au fort de Meulan, Seine-et-Oise.
Admis en 1753.   Vol. 1. P. V. 9.

de **Barville** (Antoine).
Né le 20 mai 1754 à Mamers, diocèse du Mans.
Admis en 1765.   Vol. 10. P. V. 36.

de **Barville** (Étienne).
Né le 10 novembre 1762 à Mamers, diocèse du Mans.
Admis en 1772 à la Flèche.   Vol. 22. P. V. 23.

de **Barville** (Nicolas).
Né le 9 septembre 1764 à Vilaine-la-Carelle, diocèse du Mans.
Admis en 1777.   Vol. 27. P. V. 11.

de **Battincourt** (Stanislas-Charles).
Né le 11 septembre 1763 à Lunéville, diocèse de Toul.
Admis en 1771 à la Flèche.   Vol. 21. P. V. 11.

de **Battincourt** (Jean-Louis-Camille).
Né le 2 octobre 1770 à Lunéville en Lorraine.
Admis en 1780.   Vol. 32. P. V. 15.

de **Baud du Castelet** (Pierre).
Né le 17 octobre 1739 à Nantes.
Admis en 1753.   Vol. 1. P. V. 24.

de **Baudre de Bavent** (Jacques-Victor-Émile).
Né le 3 août 1756 à Cérisy, diocèse de Bayeux.
Admis en 1767.   Vol. 12. P. V. 20.

de **Baudre de Bavent** (Charles-François-Louis).
Né le 12 octobre 1754 à Asnières, diocèse de Bayeux.
Admis en 1764.   Vol. 17. F° 29.

de **Baudre** (Michel-Pierre-Henry).
Né le 4 août 1770 à Monceaux, diocèse de Bayeux.
Admis en 1780.   Vol. 32. P. V. 67.

de **Baudre de Saint-Amador** (Louis-Antoine-Joseph).
Né le 2 octobre 1776 à Saint-Germain de Bucets, diocèse de Bayeux.
Admis en 1786 à la Flèche.   Vol. 38. P. V. 37.

de **Baudre** (Augustin-Jules-César).
Né le 1er février 1777 à Saint-Martin du Tourneur, diocèse de
  Bayeux.
Admis en 1788.   Vol. 40. P. V. 1.

de **Baudreuil** (Charles-Louis).
Né le 28 octobre 1745 à Molliens en Beauvoisis, diocèse et élection
  d'Amiens.
Admis en 1756.   Vol. 3. P. V. 5.

de **Baulat** (Jacques-Guillaume).
Né le 8 octobre 1767 à Lartigolle en Armagnac.
Admis en 1777 à la Flèche.   Vol. 28. P. V. 67.

de la **Baulme** (Jean-Baptiste-Joseph-Antoine).
Né le 24 juin 1767 à Marseille.
Admis en 1777.   Vol. 27. P. V. 9.

de **Bausset** (Pierre-Alexandre-Bruno).
Né le 1er avril 1768 à Béziers.
Admis en 1778.   Vol. 30. P. V. 11.

de **Bayne d'Alos** (Jean-Joseph).
Né le 16 mars 1776 à Alos, diocèse d'Alby.
Admis en 1785 à la Flèche.   Vol. 37. P. V. 52.

de **Bayol de Peyrese** (Joseph-Louis-Laurent).
Né le 29 octobre 1756 à Aix, en Provence.
Admis en 1767.   Vol. 12. P. V. 14.

de **Beaucorps** (Jean-Jacques).
Né le 1er mai 1764 à Aignac, diocèse de Sarlat.
Admis en 1777.   .   Vol. 27. P. V. 41.

de **Beaudan** (Joseph-Mathurin-François-Étienne).
Né le 26 décembre 1763 à Ruca près Lamballe, évêché de Saint-
Brieuc.
Admis en 1772 à la Flèche.   Vol. 22. P. V. 60.

de **Beaudiez du Rest** (Guy-Valery).
Né le 1er avril 1776 à Plabennec, évêché de Léon.
Admis en 1786 à la Flèche.   Vol. 38. P. V. 6.

de **Beaufort de Lesparre** (Jean-Marie).
Né le 22 novembre 1766 à Gandoulez, diocèse de Cahors.
Admis en 1775 à la Flèche.   Vol. 26. P. V. 9.

de **Beaupoil de Saint-Aulaire** (Pierre-Porphyre).
Né le 25 février 1751 à l'Isle d'Oléron.
Admis en 1761.   Vol. 7. P. V. 27.

de **Beaupoil de Saint-Aulaire** (Antoine-Claude-Charles).
Né le 8 janvier 1761 à Jonzac, diocèse de Saintes.
Admis en 1769 à la Flèche.   Vol. 19. F° 255.

de **Beaupoil de Saint-Aulaire** (Raimond).
Né le 18 juin 1766 à Saint-Yrieix, diocèse de Limoges.
Admis en 1774.   Vol. 25. P. V. 30.

de **Beaupoil de Saint-Aulaire** (Antoine-Claude-Auguste).
Né le 1er février 1766 à Jonzac, diocèse de Saintes.
Admis en 1777.   Vol. 28. P. V. 41.

de **Beauquaire** (Auguste-Louis-Claude).
Né le 9 septembre 1775 à Toulon, en Provence.
Admis en 1784.   Vol. 36. P. V. 34.

de **Beauquaire** (Auguste-Louis-Jean).
Né le 26 décembre 1778 à Toulon en Provence.
Admis en 1788.   Vol. 40. P. V. 76.

de **Beaurepaire** (François-Jean-Armand).
Né le 17 novembre 1743 à Calais, diocèse de Boulogne.
Admis en 1754.   Vol. 2. P. V. 10.

de **Beaurepaire** (Antoine-Joseph).
Né le 18 mars 1749 à Calais, diocèse de Boulogne.
Admis en 1760.   Vol. 5. P. V. 18.

de **Beaurepaire** (Louis-Marie-François).
Né le 14 août 1751 à Calais, diocèse de Boulogne.
Admis en 1762.   Vol. 8. P. V. 10.

de **Beaurepaire** (Charles-Louis).
Né le 5 juin 1759 à Sété, diocèse d'Agde.
Admis en 1768 à la Flèche.   Vol. 48. F° 137.

de **Beaurepaire** (Isidore-Martial).
Né le 9 février 1780 à Louvières, généralité d'Alençon.
Admis en 1788.   Vol. 40. P. V. 70.

de **Beauvais de Vouty** (Louis-Alexis).
Né le 14 octobre 1741 à Nullemont en Normandie.
Admis en 1754.   Vol. 1. P. V. 47.

de **Beauvais** (Louis-Hubert).
Né le 12 août 1768 à Sainte-Croix, diocèse de Rouen.
Admis en 1779.   Vol. 31. P. V. 65.

de **Bedée** (Jean-Gilles).
Né le 12 avril 1767 à Saint-Brieuc.
Admis en 1777.   Vol. 27. P. V. 55.

de **Bedée** (René-Marie).
Né le 21 avril 1768 à Maroüé, évêché de Saint-Brieuc.
Admis en 1777.   Vol. 28. P. V. 59.

de **Beffroy** (Louis-Henry).
Né le 12 mai 1745 à Paris.
Admis en 1756.   Vol. 3. P. V. 6.

de **Béjarry** (Anne-Gaspard-Bonaventure).
Né le 13 juillet 1762 à Luçon, généralité de Poitiers.
Admis en 1771 à la Flèche.   Vol. 21. P. V. 23.

de **Béjarry** (Alexandre-Prosper).
Né le 19 septembre 1764 à Luçon, généralité de Poitiers.
Admis en 1772 à la Flèche.   Vol. 22. P. V. 29.

de **Béjarry** (Achille-Balda-Henry-Louis).
Né le 13 janvier 1768, à Luçon, généralité de Poitiers.
Admis en 1777 à la Flèche.   Vol. 28. P. V. 70.

de **Belcastel** (Mathieu-Sébastien), ⎫
de **Belcastel** (Jean-Baptiste), ⎬ frères.
Nés à Saint-Louis de Sarre- ⎱ Mathieu-Sébastien, le 13 septembre 1745,
louis, diocèse de Trèves. ⎰ Jean-Baptiste, le 26 octobre 1746.
Admis en 1755.   Vol. 2. P. V. 33.

de **Belcastel de Montvaillant** (Raimond).
Né le 1er mai 1768 à Agen.
Admis en 1777 à la Flèche.   Vol. 28. P. V. 91.

de **Belchamps** (Antoine-Laurent-Dieudonné).
Né le 26 octobre 1769 à Metz.
Admis en 1780.   Vol. 32. P. V. 45.

de **Belhade de Thedias** (Jacques).
Né le 26 octobre 1764 à Bourg, diocèse de Bordeaux.
Admis en 1775 à la Flèche.   Vol. 26. P. V. 1.

de **Bellangers de Rebourceaux** (Louis).
Né le 29 avril 1777 à Vézelay, diocèse d'Autun.
Admis en 1786 à la Flèche.   Vol. 38. P. V. 33.

de **Bellangers de Rebourceaux** (Juste-Louis).
Né le 21 octobre 1758 à Saint-Jacques de Rebourceaux, diocèse de
Sens.
Admis à la Flèche en 1770.   Vol. 20. F° 49.
Admis à l'École militaire en 1772.   Vol. 16. P. V. 15.

de **Bellangers de Rebourceaux** (Pierre-Charles).
Né le 29 juin 1756 à Rebourceaux, diocèse de Sens.
Admis en 1766.   Vol. 11. P. V. 29.

de **Bellemare de Saint-Cyr** (Georges-Cyr-Antoine).
Né le 3 mai 1749 à Burey, en Normandie.
Admis en 1760.   Vol. 5. P. V. 38.

de **Bellemare de Saint-Cyr** (Antoine-Cyr-François).
Né le 21 décembre 1761 à Bernay, diocèse de Lisieux.
Admis en 1771 à la Flèche.   Vol. 21. P. V. 28.

de **Bellenger de Theurotte** (Jean-Henry).
Né le 8 août 1767 à Paris.
Admis en 1767 à la Flèche.   Vol. 26. P. V. 8.

de **Bellot** (Pierre).
Né le 10 décembre 1765 à Blaye, diocèse de Bordeaux.
Admis en 1765 à la Flèche.   Vol. 26. P. V. 68.

Belot (Valentin-Guillaume).
Né le 29 février 1768 à Blois.
Admis en 1778.   Vol. 29. P. V. 17.

de **Belley** (Sébastien-Benjamin), ⎫ frères.
de **Belley** (Charles-Joseph),   ⎭
   Nés à Beauvais ⎰ Sébastien-Benjamin, le 5 juin 1749,
                  ⎱ Charles-Joseph, le 16 juin 1750.
Admis en 1760.   Vol. 5. P. V. 33.

de **Belvezer de Jonchères de Legeac** (Jean-Baptiste).
Né le 6 décembre 1764 à Auroux, diocèse de Mende.
Admis en 1777.   Vol. 27. P. V. 66.

de **Bénac** (Henry-Alexandre).
Né le 6 avril 1764 à Villiers-en-Plaine, généralité de Poitiers.
Admis en 1777.   Vol. 28. P. V. 61.

de **Benevent** (Alexis-Pierre-Louis).
Né le 28 septembre 1750 à Lautrec, diocèse de Castres.
Admis en 1761.   Vol. 7. P. V. 36.

de **Bérall** (Louis).
Né le 27 mars 1769 à Marseille.
Admis en 1779.   Vol. 31. P. V. 25.

de **Bérand d'Arimont** (Charles-François), ⎫ frères.
de **Bérand d'Arimont** (Jean-Baptiste),   ⎭
   Nés à Huningue. ⎰ Charles-François, le 30 mai 1746,
                   ⎱ Jean-Baptiste, le 22 décembre 1747.
Admis en 1756.   Vol. 3. P. V. 7.

de **Bercher de Monchevreuil** (Gilles-Louis).
Né le 12 août 1753 à Amiens.
Admis en 1764.   Vol. 9. P. V. 13.

de Bermon (Guillaume-François-Gabriel-Joseph).
Né le 17 octobre 1765 à Saint-Paul, diocèse de Pamiers.
Admis en 1777   Vol. 28. P. V. 88.

de Bermondes de Goncourt (Louis-Antoine-Emilie).
Né le 4 décembre 1745 à Goncourt en Champagne.
Admis en 1756.   Vol. 4. P. V. 29.

Bernard de Courville (Anne-Etienne).
Né le 11 février 1749 à Calorguen, évêché de Saint-Malo.
Admis en 1760.   Vol. 6. P. V. 15.

de Bernard de Marigny (Auguste-Etienne-Gaspard).
Né le 2 novembre 1754 à Saint-Mathurin de Luçon, généralité de
    Poitiers.
Admis à la Flèche en 1764.   Vol. 17. Fo 12.
Admis à l'Ecole militaire en 1770.   Vol. 14. P. V. 25.

de Bernard de Marigny (Henry-Bertrand).
Né le 23 septembre 1755 à Saint-Louis de Rochefort, diocèse de la
    Rochelle.
Admis en 1765.   Vol. 10. P. V. 22.

de Bernard de la Carbonnière (Pierre-Michel-François).
Né le 8 décembre 1760 à Chartres.
Admis en 1771 à la Flèche.   Vol. 21. P. V. 15.

Bernard de la Frégeollière (Charles-André-René).
Né le 1er mars 1761 a Montigné, diocèse d'Angers.
Admis en 1770.   Vol. 20. P. 113.

de Bernard (Antoine-Louis).
Né le 24 août 1764 à Saint-Esprit, diocèse d'Uzès.
Admis en 1774 à la Flèche.   Vol. 25. P. V. 49.

de Bernard de Marigny (Marie-Charles-Louis-Claude).
Né le 9 juillet 1777 à Sées, en Normandie.
Admis en 1787.   Vol. 39. P. V. 6.

de Bernard de Volvent (François-Madelène-Victor-Eugène).
Né le 17 septembre 1778 à Volvent, généralité de Grenoble.
Admis en 1787 à la Flèche.   Vol. 39. P. V. 23.

de Bernes (Bernard-Louis).
Né le 13 février 1767 à Gravelines, diocèse de Saint-Omer.
Admis en 1776.   Vol. 27. P. V. 1.

de Bernes de la Haye (Pierre-Louis).
Né le 20 avril 1772 à Wimille, en Boulonnais.
Admis en 1782.   Vol. 34. P. V. 46.

Berthelot du Gage (Jérôme-Pierre).
Né le 18 juin 1757 à Quessoy, en Bretagne.
Admis à la Flèche en 1766.   Vol. 17. Fo 145.
Admis à l'Ecole militaire en 1771.   Vol. 15. P. V. 25.

Berthelot (Joseph-Jean-Jérôme).
Né le 22 décembre 1770 à Hénon, diocèse de Saint-Brieuc.
Admis en 1782.   Vol. 34. P. V. 28.

Berthelot du Couret (Jacques-Marie).
Né le 9 janvier 1773 à Salles de Barbezieux, généralité de la Rochelle.
Admis en 1783. Vol. 35. P. V. 10.

Berthelot (Pierre-Joseph-Jean).
Né le 11 mai 1772 à Montjoy, en Agenois.
Admis en 1783. Vol. 35. P. V. 62.

Berthelot (Aimé-François).
Né le 27 février 1775 à Hénon, évêché de Saint-Brieuc.
Admis en 1786 à la Flèche. Vol. 38. P. V. 3.

Berthier de Grandry
Christophe,
  né le 21 juin 1743;
Bazile, Frères,
  né le 25 mars 1744; nés à
Alexandre, Chatel-Censoy,
  né le 20 août 1745; diocèse d'Autun.
Jean-Louis,
  né le 26 octobre 1476. Vol. 2. P. V. 12.

Berthier de Grandry (Alexandre).
Né le 6 janvier 1765 à Chatel-Censoy, diocèse d'Autun.
Admis en 1773 à la Flèche. Vol. 23. P. V. 29.

Berthier de Grandry (Jacques).
Né le 23 avril 1772 à Chatel-Censoy, diocèse d'Autun.
Admis en 1782. Vol. 34. P. V. 17.

de **Bertin de Saint-Maurice** (Charles-Pierre-Luxembourg).
Né le 10 septembre 1758 à Montdidier, diocèse d'Amiens.
Admis en 1768 au Collège royal de la Flèche. Vol. 18. F° 63.

de **Bertin** (Alexandre-François-Jean).
Né le 2 mai 1763 à Orbec, diocèse de Lisieux.
Admis en 1783. Vol. 35. P. V. 43.

Bertran de Palmarole (Louis-Joseph-François-Antoine-Charles).
Né le 25 juin 1754 à Saint-André de Saint-Félice de Vall, en Roussillon.
Admis à la Flèche en 1765. Vol. 17. F° 57.
Admis à l'Ecole militaire en 1769. Vol. 13. P. V. 35.

de **Bertrandy** (Pierre-Guy-Maurice).
Né le 11 mars 1763 à Morlaix, en Bretagne.
Admis en 1773 à la Flèche. Vol. 23. P. V. 7.

de **Betz** (François-Charles-Gustave).
Né le 31 janvier 1766 à Altkirch, diocèse de Bâle.
Admis en 1776. Vol. 27. P. V. 2.

de **Bézannes** (Denis-François).
Né le 27 septembre 1768 à Lestieux, baillage de Laon.
Admis en 1778. Vol. 29. P. V. 24.

de **Bézelles** (Jean-Jacques).
Né le 1er novembre à Saint-Barthélemy de Camarade, généralité d'Auch.
Admis en 1781. Vol. 33. P. V. 57.

de **Bideren de Saint-Surin** (Etienne).
Né le 26 septembre 1763 à Castillonnez, généralité de Bordeaux.
Admis en 1772 à la Flèche.   Vol. 22. P. V. 38.

Blet de Lépinoy (François-Joseph).
Né le 8 septembre 1751 à Saint-Léger, diocèse de Soissons.
Admis en 1762.   Vol. 8. P. V. 5.

de **Bigault** (Louis-Alexandre).
Né le 10 décembre 1763 à Neufour, diocèse de Verdun.
Admis en 1773 à la Flèche.   Vol. 23. P. V. 30.

de **Bigault** (Louis-François).
Né le 9 décembre 1766 à Neufour, diocèse de Verdun.
Admis en 1777 à la Flèche.   Vol. 28. P. V. 74.

de **Bigault de Grandrut** (Charles-François-Anne).
Né le 16 novembre 1767 à Vienne-le-Château, diocèse de Reims.
Admis en 1777.   Vol. 28. P. V. 29.

de **Bigault de Grandrut** (Louis-Thérèse).
Né le 18 juillet 1769 à Harasie, diocèse de Reims.
Admis en 1780.   Vol. 32. P. V. 30.

de **Bigault d'Avocourt** (François).
Né le 3 juillet 1770 à Islettes, diocèse de Verdun.
Admis en 1781.   Vol. 33. P. V. 44.

de **Bigault d'Aubreville** (Claude-Louis-Auspice).
Né le 8 juillet 1772 à Neufour, diocèse de Verdun.
Admis en 1783.   Vol. 35. P. V. 50.

de **Bigault de Parfourut** (Jacques-Charles).
Né le 21 août 1777 à Vienne-le-Château, diocèse de Reims.
Admis en 1786 à la Flèche.   Vol. 38. P. V. 30.

de **Bigault de Grandrut** (Claude).
Né le 4 décembre 1779 à Vienne-le-Château, diocèse de Reims.
Admis en 1787.   Vol. 39. P. V. 43.

de **Bigault d'Avocourt** (Louis-Marie).
Né le 6 décembre 1778 à Islettes, diocèse de Verdun.
Admis en 1788.   Vol. 40. P. V. 62.

de **Bigos de la Falitre** (Alexandre).
Né le 3 juin 1755 à Francescas, diocèse de Condom.
Admis à la Flèche en 1764.   Vol. 17. F° 27.
Admis à l'Ecole militaire en 1769.   Vol. 14. P. V. 12.

de **Bigos de la Falitre** (Joseph-Bruno-Catherine-Thérèse).
Né le 8 octobre 1758 à Francescas, diocèse de Condom.
Admis à la Flèche en 1767.   Vol. 17. F° 235.
Admis à l'Ecole militaire en 1772.   Vol 16. P. V. 53.

de **Billotti** (Joseph-Basile-Régis).
Né le 14 juin 1754 à Piolen, diocèse d'Orange.
Admis en 1764.   Vol. 9. P. V. 27.

de **Billotti** (Zénobie-Thomas-Xavier).
Né le 6 mars 1758 à Piolen, diocèse d'Orange.
Admis à la Flèche en 1767.   Vol. 17. F° 247.
Admis à l'Ecole militaire en 1772.   Vol. 16. P. V. 14

de **Billotti** (Ambroise-Joachim).
Né le 7 décembre 1759 à Piolen, diocèse d'Orange.
Admis en 1768.　　　　　　　　　　　Vol. 18. F⁰ 119.

de **Billant** (Jean-François-Gaspard).
Né le 5 juin 1764 à Bar-le-Duc.
Admis en 1772 à la Flèche.　　　　　　Vol. 22. P. V. 42.

Billouart de Kerleree (Jean-Marie-Joseph-Ange).
Né le 31 janvier 1766 à Morlaix, diocèse de Tréguier.
Admis en 1779.　　　　　　　　　-　Vol. 31. P. V. 44.

de **Binet de Marcognet** (Pierre-Louis).
Né le 14 novembre 1765 à Croix-Chappeau, en Aunis.
Admis en 1777.　　　　　　　　　　　Vol. 27. P. V. 22.

de **Binet de Marcognet** (Jean-Louis-Thérèse
Né le 21 mars 1768 à la Jarrie, sénéchaussée de　Rochelle.
Admis en 1779.　　　　　　　　　　　Vol. 31. P. V. 24.

de **Bietière de Borron** (Gilbert).
Né le 1ᵉʳ avril 1769 à Saint-Pourçain en Bourbonnais.
Admis en 1779.　　　　　　　　　　　Vol. 31. P. V. 19.

de **Birague** (André-Henry).
Né le 31 août 1756 à Dicy-Brâlon, diocèse de Sens.
Admis à la Flèche en 1766.　　　　　　Vol. 17. F⁰ 137.
Admis à l'Ecole militaire en 1770.　　　Vol. 15. P. V. 10.

de **Birague** (Antoine-Marc).
Né le 15 octobre 1757 à Dicy, diocèse de Sens.
Admis à la Flèche en 1767.　　　　　　Vol. 17. F⁰ 193.
Admis à l'Ecole militaire en 1771.　　　Vol. 15. P. V. 55.

de **Birague** (André-Henry).
, Né le 15 juin 1756 à Dicy, généralité d'Orléans.
Admis en 1777.　　　　　　　　　　　Vol. 27. P. V. 19.

de **Bizemont** (André-Gaspard-Parfait).
Né le 31 mars 1752 à Thignonville, diocèse de Sens.
Admis en 1762.　　　　　　　　　　　Vol. 8. P. V. 7.

de **Bizemont** (Charles-Guillaume-Marie).
Né le 10 septembre 1754 à Thignonville, diocèse de Sens.
Admis en 1765.　　　　　　　　　　　Vol. 10. P. V. 11.

de **Bizemont** (Louis-Gabriel).
Né le 3 août 1756 à Gironville-sous-Bunot, diocèse de Sens.
Admis à la Flèche en 1766.　　　　　　Vol. 17. F⁰ 103.
Admis à l'École militaire en 1770.　　　Vol. 15. P. V. 1.

de **Blair** (Jean-Armand).
Né le 13 juin 1758 à Courcelle-Chaussy, diocèse de Metz.
Admis à la Flèche en 1768.　　　　　　Vol. 17. F⁰ 275.
Admis à l'École militaire en 1772.　　　Vol. 16. P. V. 8.

de **Blair** (Jean-François-Pierre).
Né le 17 novembre 1760 à Courcelle-Chaussy, diocèse de Metz.
Admis en 1769.　　　　　　　　　　　Vol. 19. F⁰ 267.

de **Blair** (Louis).
Né le 4 janvier 1766 à Courcelle-Chaussy, diocèse de Metz.
Admis en 1777. Vol. 27. P. V. 58.

de **Blair des Étangs** (Paul-Henry-Charles-Isidore).
Né le 4 janvier 1769 à Vallon, diocèse de Viviers.
Admis en 1779. Vol. 31. P. V. 11.

de **Blair de la Bruyère** (Jean-Armand-Louis-Isidore-Marie-Suzanne).
Né le 9 septembre 1772 à la Beuverie, diocèse de Metz.
Admis en 1782. Vol. 34. P. V. 43.

de **Blanc de Saint-Just** (Nicolas).
Né le 23 octobre 1764 à Sorges en Périgord.
Admis en 1773 à la Flèche. Vol. 23. P. V. 51.

de **Blois de la Calande** (Aimar-Joseph-Emmanuel-Raphaël).
Né le 7 novembre 1760 à Morlaix, évêché de Tréguier.
Admis en 1769. Vol. 19. Fo 187.

de **Blois de la Calande** (Joseph-François-Bernard-Gabriel-Marie).
Né le 2 décembre 1764 à Morlaix.
Admis en 1773 à la Flèche. Vol. 24. P. V. 10.

de **Blois de Lioure** (Joseph-Marie).
Né le 22 juin 1761 à Saint-Ferjel-la-Soulsotte, diocèse de Troyes.
Admis en 1770 à la Flèche. Vol. 20. Fo 55.

de **Blom de Beaupay** (André-Jean-Melchior).
Né le 15 décembre 1767 à Latus, en Poitou.
Admis en 1778. Vol. 29. P. V. 29.

de **Blom de Boislambert** (Jean-François).
Né le 7 mai 1773 à Poitiers.
Admis en 1788. Vol. 35. P. V. 20.

de **Blondel de Beauregard** (François-Marie).
Né le 1er juin 1751 à Lange, diocèse de Metz.
Admis en 1762. Vol. 8. P. V. 2.

de **Blondel de Beauregard** (Louis-Joseph).
Né le 2 mai 1753 à la Fère, diocèse de Laon.
Admis en 1764. Vol. 9. P. V. 2.

de **Blondel de Beauregard** (Louis-Marie).
Né le 6 octobre 1754 à Douay en Flandre.
Admis en 1765. Vol. 10. P. V. 9.

de **Bloteau** (Félix-Fidèle-Amand).
Né le 11 septembre 1762 à la Chapelle-Fortin, diocèse de Chartres.
Admis en 1771 à la Flèche. Vol. 21. P. V. 44.

de **Bloteau** (Louis-François).
Né le 7 juilllet 1765 à la Chapelle-Fortin, diocèse de Chartres.
Admis en 1775 à la Flèche. Vol. 26. P. V. 40.

de **Bloteau** (Jean-François)
Né le 17 septembre 1767, à Saint-Martin de Losme, diocèse de Chartres.
Admis en 1778. Vol. 29. P. V. 26.

de **Blottefière** (Pierre-Louis).
Né le 16 novembre 1746 à Saint-Quentin.
Admis en 1755.   Vol. 2. P. V. 43.

le **Bley de Vitray** (Pierre-Fiacre).
Né le 27 septembre 1750 à Vitray, diocèse de Tours.
Admis en 1760.   Vol. 6. P. V. 40.

le **Bley de la Pornerie** (Louis).
Né le 7 septembre 1757 à Saint-Michel de Crox, diocèse de Bourges.
Admis en 1768.   Vol. 13. P. V. 18.

le **Bley de la Pornerie** (Pierre).
Né le 29 juin 1759 à Crox, diocèse de Bourges.
Admis en 1769.   Vol. 19. F° 97.

le **Bley des Granges** (Urbain-Marie).
Né le 2 janvier 1775 à Angers.
Admis en 1785 à la Flèche.   Vol. 37. P. V. 3.

du **Boberil du Molant** (François-Jean-Marie-Yves-Julien).
Né le 3 septembre 1764 à Ploërmel, diocèse de Saint-Malo.
Admis en 1773 à la Flèche.   Vol. 24. P. V. 12.

de **Bodin de Boisrenard** (Louis-Joseph).
Né le 5 août 1764 à Engeuville, diocèse d'Orléans.
Admis en 1774 à la Flèche.   Vol. 25. P. V. 15.

de **Bodin de Boisrenard de Galambert** (Joseph Gaspard).
Né le 8 juillet 1768 à Lavaur, généralité de Toulouse.
Admis en 1778.   Vol. 30. P. V. 2.

de **Bodin de Boisrenard** (Gaspard-Constant).
Né le 19 janvier 1770 à Nouan-sur-Loire, généralité d'Orléans.
Admis en 1780.   Vol. 32. P. V. 62.

de **Boisgelin de Kerud** (Pierre-Marie-Louis).
Né le 5 mai 1758 à Plélo, évêché de Saint-Brieuc.
Admis en 1767.   Vol. 17. F° 243.

de **Boisguérin de Bernecourt** (François-Louis).
Né le 25 août 1760 à Chaumont-sur-Erre, diocèse de Verdun.
Admis en 1770 à la Flèche.   Vol. 20. F° 249.

de **Boisguéhéneuc de Kermalnguy** (Louis-Aimé).
Né le 10 mars 1774 à Landudec, évêché de Quimper.
Admis en 1784.   Vol. 36. P. V. 57.

de **Boislinard du Coudray** (Silvain).
Né le 14 juillet 1752 à Nuret-le-Ferroux, diocèse de Bourges.
Admis en 1762.   Vol. 8. P. V. 31.

Boisseau de la Galernerie (Louis-Étienne).
Né le 3 août 1758 à Taillant, diocèse de Saintes.
Admis à la Flèche en 1768.   Vol. 17. F° 313.
Admis à l'École militaire en 1772.   Vol. 16. P. V. 43.

Boisseau de la Galernerie (Michel-Simon).
Né le 1er avril 1761 à Saint-Martin de Taillant, diocèse de Saintes.
Admis en 1769.   Vol. 18. F° 251.

de **Boisseuil** (Louis).
Né le 15 septembre 1755 à Versailles.
Admis en 1765.   Vol. 10. P. V. 41.

de **Boisseuil** (Louis-Jules-Philippe).
Né le 8 avril 1758 à Versailles.
Admis en 1766.   Vol. 11. P. V. 5.

de **Boisseuil** (Dominique-Charles).
Né le 19 juillet 1757 à Boisseuil, généralité de Limoges.
Admis en 1767.   Vol. 12. P. V. 24.

de **Boissieux** (Henry-Louis-Augustin).
Né le 18 juillet 1741 à Desge en Auvergne.
Admis en 1753.   Vol. 1. P. V. 11.

de **Bombelles** (Jean-Louis-Charles-Frédéric).
Né le 8 février 1745 à l'Albefeuille, diocèse de Montauban.
Admis en 1756.   Vol. 3. P. V. 8.

de **Bommarchant** (François-Marie-Ferréol).
Né le 16 juin 1773 à Salins, en Franche-Comté.
Admis en 1784.   Vol. 36. P. V. 38.

de **Bonal** (Pierre).
Né le 3 mai 1770 à Saint-Léger, diocèse d'Agen.
Admis en 1779.   Vol. 31. P. V. 72.

de **Bondoire** (Nicolas-Germain).
Né le 30 octobre 1743 à Saint-Remy-d'Essoyes, diocèse de Langres.
Admis en 1755.   Vol. 2. P. V. 47.

de **Bongars** (François).
Né le 14 février 1771 à Saint-Pourçain en Bourbonnais.
Admis en 1781.   Vol. 33. P. V. 29.

de **Bonissent** (Jean-Alexandre).
Né le 19 novembre 1765 à Boscherville, diocèse de Rouen.
Admis en 1774 à la Flèche.   Vol. 25. P. V. 51.

de **Bonissent** (Jacques).
Né le 7 avril 1770 à Boscherville, diocèse de Rouen.
Admis en 1779.   Vol. 31. P. V. 8.

Bonnard (Michel-Isaac).
Né le 15 octobre 1757 à Chinon, diocèse de Tours.
Admis à la Flèche en 1766.   Vol. 17. F° 137.
Admis à l'École militaire en 1771.   Vol. 15. P. V. 44.

Bonnard (Gabriel-Louis).
Né le 4 mai 1759 à Chinon, diocèse de Tours.
Admis en 1767.   Vol. 17. F° 181.

de **Bonnavent de Beaumevielle d'Ambur de Gourgas** (Marie-Antoine-
Henry-Frédéric-Auguste),
Né le 8 avril 1778 à Saint-Saturnin, diocèse de Lodève.
Admis en 1787.   Vol. 39. P. V. 46.

de **Bonnavent de Beaumevielle d'Ambur** (Étienne-Charles-Arthur).
Né le 30 juin 1780 à Paimbœuf, diocèse de Nantes.
Admis en 1788.   Vol. 40. P. V. 47

de **Bonnay de Nonancourt** (Claude-Ferdinand).
Né le 15 juillet 1748 à Souhesme, bailliage de Verdun.
Admis en 1757.   Vol. 4. P. V. 38.

de **Bonnay de Nonancourt** (Jean-Joseph).
Né le 5 septembre 1749 à Souhesme, bailliage de Verdun.
Admis en 1760.   Vol. 5. P. V. 21.

de **Bonnay** (Charles-François).
Né le 23 novembre 1764 à la Challade, en Clermontois.
Admis en 1773 à la Flèche.   Vol. 24. P. V. 13.

de **Bonnay de Breuille** (Jean).
Né le 27 juillet 1766 à Harazée, diocèse de Reims.
Admis en 1775 à la Flèche.   Vol. 26. P. V. 27.

de **Bonne** (Jean-Louis-Sébastien-Félix-François).
Né le 24 février 1771 à Cossaigues, en Rouergue.
Admis en 1781.   Vol. 33. P. V. 54.

de **Bonne** (François-Jérôme-Auguste).
Né le 31 mai 1772 à Réamont, diocèse d'Alby.
Admis en 1783.   Vol. 35. P. V. 34.

de **Bonneau de Montauzier** (Jean-François-Élie).
Né le 19 juillet 1751 à Sauveterre, en Bazadois.
Admis en 1762.   Vol. 8. P. V. 25.

de **Bonneau de Montauzier** (Jean-Louis).
Né le 2 août 1756 à Sauveterre, en Bazadois.
Admis en 1767.   Vol. 12. P. V. 30.

de **Bonnefoux de Caminel** (Léon).
Né le 3 mars 1750 à Saint-Amans de Serres de Beauville, diocèse
d'Agen.
Admis en 1761.   Vol. 7. P. V. 32.

de **Bonnefoux** (Laurent).
Né le 24 septembre 1765 à Sainte-Abondance, généralité de Bordeaux.
Admis en 1776.   Vol. 27. P. V. 3.

Bonnet de Démouville (François-Antoine).
Né le 22 août 1749 à Démouville, diocèse de Bayeux.
Admis en 1760.   Vol. 5. P. V. 25.

Bonnet de Démouville (Jacques-Gabriel).
Né le 16 janvier 1751 à Démouville, diocèse de Bayeux.
Admis en 1761.   Vol. 7. P. V. 23.

Bonnet de Démouville (Antoine-Auguste),
Né le 6 mars 1755 à Démouville, diocèse de Bayeux.
Admis en 1765.   Vol. 10. P. V. 12.

de **Bonnet de Nautry** (Jean-Emmanuel).
Né le 10 avril 1775 à Carpiquet, diocèse de Bayeux.
Admis en 1785 à la Flèche.   Vol. 37. P. V. 40.

de **Bonnet de Méseray** (Louis-Charles).
Né le 30 octobre 1768 à Néauphe, généralité d'Alençon.
Admis en 1788.   Vol. 40 P. V. 4.

de **Bonneval de Chantambre** (Paul-François).
Né le 30 janvier 1750 à Laon.
Admis en 1760.
      Vol. 6. P. V. 20.

de **Bonnevie de Pognat** (Nicolas-François-Julie-Jean).
Né le 28 octobre 1754 à Cosson, diocèse de Nantes.
Admis en 1765.
      Vol. 10. P. V. 33.

de **Bonnevie de Pognat** (Jean-François-Fortuné).
Né le 26 février 1778 à Aubiat en Auvergne.
Admis en 1786 à la Flèche.
      Vol. 38. P. V. 13.

de **Bontemps de Mensignac** (Louis).
Né le 31 mai 1774 à Saint-Loubès, diocèse de Bordeaux.
Admis en 1786 à la Flèche.
      Vol. 38. P. V. 59.

de la **Borde de Grancher** (Jean-François).
Né le 21 décembre 1764 à Ussel, généralité de Limoges.
Admis en 1777.
      Vol. 27. P. V. 69.

de **Borie de Pomarède** (Alexandre).
Né le 14 novembre 1761 à Saint-Dizier, diocèse de Châlons, en
 Champagne.
Admis en 1769.
      Vol. 19. F° 243.

de la **Borie de Rouzet** (Charles).
Né le 1er février 1766 à Saint-Agnan, diocèse d'Agen.
Admis en 1777.
      Vol. 27. P. V. 23.

le **Borgne de Kerusoret** (Joseph).
Né le 26 novembre 1765 à Tréviale de Botlazec, évêché de Quimper.
Admis en 1774 à la Flèche.
      Vol. 25. P. V. 5.

de **Borrel** (Auguste-Pierre-Thomas).
Né le 5 février 1764 à Mende, généralité de Montpellier.
Admis en 1772 à la Flèche.
      Vol. 22. P. V. 24.

Bosquillon de Banchoir (Félix-Lugle-Luglien).
Né le 7 février 1770 à Montdidier.
Admis en 1781.
      Vol. 33. P. V. 51.

Bosquillon de Frescheville (Firmin-Paul-François).
Né le 26 octobre 1747 à Montdidier.
Admis en 1756.
      Vol. 31. P. V. 9.

Bosquillon de Frescheville (Guillaume-François).
Né le 21 décembre 1750 à Saint-Martin de Montdidier, diocèse
 d'Amiens.
Admis en 1760.
      Vol. 6. P. V. 47.

Bosquillon de Frescheville (Édouard).
Né le 31 décembre 1754 à Montdidier.
Admis en 1766.
      Vol. 11. P. V. 23.

de **Bosredon** (Louis).
Né le 8 avril 1745 à Saint-Quartin, sénéchaussée d'Auvergne.
Admis en 1756.
      Vol. 3. P. V. 10.

de **Bosredon** (Louis).
Né le juin 1766 à Saint-Avit, en Auvergne.
Admis en 1777.
      Vol. 27. P. V. 20.

de **Bosredon** (Jean-Marie).
Né le 5 décembre 1769 à Saint-Martin de Condat, en Auvergne.
Admis en 1780. Vol. 32. P. V. 48.

de **Bosredon de Bosblère** (Sylvain).
Né le 15 septembre 1756 à Saint-Quentin, généralité de Moulins.
Admis en 1767. Vol. 12. P. V. 39.

de **Bosselet** (Charles-François-Madeleine).
Né le 4 février 1778 à Nancy.
Admis en 1787. Vol. 39. P. V. 47.

de **Botherel de Moron** (Henry-Jean).
Né le 9 mars 1767 à Dinan, en Bretagne.
Admis en 1775 à la Flèche. Vol. 26. P. V. 49.

de **Bouays de la Bégasslère** (Anne-Maurice-Amand).
Né le 27 avril 1761 à Yvignac, évêché de Saint-Malo.
Admis en 1769. Vol. 19. F° 209.

de **Boubers de Bernâtre** (Hélie-Nicolas-Bérault).
Né le 12 octobre 1745 au bourg de Lihons, diocèse d'Amiens.
Admis en 1756. Vol. 4. P. V. 4.

de **Boubers** (Jean-Pierre).
Né le 28 mai 1762 à Houelbourg de la Guadeloupe.
Admis en 1769. Vol. 19. F° 113.

de **Boubers** (François-Guillaume).
Né le 23 mai 1764 à la Guadeloupe.
Admis en 1773 à la Flèche. Vol. 23. P. V. 17.

Boucher d'Orçay (Louis-Catherine).
Né le 14 août 1748 à Saint-Léonard de Lay, diocèse de Paris.
Admis en 1760. Vol. 5. P. V. 34.

le **Boucher de Martigny** (Louis-Étienne-Ambroise).
Né le 16 mai 1757 à Saint-Maurice-sur-Laveron, généralité d'Orléans.
Admis en 1768. Vol. 13. P. V. 15.

Boucher de Morlaincourt (Hyacinthe).
Né le 12 mars 1756 à Bar-le-Duc.
Admis à la Flèche en 1766. Vol. 17. F° 118.
Admis à l'École militaire en 1770. Vol. 14. P. V. 34.

de **Boucher d'Avançon** (Alexandre-Paul-Louis-Nicolas).
Né le 17 octobre 1771 à Saint-Remy d'Avançon, diocèse de Reims.
Admis en 1782. Vol. 34. P. V. 15.

du **Boucheron de Saint-Hippolyte** (Gilbert),
du **Boucheron de Saint-Hippolyte** (Étienne-Henry), } Frères.
Nés à Saint-Hippolyte, diocèse de Gilbert, le 1er juillet 1743;
    Limoges. (Étienne-Henry, le 16 juin 1745.
Admis en 1754. Vol. 1. P. V. 34.

du **Boucheron de Saint-Hippolyte** (Étienne-Henry).
Né le 13 décembre 1746 à Saint-Hippolyte, diocèse de Limoges.
Admis en 1755. Vol. 2. P. V. 44.

de **Boucheron d'Ambrugeac** (Alexandre-Charles-Louis).
Né le 12 juin 1770 à Paris.
Admis en 1779. Vol. 31. P. V. 7.

Boudens Van der Bourg (Martin-Marie-Charles).
Né le 8 juillet 1765 à Saintes.
Admis en 1774 à la Flèche.   Vol. 25. P. V. 48.

Boudens Van der Bourg (Louis-Auguste-Alexandre).
Né le 1er mars 1767 à Saintes.
Admis en 1777.   Vol. 27. P. V. 39.

de **Boudoire** (Nicolas-Germain).
Né le 30 octobre 1743 à Saint-Remy d'Essoyes, diocèse de Langres.
Admis en 1755.   Vol. 2. P. V. 47.

Boudon de la Combe (Étienne-Jean-Baptiste).
Né le 24 juin 1768 à Cosnac, diocèse de Saintes.
Admis en 1778.   Vol. 30. P. V. 42.

du **Bouexic de Guichen** (Julien-Nicolas-Félix).
Né le 4 mai 1757 à Saint-Malo.
Admis à la Flèche en 1766.   Vol. 17. F° 137.
Admis à l'École militaire en 1771.   Vol. 15. P. V. 39.

de la **Bouéxière** (Pierre-Mathurin-Jérôme).
Né le 3 juin 1771 à Moncontour, évêché de Saint-Brieuc.
Admis en 1782.   Vol. 34. P. V. 3.

de **Bouilh** (Jean-Jacques-Joseph).
Né le 25 juin 1755 à Tarbes.
Admis en 1766.   Vol. 11. P. V. 3.

de **Boulainvilliers** (Pierre-Marie).
Né le 21 mars 1761 à Brest.
Admis en 1768.   Vol. 18. F° 81.

du **Boulet de la Brolie** (René-Charles-Gabriel).
Né le 8 juillet 1763 au Bon port du Mouillage, Martinique.
Admis en 1773 à la Flèche.   Vol. 23. P. V. 14.

du **Boulet de Bonneuil** (Louis-Étienne).
Né le 5 juillet 1767 a Senlis.
Admis en 1778.   Vol. 30. P. V. 12.

du **Boulet de Bonneuil** (Claude-Suzanne-Charlemagne).
Né le 28 janvier 1769 à Villers-Saint-Frambourg, près Senlis.
Admis en 1781.   Vol. 33. P. V. 37.

le **Boulleur** (Gilles-Bon).
Né le 26 août 1774 à Sées-Mesnil, diocèse d'Evreux.
Admis en 1783.   Vol. 35. P. V. 18.

de **Bourbelles** (Jean-Louis-Charles-Frédéric).
Né le 8 février 1745 à Albéfeuille, diocèse de Montauban.
Admis en 1756.   Vol. 3. P. V. 8.

Bourcke (Guillaume-Victoire).
Né le 18 décembre 1769 à l'Orieu, diocèse de Vannes.
Admis en 1781.   Vol. 33. P. V. 3.

de **Bourdeilles de Couzance** (Aubin).
Né le 17 décembre 1769 à Saint-Germain-Lembron, diocèse de
    Clermont-Ferrand.
Admis en 1779.   Vol. 31. P. V. 57.

Bourdon de Grandmont (Claude-Auguste).
Né le 6 octobre 1744 à Saint-Germain de Verson, diocèse de Lisieux.
Admis en 1756.   Vol. 3. P. V. 11.

Bourdon de Grandmont (Jean-Thomas-Augustin).
Né le 17 octobre 1752 à Verson, diocèse de Lisieux.
Admis en 1764.   Vol. 9. P. V. 8.

le **Bourgeois des Bancs** (Frédéric-Joseph-Auguste).
Né le 30 décembre 1764 à Honfleur.
Admis en 1773 à la Flèche.   Vol. 24. P. V. 5.

le **Bourgeois des Marais des Bancs** (Roch-Antoine).
Né le 5 avril 1766 à Merville, généralité de Caen.
Admis en 1777.   Vol. 28. P. V. 19.

de **Bourgogne** (Charles-Gabriel).
Né le 9 novembre 1757 à Attigny, en Lorraine.
Admis en 1769.   Vol. 13. P. V. 30.

Bourgoing (Jean-François), ⎫
Bourgoing (Joseph-Marie), ⎬ Frères.
Jean-François, né à Nevers le 20 mai 1748 ;
Joseph-Marie, né à Nevers le 6 mars 1750.
Admis en 1760.   Vol. 5. P. V. 16.

Bourgoing (François-Philippe).
Né le 22 août 1751 à Magny, diocèse de Nevers.
Admis en 1762.   Vol. 8. P. V. 14.

de **Bourrat de la Perche** (Joachim-Joseph).
Né le 20 décembre 1778 à Neuville, diocèse de Clermont, en Auvergne.
Admis en 1788.   Vol. 40. P. V. 79.

de **Boussardière de Baurepos** (François-Henry).
Né le 22 mai 1765 à Villiers, généralité d'Alençon.
Admis en 1773 à la Flèche.   Vol. 24. P. V. 1.

Boutault (Pierre-Claude).
Né le 27 janvier 1771 à Blois.
Admis en 1781.   Vol. 33. P. V. 16.

de **Boutier de Catus** (Charles-Ignace-Pons).
Né le 12 février 1765 à Belfort, en Alsace.
Admis en 1775 à la Flèche.   Vol. 26. P. V. 4.

Bouvier de la Motte (Jacques-François-Marie).
Né le 2 janvier 1760 à Bouillon, diocèse de Liège.
Admis en 1769.   Vol. 19. F° 119.

Bouvier de Fontanille (Claude-Hyacinthe).
Né le 30 décembre 1770 à Vinay, en Dauphiné.
Admis en 1781.   Vol. 33. P. V. 1.

de **Bouvière de Cachard** (Louis-François).
Né le 23 décembre 1768 à Boffre, généralité de Montpellier.
Admis à la Flèche en 1778.   Vol. 29. N° 9.
Admis à l'École militaire en 1780.   Vol. 32. P. V. 70.

de **Boyer de Choisy** (Pierre-Louis-Joseph).
Né le 31 juillet 1766 à Antibes, diocèse de Grasse.
Admis en 1777.   Vol. 28. P. V. 86.

de **Boyer de Camprieu** (Barthélemy-Laurent).
Né le 5 août 1770 à Ganges, diocèse de Montpellier.
Admis en 1781. Vol. 33. P. V. 50.

de **Boyleave de Chamballan** (Joseph-François).
Né le 26 septembre 1756 à Vallerangue, diocèse d'Alais.
Admis en 1767. Vol. 12. P. V. 12.

Brachet (Etienne-Claude).
Né le 14 mars 1755 à Bonneval, diocèse de Chartres.
Admis en 1765. Vol. 10. P. V. 27.

de **Brachet** (Antoine-François-Elisabeth).
Né le 28 mars 1771 à Lubersac, diocèse de Limoges.
Admis en 1782. Vol. 34. P. V. 47.

de **Brachet de la Bastide** (Claude).
Né le 26 décembre 1768 à Peyrissac, en Limousin.
Admis en 1777 à la Flèche. Vol. 28. P. V. 78.

de **Brasdefer** (Jacques-François).
Né le 17 décembre 1762 à Damblainville, généralité d'Alençon.
Admis en 1771 à la Flèche. Vol. 21. P. V. 25.

de **Brasdefer** (Raphaël-Samuel-Gabriel).
Né le 7 septembre 1772 à Saint-Germain-du-Marais, diocèse de Sées.
Admis en 1783. Vol. 35. P. V. 11.

de **Brasdefer de Morteaux** (Guillaume-Gabriel-Samuel-Charles).
Né le 30 juillet 1749 à Malloüé, diocèse de Bayeux.
Admis en 1760. Vol. 6. P. V. 35.

de **Brasdefer d'Ommoy** (Louis-François-Casimir).
Né le 19 avril 1778 à Ommoy, diocèse de Sées.
Admis en 1787. Vol. 39. P. V. 13.

de **Bréal des Chapelles** (Xavier-Anne-Marie).
Né le 2 décembre 1753 à Rennes.
Admis en 1764. Vol. 9. P. V. 4.

de **Brébeuf** (René-Joseph-Robert).
Né le 13 avril 1750 à Coutances, en Normandie.
Admis en 1760. Vol. 6. P. V. 28.

de **Brebeuf** (François-Marie-Félix).
Né le 16 mai 1758 à Coutances, en Normandie.
Admis à la Flèche en 1766. Vol. 17. F° 117.
Admis à l'Ecole militaire en 1772. Vol. 16. P. V. 42.

de **Brechard** (Pierre-François).
Né le 27 janvier 1759 à Pouilly, diocèse de Nevers.
Admis en 1767. Vol. 17. F° 227.

de **Bréchard de Brinay** (Nicolas-Marie),
Né le 10 août 1747 à Brinay en Nivernais.
Admis en 1756. Vol. 3. P. V. 12.

de **Bréchard** (Paul-Augustin-Marie).
Né le 21 décembre 1748 à Brinay en Nivernais.
Admis en 1760. Vol. 5. P. V. 30.

de **Brécey** (Louis-Joseph).
Né le 7 septembre 1775 à la Rochelle.
Admis en 1784.   Vol. 36. P. V. 15.

de **Bressac** (Marie-Anne-Joseph-Gabriel).
Né le 16 janvier 1756 à Valence, en Dauphiné.
Admis en 1766.   Vol. 11. P. V. 37.

de **Bressac** (Marie-François).
Né le 26 avril 1762 à Valence, en Dauphiné.
Admis en 1770 à la Flèche.   Vol. 20. F° 225.

de **Bressolles** (François-Denis).
Né le 12 juillet 1759 à la Celle Saint-Patrocle, généralité de Moulins.
Admis en 1768.   Vol. 18. F° 159.

de **Bretagne** (Charles-Antoine).
Né le 15 juin 1773 à Lunéville, diocèse de Nancy.
Admis en 1783.   Vol. 35. P. V. 31.

de **Bretel d'Hiermont** (Charles-Antoine-Marie).
Né le 9 janvier 1753 à Beauvais.
Admis en 1764.   Vol. 9. P. V. 16.

de **Bretel d'Hiermont** (Louis-François-Henry).
Né le le 3 octobre 1755 à Beauvais.
Admis en 1765.   Vol. 10. F° 15.

de **Bretel d'Hiermont** (Charles-Augustin).
Né le 22 juin 1761 à Beauvais.
Admis en 1769.   Vol. 18. P. V. 273.

du **Breuil du Marchais** (Amédée-François).
Né le 26 avril 1740 à Brest.
Admis en 1753.   Vol. 1. P. V. 12.

du **Breuil de Théon de Chateaubardon** (Jean-Auguste).
Né le 23 avril 1748 à Saint-Pierre, en Saintonge.
Admis en 1760.   Vol. 5. P. V. 49.

du **Breuil de Théon de Chateaubardon** (Jean-Charles).
Né le 24 juillet 1751 à Saintes.
Admis en 1761.   Vol. 7. P. V. 19.

de **Breuilly** (Alexandre-Louis-Victoire).
Né le 20 janvier 1772 à Saint-Remy de Richecourt, diocèse de Laon.
Admis en 1782.   Vol. 34. P. V. 31.

de **Bridiers** (Jean-Baptiste-René).
Né le 5 juillet 1754 à Nouzerines, généralité de Bourges.
Admis à la Flèche en 1764.   Vol. 17. F° 41.
Admis à l'École militaire en 1769.   Vol. 13. P. V. 36.

de **Bridiers** (André-Claude).
Né le 18 juillet 1756 à Saint-Clair de Nouzerines, généralité de
    Bourges.
Admis à la Flèche en 1765.   Vol. 17. F° 57.
Admis à l'École militaire en 1770.   Vol. 14. P. V. 50.

de **Bridiers** (Alexandre).
Né le 28 juin 1757 à Nouzerines, généralité de Bourges.
Admis à la Flèche en 1766.   Vol. 17. F° 117.
Admis à l'École militaire en 1772.   Vol. 16. P. V. 39.

de **Bric** (Pierre).
Né le 16 mars 1740 à Saint-Nazaire, diocèse de Saintes, élection de
    Marennes, généralité de la Rochelle.
Admis en 1753.   Vol. 1. P. V. 7.

de **Bric de Ferrant** (Jean-Baptiste-Etienne-Louis-Antoine).
Né le 25 avril à Rablay, diocèse d'Angers.
Admis en 1770 à la Flèche.   Vol. 20. F° 265.

de **Brison** (Simon).
Né le 23 septembre 1754 à Moulins, en Bourbonnais.
Admis à la Flèche en 1764.   Vol. 17. F° 41.
Admis à l'École militaire en 1770.   Vol. 14. P. V. 23.

de **Briols de la Mairie** (Pierre-Louis-Robert).
Né le 13 mai 1757 à Becquingham, diocèse de Saint-Omer.
Admis à la Flèche en 1767.   Vol. 17. F° 161.
Admis à l'École militaire en 1772.   Vol. 16. P. V. 38.

de la **Broise** (Jean-Jacques-François).
Né le 27 juillet 1779 à la Chapelle-Ubicé, diocèse d'Avranches.
Admis en 1789.   Vol. 40. P. V. 92.

de **Brossard** (François-Paul).
Né le 23 janvier 1779 à Saint-Ouen, diocèse de Blois.
Admis en 1787.   Vol. 39. P. V. 8.

de **Brossard de Torcy** (Louis-Amand-Désiré).
Né le 16 mai 1780 à Hodeng-au-Bosq, diocèse de Tours.
Admis en 1788.   Vol. 40. P. V. 60.

de **Brotte de Vareilles** (Louis-Charles-Armand).
Né le 10 décembre 1766 à Montry, diocèse de Meaux.
Admis en 1775 à la Flèche.   Vol. 26. P. V. 13.

de la **Brousse** (Marc-Arnold).
Né le 29 mars 1766 à Montignac, sénéchaussée de Sarlat.
Admis en 1777.   Vol. 28. P. V. 54.

de **Bruc de Signy** (Pierre-Aimé-Jean).
Né le 31 juillet 1769 à Nantes.
Admis en 1778.   Vol. 30. P. V. 45.

de **Brueys** (Joseph-Marie).
Né le 1er février 1779 à Verdun-sur-Garonne, généralité d'Auch.
Admis en 1787.   Vol. 39. P. V. 12.

de **Bruguière de Farsat** (François-Claude-Anne).
Né le 12 octobre 1774 à Bussy-Varache, diocèse de Limoges.
Admis en 1785 à la Flèche.   Vol. 37. P. V. 4.

de **Brunel** (Jean-Baptiste-Philippe).
Né le 18 août 1752 à Metz.
Admis en 1762.   Vol. 8. P. V. 30.

de **Brunel de la Roquette** (Pierre-Charles).
Né le 14 septembre 1769 à Saint-Bauzelon-du-Levezou, diocèse de Rodez.
Admis en 1778.   Vol. 29. P. V. 14.

de **Brunet** (Louis-Charles-Hyacinthe).
Né le 9 avril 1767 à Richancourt, diocèse de Châlons.
Admis en 1777.   Vol. 28. P. V. 6.

de **Brunville de Poussy** (Frédéric-René).
Né le 27 avril 1779 à Caen.
Admis en 1788.   Vol. 40. P. V. 57.

de la **Bruyère** (Henry-Joseph).
Né le 1er septembre 1746 à Louroux-Hodement, diocèse de Bourges.
Admis en 1754.   Vol. 1. P. V. 44.

de la **Bruyère** (Henry-Louis).
Né le 10 janvier 1755 à Saint-Pierre de Pargny, diocèse de Reims.
Admis à la Flèche en 1764.   Vol. 17. F° 11.
Admis à l'École militaire en 1769.   Vol. 14. P. V. 7.

de la **Bruyère** (André-Andrien-Joseph).
Né le 23 janvier 1768 à Saint-Onézime de Douchan-sur-Meuse, diocèse de Reims.
Admis en 1779.   Vol. 31. P. V. 42.

Buguot de Farémont (Antoine-Joseph).
Né le 31 octobre 1768 à Nancy, diocèse de Toul.
Admis en 1778.   Vol. 29. P. V. 32.

Buguot de Farémont (Henry-Alexandre).
Né le 10 juin 1742 à Bar-le-Duc, diocèse de Toul.
Admis en 754.   Vol. 2. P. V. 11.

du **Buq de Marcussy** (Joseph).
Né le 1er octobre 1764 à la Martinique.
Admis en 1777.   Vol. 28. P. V. 53.

de **Burdelot de Malfontaine** (Jean-Alexandre).
Né le 3 juillet 1750 à Vezelay, diocèse d'Autun.
Admis en 1761.   Vol. 7. P. V. 25.

de **Burle de Champclos** (Joseph-Henry-Marie).
Né le 22 septembre 1766 à Manosque, en Provence.
Admis en 1771.   Vol. 28. P. V. 62.

de la **Burthe de Pachas** (Jacques-Antoine).
Né le 22 septembre 1749 à Port-sur-Saône, diocèse de Besançon.
Admis en 1761.   Vol. 7. P. V. 8.

de la **Bussière** (Edme-Jean-Baptiste).
Né le 29 juillet 1754 à Saint-Sauge, diocèse de Nevers.
Admis à la Flèche en 1764.   Vol. 17. F° 41.
Admis à l'École militaire en 1769.   Vol. 13. P. V. 38.

de **Busseul** (Antoine).
Né le 29 octobre 1756 à Saint-Lauthain, diocèse de Besançon.
Admis en 1768.   Vol. 12. P. V. 43.

Buys (Jean-François-Gérard).
Né le 29 décembre 1749 à Nantes.
Admis en 1761. Vol. 7. P. V. 41.

de **Buzelet** (Dominique-Jacques-César).
Né le 15 juillet 1765 à Pont-à-Mousson, diocèse de Toul.
Admis en 1773 à la Flèche. Vol. 23. P. V. 21.

de **Buzelet** (Marie-Laurent).
Né le 5 septembre 1772 à Metz.
Admis en 1782. Vol. 34. P. V. 44.

C

Cachedenier de Vassimon (Louis-Auguste-Marie-Adélaïde).
Né le 18 janvier 1770 à Nancy.
Admis en 1778. Vol. 29. P. V. 12.

Cachedenier de Vassimon (François-Joseph).
Né le 19 décembre 1771 à Bar-le-Duc, diocèse de Toul.
Admis en 1781. Vol. 33. P. V. 42.

de **Cacheleu** (Maximilien).
Né le 13 mai 1756 à Méricourt-en-Vimeu, diocèse d'Amiens.
Admis en 1766. Vol. 11. P. V. 19.

de **Cacheleu** (Armand-Flore).
Né le 13 avril 1757 à Méricourt-en-Vimeu, diocèse d'Amiens.
Admis en 1768. Vol. 13. P. V. 9.

de **Cacheleu** (Alexandre-Gabriel).
Né le 25 janvier 1759 à Méricourt-en-Vimeu, diocèse d'Amiens.
Admis en 1768 au collège royal de la Flèche. Vol. 18. Fo 51.

de **Cadot d'Argeneuil** (Joseph-Paul).
Né le 20 mai 1750 à Saint-Blaise de Mons de Boudy, diocèse d'Agen.
Admis en 1761. Vol. 7. P. V. 38.

Caffod de la Ferrière (Jean-Joseph-Maurice).
Né le 15 février 1772 à Arbois, diocèse de Besançon.
Admis en 1782. Vol. 34. P. V. 42.

de **Caillou de Valmont** (Jean-François-Henry).
Né le 22 avril 1763 à Valmont, diocèse de Metz.
Admis en 1772. Vol. 22. P. V. 48.

de **Caillou de Valmont** (Jean-Louis-Gustave-Philippe).
Né le 27 juin 1768 à Petit-Bersviler, diocèse de Metz.
Admis en 1778. Vol. 29. P. V. 35.

de **Cairon de Merville** (Charles-Joseph).
Né le 1er janvier 1754 à Rochefort.
Admis à la Flèche en 1764.   Vol. 17. Fo 27.
Admis à l'École militaire en 1769.   Vol. 13. P. V. 32.

Caladon dit de **Béranger** (Louis-Augustin).
Né le 28 mai 1769 au Vigan, diocèse d'Alais.
Admis en 1778.   Vol. 30. P. V. 46.

de **Callières** (Charles).
Né le 20 juillet 1764 à Orignolles, en Saintonge.
Admis en 1773 à la Flèche.   Vol. 23. P. V. 34.

de **Callon de Trois Brioux** (Armand-Louis).
Né le 17 août 1774 à Farges-en-Septaine, diocèse de Bourges.
Admis en 1784.   Vol. 36. P. V. 29.

de **Calonne d'Avesnes** (Louis-Jean-Baptiste).
Né le 25 juin 1755 à Amiens.
Admis en 1765.   Vol. 10. P. V. 23.

de **Calonne d'Avesnes** (Charles-François).
Né le 22 août 1756 à Ham, diocèse de Noyon.
Admis à la Flèche en 1768.   Vol. 17. Fo 117.
Admis à l'École militaire 1772.   Vol. 16. P. V. 30.

de **Calonne d'Avesnes** (Antoine).
Né le 1er avril 1760 au Marché-de-Troyes, en Picardie.
Admis en 1768 au collège royal de la Flèche.   Vol. 18. Fo 55.

de **Calonne de Beaufait** (Louis-François-Alexandre).
Né le 8 décembre 1742 à Ensisheim en Haute-Alsace.
Admis en 1754.   Vol. 1. P. V. 41.

de **Calonne de Beaufait** (François-Guillaume-Dominique).
Né le 17 septembre 1766 à Cernay, diocèse de Basle.
Admis en 1777.   Vol. 28. P. V. 93.

de **Calonne de Rageaud** (Jean-Joseph),
Né le 10 octobre 1761 à Saint-Sernin, diocèse de Saint Flour.
Admis en 1770 à la Flèche.   Vol. 20. Fo 345.

de **Cambis** (Charles-François). } Frères.
de **Cambis** (Joseph). }
Nés à Briançon, diocèse de } Charles-François, le 28 juillet 1747;
Glandève. } Joseph le 20 septembre 1748.
Admis en 1755.   Vol. 2. P. V. 32.

de **Came de Saint-Aigne** (Amable-Louis-Jean-Chrysostome).
Né le 31 juillet 1763 à la Barrère, diocèse d'Auch.
Admis en 1773 à la Flèche.   Vol. 23. P. V. 4.

de **Came de Saint-Aigne** (Amable-Joseph-Jean-Chrysostome).
Né le 10 mai 1754 à la Bastide, diocèse d'Aire.
Admis en 1764.   Vol. 9. P. V. 38.

de **Campbelt d'Auchinbreck** (Jean-Baptiste-Guillaume-Édouard-Charles).
Né le 3 décembre 1769 à Landrecies en Hainaut, diocèse de Cambrai.
Admis en 1778.   Vol. 29. P. V. 8.

de **Campet de Saujon** (Jean-Alexandre).
Né le 19 janvier 1756 à.Nachamp, généralité de la Rochelle.
Admis en 1767.
Vol. 12. P. V. 3.

Canelle (Firmin-Louis-Nicolas).
Né le 6 décembre 1755 à Havy, diocèse de Reims.
Admis à la Flèche en 1765.
Admis à l'École militaire en 1769.
Vol. 17. F° 85.
Vol. 13. N° 50.

Canelle de la Lobbe (Roland-Antoine-Nicolas).
Né le 26 juin 1765 à Tannière, diocèse de Soissons.
Admis en 1774 à la Flèche.
Vol. 24. P. V. 53.

Canelle de la Lobbe (Louis-Simon).
Né le 20 décembre 1767 à Tannière, diocèse de Soissons.
Admis en 1778.
Vol. 29. P. V. 4.

Canelle de Provisy (Louis-Thomas-Joseph).
Né le 17 février 1777 à Vantelai, diocèse de Reims.
Admis en 1785 à la Flèche.
Vol. 37. P. V. 12.

de **Canon de Ville** (Nicolas-Jean-Pierre-Louis).
Né le 15 mai 1770 à Neufchâteau, diocèse de Toul.
Admis en 1778 à la Flèche.
Vol. 38. P. V. 37.

Cantineau de Commacre (Alexandre-Toussaints).
Né le 15 janvier 1761 à Tours.
Admis en 1769.
Vol. 19. F° 247.

de **Caors de la Sarladie** (Étienne-Pierre).
Né le 30 avril 1756 à Baynac, en Sarladois.
Admis en 1768.
Vol. 13. P. V. 2.

de **Caors de la Sarladie** (Jean-Baptiste).
Né le 31 octobre 1771 à Marnugnac, diocèse de Cahors.
Admis en 1782.
Vol. 34. P. V. 7.

de **Cappy** (Henry-Louis-François).
Né le 31 juillet 1771 à Matancourt, diocèse de Metz.
Admis en 1780.
Vol. 32. P. V. 71.

de **Capriol de Péchassant** (François-Gaspard-Auguste).
Né le 21 septembre 1772 à Lautrec, diocèse de Castres.
Admis en 1783.
Vol. 35. P. V. 33.

de **Caqueray de Lormé** (Louis-Gaston).
Né le 28 mai 1773 à Martagny, diocèse de Rouen.
Admis en 1782.
Vol. 34. P. V. 52.

de **Caqueray de Monval** (Louis-François-Parfait).
Né le 8 décembre 1772 aux Ventes, diocèse de Rouen.
Admis en 1782.
Vol. 34. P. V. 20.

de **Caqueray de Quinneville** (Alexandre).
Né le 21 novembre 1778 à Beauvoir, en Lyons-la-Forest, diocèse de Rouen.
Admis en 1786.
Vol. 38. P. V. 36.

de **Caqueray de Saint-Quentin** (Pierre).
Né le 17 novembre 1757 à Realcamp, diocèse de Rouen.
Admis en 1768 à la Flèche.
Vol. 13. P. V. 22.

de **Carbonnel** (Ambroise-Théodore).
Né le 8 août 1745 à Paris.
Admis en 1756.   Vol. 3. P. V. 13.

de **Carbonnel** (Louis-Augustin).
Né le 21 août 1772 à Saint-Vast d'Agnières, diocèse d'Amiens.
Admis en 1782.   Vol. 34. P. V. 14.

de **Carbonnières de Saint-Chamassy** (Louis).
Né le 1er janvier 1764 à Saint-Chamassy, sénéchaussée de Sarlat.
Admis en 1773 à la Flèche.   Vol. 23. P. V. 45.

de **Cardeillac** (Jean-Louis).
Né le 17 mars 1765 à Méraguat, diocèse de Cahors.
Admis en 1773 à la Flèche.   Vol. 23. P. V. 47.

de **Cardeillac** (Étienne-Mathieu-Philippe).
Né le 23 août 1753 à Gayan, sénéchaussée de Bigorre.
Admis en 1765.   Vol. 10. P. V. 3.

de **Carpentin de Berteville** (François-Laurent).
Né le 2 août 1743 à Notre-Dame de Valine, succursale de Saint-Martin-de-Franleux, diocèse d'Amiens.
Admis en 1754.   Vol. 2. P. V. 1.

de **Carruyer de Beauvais** (Charles-Henry).
Né le 20 septembre 1769 à Auxerre.
Admis en 1778.   Vol. 30. P. V. 14.

le **Carruyer de Linsecq** (Augustin-Edure).
Né le 3 septembre 1775 à Saint-Eusèbe d'Auxerre.
Admis en 1784.   Vol. 36. P. V. 14.

de **Carvoisin d'Hennecourt** (Nicolas-Louis).
Né le 14 juin 1754 à Royaucourt-Saint-Julien, généralité de Soissons.
Admis à la Flèche en 1765.   Vol. 17. Fo 75.
Admis à l'École militaire en 1769.   Vol. 14. P. V. 3.

de **Carvoisin d'Hennecourt** (Charles-Antoine).
Né le 20 avril 1756 à Royaucourt-Saint-Julien, généralité de Soissons.
Admis à la Flèche en 1765.   Vol. 17. Fo 75.
Admis à l'École militaire en 1770.   Vol. 15. P. V. 9.

de **Carvoisin** (Jean-Mathieu).
Né le 12 octobre 1766 à Digny, en Thimerais (Perche).
Admis en 1775 à la Flèche.   Vol. 26. P. V. 63.

Casablanca (Luce-Quilico).
Né le 7 février 1762 à Saint-Martin, episcopatus Casince, en Corse.
Admis en 1772 à la Flèche.   Vol. 22. P. V. 46.

de **Casamajor-Gestas** (Henry).
Né le 16 avril 1778 à Rive-Haute, diocèse d'Oléron.
Admis en 1788.   Vol. 40. P. V. 3.

de la **Cassagne de Saint-Laurent** (Vincent-Louis).
Né le 4 mai 1760 à Agen.
Admis en 1777.   Vol. 27. P. V. 42.

de la **Cassagne de Saint-Laurent** (Jacques-Marguerite-Joseph).
Né le 12 septembre 1767 à Agen.
Admis en 1778.   Vol. 30. P. V. 5.

de Castaing des Taboissies (Émeric).
Né le 4 septembre 1768 à Cendrieux, diocèse de Périgueux.
Admis en 1781.   Vol. 33. P. V. 7.

de Castillon de Saint-Victor (Claude-Louis).
Né le 31 octobre 1765 à Pontorson, diocèse d'Avranches.
Admis en 1774 à la Flèche.   Vol. 24. P. V. 54.

Castin de Guérin (Jean-Henry).
Né le 7 mai 1775 à Touches de Pérignac, diocèse de Saintes.
Admis en 1784.   Vol. 36. P. V. 32.

de Castre (Jean-François-Marie). ⎫
de Castre (Alexandre-Léon).   ⎬ Frères.
                                     ⎭

Nés à Martigny, en Tiérache, ⎰ Jean-François-Marie, le 22 jan-
diocèse de Laon.   ⎱   vier 1744.
                             ⎰ Alexandre-Léon, le 19 octobre 1746.
Admis en 1755.   Vol. 2. P. V. 14.

de Castre (Nicolas-Marie-César).
Né le 6 décembre 1755 à Martigny, diocèse de Laon.
Admis en 1765.   Vol. 17. Fº 59.

de Castre (Henry-Alexandre-Léopold).
Né le 10 avril 1771 à Saint-Sébastien de Vaulx, généralité de Châlons.
Admis en 1780.   Vol. 32. P. V. 47.

de Cat de Bazancourt (Jean-Baptiste-Maximilien-Joseph-Antoine).
Né le 19 mars 1767 à la Neuville d'Aumont, bailliage de Beauvais.
Admis en 1775 à la Flèche.   Vol. 26. P. V. 53.

le Cauf de Bannoville (Jean-Jacques-François).
Né le 24 décembre 1766 à Nègreville, diocèse de Coutances.
Admis en 1777.   Vol. 27. P. V. 34.

de Caux de Chacé de Clairvaux (Jean-Marc-Antoine).
Né le 25 août 1748 à Savigny en Verron, diocèse de Tours.
Admis en 1760.   Vol. 5. P. V. 27.

de Cazamajour (Jean-Hector).
Né le 14 février 1750 à Moissac, en Quercy.
Admis en 1760.   Vol. 6. P. V. 39.

de Chabannes (Marie-Pierre-Chrysogone).
Né le 25 juin 1768 à l'Isle-Jourdain, diocèse de Toulouse.
Admis en 1781.   Vol. 33. P. V. 32.

de Chabron de Rohac (Jean-Pierre-Claude-Joseph-Bertrand).
Né le 4 mai 1777 au Puy, en Velai.
Admis en 1785 à la Flèche.   Vol. 37. P. V. 50.

du Chaffault (Julien-Alexis).
Né le 8 février 1750 à Saint-Jean de Montaigu, en Poitou.
Admis en 1760.   Vol. 6. P. V. 14.

Chailly (Pierre-Joseph-Victoire).
Né le 27 juillet 1778 à Malzéville, diocèse de Nancy.
Admis en 1786 à la Flèche.   Vol. 38. P. V. 19.

de Chalus du Chatelet (Charles-Henry).
Né le 17 novembre 1778 à Saint-Georges d'Ydes, en Auvergne.
Admis en 1788.   Vol. 40. P. V. 66.

de **Chambaran** (Benoist-Charles).
Né le 9 septembre 1747 à Montbrison.
Admis en 1756.   Vol. 3. P. V. 14.

de **Chambaran** (Étienne).
Né le 6 mars 1772 à Saint-Germain-Laval, en Forez.
Admis en 1783.   Vol. 35. P. V. 27.

de **Chambaud de Jonchère** (Étienne).   } Frères.
de **Chambaud de Jonchère** (Nicolas-Charles).   }
Nés à Saint-Agnan de Beaune, } Étienne, le 3 novembre 1744;
  en Bourbonnais, diocèse de } Nicolas-Charles, le 19 septembre 1746.
  Bourges.   }
Admis en 1755.   Vol. 2. P. V. 48.

de **Chambaud de Jonchère** (Jean-Baptiste-Charles).
Né le 16 janvier 1771 à Bourmont, diocèse de Toul.
Admis en 1782.   Vol. 34. P. V. 50.

de **Chambaud de Jonchère** (Martin-Guillaume).
Né le 27 octobre 1774 à Saint-Aulay, diocèse de Périgueux.
Admis en 1784.   Vol. 36. P. V. 35.

de **Chambon de Trousseauville** (Charles-Robert).
Né le 18 avril 1755 à Sainte-Marguerite de l'Autel, diocèse d'Evreux.
Admis en 1767.   Vol. 12. P. V. 15.

de **Chambon de Trousseauville** (Charles-Louis-Gabriel).
Né le 19 novembre 1758 à Saint-Germain de Rugles, diocèse d'Evreux.
Admis à la Flèche en 1768.   Vol. 18. Fo 97.
Admis à l'École militaire en 1772.   Vol. 16. P. V. 17.

de **Chambon de Trousseauville** (François).
Né le 28 juin 1758 à la Lande, diocèse de Chartres.
Admis à la Flèche en 1768.   Vol. 18. Fo 11.
Admis à l'École militaire en 1772.   Vol. 16. P. V. 52.

de **Chambon du Trousseauville** (Charles-Godefroy).
Né le 24 mai 1764 à Mandres en Lorraine.
Admis en 1773 à la Flèche.   Vol. 24. P. V. 2.

de **Chambon de la Barthe** (Julien-Joseph).
Né le 10 avril 1765 à Vermand, diocèse de Noyon.
Admis en 1777.   Vol. 28. P. V. 42.

de **Chambon** (Jean-Jacques-Raimond).
Né le 24 avril 1780 à Saint-Bernard, diocèse de Toulouse.
Admis en 1788.   Vol. 40. P. V. 44.

de **Chamborant du Villevert** (Jean-Joachim).
Né le 30 septembre 1745 à Attigny, diocèse de Reims.
Admis en 1756.   Vol. 4. P. V. 9.

de **Chambray** (Louis).
Né le 15 mai 1751 à Evreux.
Admis en 1761.   Vol. 7. P. V. 2.

de **Chamisset** (Étienne-Marc-Antoine).
Né le 31 août 1767 à Villers en Orgonne, diocèse de Châlons.
Admis en 1777.   Vol. 27. P. V. 78.

du **Chump d'Assaut** (Marie-Louis-Augustin).
Né le 5 décembre 1760 à Dôle.
Admis en 1769. Vol. 19. F° 295.

de **Champagnac** (Pierre-François).
Né le 17 février 1768 à Saint-Pardoux-la-Rivière, diocèse de Périgueux.
Admis en 1779. Vol. 31. P. V. 29.

de **Champeaux** (Louis-Philibert).
Né le 5 mai 1763 à Autun
Admis en 1771. Vol. 21. P. V. 22.

de **Champeaux** (Jean-Baptiste-Nicolas).
Né le 19 avril 1768 à Langres.
Admis en 1778. Vol. 29. P. V. 2

de **Champeaux** (Pierre-Clément).
Né le 24 mai 1767 à Courban, diocèse de Langres.
Admis en 1779. Vol. 31. P. V. 5

de **Champeaux** (Jean-Baptiste-Lazare).
Né le 29 mai 1768 à Autun.
Admis en 1779. Vol. 31. P. V. 21.

Champion de Cicé (Augustin-Marie).
Né le 10 juin 1745 à Rennes.
Admis en 1776. Vol. 3. P. V. 15.

Champion de Nansouty (Étienne-Antoine-Marie).
Né le 30 mai 1768 à Bordeaux.
Admis en 1778. Vol. 29. P. V. 50.

de **Champs** (Amable-Gilbert).
Né le 7 avril 1772 à Blot-l'Église, généralité de Moulins.
Admis en 1782. Vol. 34. P. V. 25.

de **Chanalleilles du Villard** (Charles-François-Guillaume).
Né le 25 mars 1767 à Aubenas, en Vivarais.
Admis en 1778. Vol. 30. P. V. 41.

du **Chazaud de Lescaux** (Elie-Jean-François).
Né le 13 novembre 1778 à Cause-de-Clérent, en Guyenne, dépt de Bergerac.
Admis en 1788. Vol. 40. P. V. 54.

de **Chanteple** (Jean-Baptiste).
Né le 23 mai 1776 à Caen,
Admis en 1785 à la Flèche. Vol. 37. P. V. 51.

de **Chanterel** (Charles).
Né le 10 juillet 1770 à Monteynard, en Dauphiné.
Admis en 1779. Vol. 31. P. V. 53.

Chantran de la Jouberdrie (Gabriel-Ferdinand).
Né le 14 juin 1767 à Fontenay-le-Comte.
Admis en 1778. Vol. 27. P. V. 45.

Chapel de la Salle (Raimond-Hippolyte-Marie).
Né le 4 avril 1777 à Tulle.
Admis en 1785 à la Flèche. Vol. 37. P. V. 29.

de **Chapelain** (Joseph-Marie-Antoine-Jules).
Né le 15 octobre 1776 à Génilhac, diocèse d'Uzès.
Admis en 1785 à la Flèche.   Vol. 37. P. V. 43.

Chapelle de Fontaine (François-David).
Né le 12 mars 1749 à Fontaine. diocèse de la Rochelle.
Admis en 1760.   Vol. 6. P. V. 10.

Chapelle de Fontaine (Jacques-François).
Né le 22 juillet 1753 à Fontaine, diocèse de la Rochelle.
Admis en 1764.   -   Vol. 9. P. V. 41.

de la **Chapelle** (Charles-Marie-Henry).
Né le 10 juin 1771 à Saint-Pierre le Bost, en Berry, diocèse de
    Limoges.
Admis en 1781.   Vol. 33. P. V. 56.

de **Chappuis** (Joseph-Michel-Marc-Antoine).
Né le 13 février 1768 à Saint-Jacques de Bézeril, diocèse de Lombez.
Admis en 1778.   Vol. 30. P. V. 31.

Chardebœuf de Pradel (Carles).
Né le 20 juillet 1746 à Poitiers.
Admis en 1756.   Vol. 4. P. V. 1.

de **Chargère** (Eustache).
Né le 8 octobre 1767 à Millay, généralité de Moulins.
Admis en 1778.   Vol. 30. P. V. 10.

de **Charnières** (Charles).
Né le 23 septembre 1775 à Nueil-sous-Passavant, diocèse de Poitiers.
Admis en 1785 à la Flèche.   Vol. 37. P. V. 30.

Charrier de Fléchac (Michel).
Né le 11 décembre 1745 à Orcival, diocèse de Clermont en Auvergne.
Admis en 1756.   Vol. 3. P. V. 16.

Charrier de Fléchac (Antoine).
Né le 21 août 1766 à Oreival, diocèse de Clermont en Auvergne.
Admis en 1777.   Vol. 27. P. V. 14.

Charrier de Fléchac (Pierre-Thomas).
Né le 24 janvier 1771 à Saint-Amant-la-Cheyre, en Auvergne.
Admis en 1780.   Vol. 32. P. V. 29.

du **Charrier de Moissard** (Jean-Baptiste, La Croix).
Né le 14 septembre 1765 à Bagnols, diocèse d'Uzès.
Admis en 1778.   Vol. 29. P. V. 56.

le **Charron** (Marc-Antoine-Mathieu-Alexandre).
Né le 26 avril 1750 à Leymen, diocèse de Bâle.
Admis en 1760.   Vol. 6. P. V. 3.

le **Charron** (Armand-Henry-Philippe).
Né le 21 avril 1754 à Saint-Léger de Leymen, diocèse de Bâle.
Admis en 1762.   Vol. 9. P. V. 47.

le **Charron** (André-Louis-Lambert).
Né le 30 novembre 1759 à Saint-Léger de Leymen, diocèse de Bâle.
Admis en 1768.   Vol. 18. Fo 149.

de **Chartongne** (Pierre-Martin).
Né le 16 mars 1776 à Aubreville, diocèse de Verdun.
Admis en 1785 à la Flèche.   Vol. 37. P. V. 15.

le **Chartreux de Menzeville** (Louis).
Né le 3 juin 1751 à Saint-Laurent du Bourg d'Eclaron, diocèse de
   Châlons, en Champagne.
Admis en 1762.   Vol. 8. P. V. 8.

de **Chaslus** (Louis).
Né le 14 mai 1769 à Prondine, diocèse de Clermont, en Auvergne.
Admis en 1781.   Vol. 33. P. V. 41.

de **Chassaing de Rateboul** (Joseph).
Né le 1er novembre à Saint-Laurent de Mareüil, généralité de Bor-
   deaux.
Admis en 1773 à la Flèche.   Vol. 24. P. V. 18.

de **Chassaing de Rateboul** (Pierre).
Né le 20 avril 1771 à Mareuil, en Périgord.
Admis en 1781.   Vol. 33. P. V. 15.

de **Chassaing de Fombressein** (Joseph-Simon-Placide).
Né le 31 octobre 1764, à Périgueux.
Admis en 1777.   Vol. 27. P. V. 73.

Chasteigner de Tenessue (René-Bonaventure-François).
Né le 14 novembre 1752 à Queaux, diocèse de Poitiers.
Admis en 1764.   Vol. 9. P. V. 29.

de la **Chastre** (Louis).
Né le 2 avril 1764 à Saint-Maixent-de-Lussac-les-Châteaux, dio-
   cèse de Poitiers.
Admis en 1772 à la Flèche.   Vol. 22. P. V. 28.

de la **Chastre** (Charles-Louis).
Né le 25 février 1768 à Mérigny, diocèse de Bourges.
Admis en 1778.   Vol. 29. P. V. 57.

de la **Chastre** (Joseph-Marie).
Né le 18 novembre 1772 à Roussat, diocèse de Limoges.
Admis en 1783.   Vol. 35. P. V. 46.

de **Chateauneuf du Molard** (Charles-Robert).
Né le 9 juillet 1766 à Ectassan, généralité de Montpellier.
Admis en 1778.   Vol. 29. P. V. 19.

de **Chateauneuf du Molard** (Charles-Robert).
Né le 29 juillet 1770 à Lemps, en Vivarais.
Admis en 1780.   Vol. 32. P. V. 19.

de **Chateauthierry** (Mansuet-Ignace-Augustin).
Né le 24 avril 1758 à Courdevesque, généralité d'Alençon.
Admis à la Flèche en 1768.   Vol. 18. F° 157.
Admis à l'École militaire en 1772.   Vol. 16. P. V. 26.

de **Chateauthierry de la Dépenserie** (Henry-Pierre-Augustin).
Né le 2 avril 1762 à Courdevesque, diocèse de Sées.
Admis en 1771 à la Flèche.   Vol. 21. P. V. 29.

Chatton des Morandais (Charles-Marie).
Né le 13 avril 1768 à Noyat, en Bretagne.
Admis en 1778.   Vol. 29. P. V. 15.

le **Chauff** (Louis-Hyacinthe).
Né le 3 juillet 1749 à Ruffiac, évêché de Vannes.
Admis en 1760.   Vol. 5. P. V. 23.

le **Chauff** (Jean-Baptiste-Vincent).
Né le 11 avril 1751 à Ruffiac, évêché de Vannes.
Admis en 1762.   Vol. 7. P. V. 45.

Chaumat (Louis-François).
Né le 17 juillet 1771 à Lesneven, en Basse-Bretagne.
Admis en 1781.   Vol. 33. P. V. 11.

de **Chaumontel** (Allire).
Né le 7 juillet 1766 à Breville, bailliage de Caen.
Admis en 1775 à la Flèche.   Vol. 26. P. V. 76.

de **Chaunac de Lauzac** (Louis).
Né le 25 février 1769 à Cénac, diocèse de Sarlat.
Admis en 1780.   Vol. 32. P. V. 31.

de la **Chaussée** (Charles-Joseph-Marie).
Né le 14 août 1756 à Montreuil-sur-Mer, diocèse d'Amiens.
Admis en 1766.   Vol. 11. P. V. 21.

de **Chauvelin de Beauregard** (Marie-Jacques).
Né le 16 juin 1754 à Poitiers.
Admis en 1765.   Vol. 10. P. V. 31.

de **Chavagnac** (Frédéric-Joseph).
Né le 24 mai 1749 à Rochefort-sur-Mer.
Admis en 1761.   Vol. 7. P. V. 1.

de **Chavanat de Montgour** (Gabriel).
Né le 20 février 1766 à Auzance, diocèse de Limoges.
Admis en 1777.   Vol. 27. P. V. 57.

de **Chavigny** (Pierre-Louis).
Né le 5 mai 1751 à Saint-Pierre de Jouarre, diocèse de Meaux.
Admis en 1760.   Vol. 6. P. V. 46.

de **Chavigny** (Louis-Gabriel-Armand).
Né le 26 avril 1756 à Jouarre, diocèse de Meaux.
Admis en 1766.   Vol. 11. P. V. 11.

de **Chavigny de Montil** (Louis-Antoine-Juvénal).
Né le 14 septembre 1766 à Saint-Cyr en Brie, diocèse de Meaux.
Admis en 1775 à la Flèche.   Vol. 26. P. V. 32.

de **Chavigny** (Philippe).
Né le 28 janvier 1770 à Rozoy-en-Brie.
Admis en 1780.   Vol. 32. P. V. 4.

de **Chazelles** (Augustin-Jean-Baptiste-Louis-Marie).
Né le 8 août 1780 à Lunac, en Rouergue.
Admis en 1790.   Vol. 40. P. V. 103.

de **Chennevières** (Gabriel).
Né le 15 mai 1746 à Bouillon en Normandie.
Admis en 1756.   Vol. 4. P. V. 10.

de **Chenu** (Charles-Germain-Gabriel).
Né le 5 juillet 1755 à Auxerre (château de la ville).
Admis en 1766. Vol. 11. P. V. 27.

de **Chenu** (Louis-Charles).
Né le 23 septembre 1764 à Rimogne, généralité de Châlons.
Admis en 1774 à la Flèche. Vol. 24. P. V. 50.

Chenu de Mangou (Adrien-Jean).
Né le 14 juillet 1773 à Vierzon, diocèse de Bourges.
Admis en 1784. Vol. 36. P. V. 18.

de **Chenu du Souchet** (Louis-Germain).
Né le 30 juin 1775 à Diges, diocèse d'Auxerre.
Admis en 1785 à la Flèche. Vol. 37. P. V. 9.

de **Chermont** (Dominique-Prosper).
Né à Toul le 24 novembre 1741.
Admis en 1753. Vol. 1. P. V. 2.

du **Chesne** (Marie-Reine-Charles-Grégoire-Alexandre).
Né le 25 janvier 1762 à Han-les-Moines, diocèse de Reims.
Admis en 1771 à la Flèche. Vol. 21. P. V. 10.

de **Chesneau de la Vieuville** (Nicolas).
Né le 21 février 1773 à Saint-Gratien-de-Villechauve, diocèse de
Tours.
Admis en 1784. Vol. 36. P. V. 53.

Chevaleau de Boisragon (Louis).
Né le 16 octobre 1745 à Aigonnay, en Poitou.
Admis en 1755. Vol. 2. P. V. 19.

Chevaleau de Boisragon de la Chesnaye (Alexandre-Jean).
Né le 17 décembre 1756 à Aygonnay, en Poitou.
Admis à la Flèche en 1765. Vol. 17. Fᵒ 57.
Admis à l'École militaire en 1770. Vol. 15. P. V. 14.

Chevalier d'Almont (Silvain).
Né le 5 octobre 1778 à Salbris, diocèse de Bourges.
Admis en 1787. Vol. 39. P. V. 39.

de la **Chevière** (Louis-Jean-François).
Né le 23 septembre 1747 à Martigné-Ferchaud, diocèse de Rennes.
Admis en 1760. Vol. 6. P. V. 13.

de la **Chevière** (Benjamin-Pierre).
Né le 3 mars 1752 à Martigné-Ferchaud, diocèse de Rennes.
Admis en 1765. Vol. 10. P. V. 19.

de **Chevigné de la Grassière** (Alexandre-Charles-Louis).
Né le 7 mars 1750 à Saint-Pierre de Chavagne-sous-Montaigu, dio-
cèse de Luçon.
Admis en 1760. Vol. 6. P. V. 30.

de **Chevigné de la Grassière** (Louis-Augustin-Antoine-Marie).
Né le 25 février 1753 à Chavagne-sous-Montaigu, diocèse de Luçon.
Admis en 1764. Vol. 9. P. V. 10.

de **Chevigné de la Grassière** (Louis-Marie-Jean).
Né le 7 septembre 1756 à Chavagne-sous-Montaigu, diocèse de Luçon.
Admis en 1767. Vol. 12. P. V. 28.

de **Chevry** (Gaspard-Louis).
Né le 2 novembre 1745 à Paris.
Admis en 1755. Vol. 2. P. V. 40.

du **Cheyron de Beaumont** (Joseph-Paschal).
Né le 20 novembre 1751 au Change, diocèse de Périgueux.
Admis en 1762. Vol. 8. P. V. 26.

de **Chic de Roquaing** (Jean-Claire-Joseph-Hector).
Né le 31 mai 1767 à Nérac, diocèse de Condom.
Admis en 1777. Vol. 28. P. V. 9.

de **Chicusses de Combaud** (Marie-Fortuné-Rogatien).
Né le 24 mai 1767 à Lorgues, diocèse de Fréjus.
Admis en 1777. Vol. 28. P. V. 16.

de **Chievres d'Aujac** (Pierre-Jacques-Nicolas-Gaspard).
Né le 18 mai 1769 à Aujac, généralité de la Rochelle.
Admis en 1779. Vol. 31. P. V. 38.

de **Chouly de Permangle** (Philippe-Claude-Auguste).
Né le 19 novembre 1755 à Dournasac, diocèse de Limoges.
Admis en 1766. Vol. 11. P. V. 49.

de **Chourses** (Jean-Godefroy).
Né le 11 avril 1741 à Beaumont-le-Vicomte, diocèse du Mans, généralité de Tours.
Admis en 1753. Vol. 1. P. V. 3.

de **Chevigny de Blot du Vivier** (Gilbert).
Né le 23 septembre 1762 à Saint-Gal, diocèse de Clermont, en Auvergne.
Admis en 1772 à la Flèche. Vol. 22. P. V. 49.

Cillart de la Villeneuve (Amand-Mathieu-Marie).
Né le 27 septembre 1766 à Tréguier en Bretagne.
Admis en 1777. Vol. 27. P. V. 40.

Cillart de la Villeneuve (Joseph-Marie-Fidèle).
Né le 15 juillet 1768 à Tréguier en Bretagne.
Admis en 1778. Vol. 29. P. V. 44.

de **Cingal** (Michel-Louis).
Né le 25 janvier 1745 à Saint-Martin-de-Monts, diocèse de Bayeux.
Admis en 1756. Vol. 3. P. V. 17.

de **Circourt** (Jean-Baptiste-Marie).
Né le 7 juillet 1767 à Nancy.
Admis en 1778. Vol. 29. P. V. 28.

de **Clapiers de Collongues** (Jacques-François-Xavier).
Né le 23 juillet 1773 à Aix, en Provence.
Admis en 1784. Vol. 36. P. V. 22.

Clarcke (Henry-Jacques-Guillaume).
Né le 17 octobre 1765 à Landrecy, en Hainaut.
Admis en 1774 à la Flèche. Vol. 24. P. V. 35.

de **Clebsattel de Cernay** (Isaac-Gabriel-Anne).
Né le 18 juin 1768 à Belfort (Haute-Alsace).
Admis en 1778. Vol. 29. P. V. 34.

de **Clebsattel de Cernay** (Charles-Euge)
Né le 22 novembre 1775 à Belfort, en Alsace.
Admis en 1784 à la Flèche.   Vol. 36. P. V. 6.

le **Cler du Tot** (Maximilien-David).
Né le 23 décembre 1764 à Braquemont, bailliage de Caux.
. Admis en 1773 à la Flèche.   Vol. 23. P. V. 40.

le **Clerc de la Ferrière** (Alexandre-Louis-César-Hortense).
Né le 6 janvier 1764 à Paris.
Admis en 1773 à la Flèche.   Vol. 24. P. V. 3.

de la **Clergerie** (Timothée).
Né le 27 mars 1772 à Saint-Pierre-ès-Liens de Manaurie, diocèse de
   Périgueux.
Admis en 1784.   Vol. 36. P. V. 46.

de **Clermont** (Dominique-Prosper).
Né le 24 novembre 1741 à Toul.
Admis en 1753.   Vol. 1. P. V. 2.

de **Clermont** (Balthazar-Catherine-Marie-Pierre-Louis).
Né le 8 juin 1767 à l'Ile-de-Ré.
Admis en 1775 à la Flèche.   Vol. 26. P. V. 44.

de **Cléry** (François-Léonor).
Né le 6 octobre 1757 à Saint-Clair-sur-Epte, diocèse de Rouen.
Admis en 1765.   Vol. 17. F° 93.

de **Clinchamp** (Charles-François-René).
Né le 3 octobre 1757 à Dreux, diocèse de Chartres.
Admis en 1768.   Vol. 13. P. V. 10.

de **Clinchamp de Bellegarde** (Joseph).
Né le 26 août 1762 à Evreux.
Admis en 1770 à la Flèche.   Vol. 20. F° 189.

de **Clinchamp** (Louis-François).
Né le 29 mars 1767 à Orléans.
Admis en 1778.   Vol. 29. P. V. 33.

de **Clinchamp du Saussay** (Jean-François-Léonor).
Né le 21 juillet 1773 à Vire, diocèse de Bayeux.
Admis en 1783.   Vol. 35. P. V. 26.

de **Clouet** (Pierre-Jean-Baptiste-Nicolas).
Né le 8 juin 1751 à Magneux, diocèse de Reims.
Admis en 1762.   Vol. 8. P. V. 15.

le **Cloustier** (Ferdinand-Thomas-Louis).
Né le 14 octobre 1754 à Saint-Jacques de Dieppe, diocèse de Rouen.
Admis à la Flèche en 1764.   Vol. 17. F° 12.
Admis à l'École militaire en 1770.   Vol. 14. P. V. 24.

Clezier (Charles-Louis).
Né le 14 février 1772 à Châlons-sur-Marne.
. Admis en 1782.   Vol. 34. P. V. 61.

de **Coëtlogon** (Louis-Marc-Antoine).
Né le 22 novembre 1772 à Ploulech, en Bretagne.
Admis en 1783.   Vol. 35. P. V 47.

de **Coëtnempren de Kersaint** (Joseph). ⎱ Frères..
de **Coëtnempren de Kersaint** (Guy-Pierre). ⎰
    Joseph, né le 29 novembre 1746 à Brest ;
    Guy-Pierre, né le 20 novembre 1747 à Vincennes.
    Admis en 1757.   Vol. 4. P. V. 36.

de **Coigne** (Michel-Chrysostome). ⎱ Frères.
de **Coigne** (Jean-Baptiste). ⎰
    Michel-Chrysostome, né le 11 avril 1760 à la Rochelle.
    Jean-Baptiste, né le 13 novembre 1761.
    Admis en 1769 à la Flèche.   Vol. 19. F° 17.

de **Coigne** (Louis).
    Né le 28 janvier 1765 à Saint-Pierre-en-l'Isle. proche la Terre-Neuve.
    Admis en 1777.   Vol. 27. P. V. 6.

Cognon (François-Henry).
    Né le 21 décembre 1746 à Paris.
    Admis en 1754.   Vol. 2. P. V. 6.

de **Collardin de Chanteloup** (Marie-Charles-Louis).
    Né le 31 août 1775 à Avranches, généralité de Caen.
    Admis en 1786 à la Flèche.   Vol. 38. P. V. 2.

Collas de la Baronnais (Victor-Amédée).
    Né le 13 décembre 1764 à Saint-Énogat, diocèse de Saint-Malo.
    Admis en 1773 à la Flèche.   Vol. 23. P. V. 41.

Collas de la Baronnais (Armand-Fidèle).
    Né le 12 décembre 1765 à Saint-Énogat, diocèse de Saint-Malo.
    Admis en 1775 à la Flèche.   Vol. 25. P. V. 37.

Collas de la Baronnais (Louis-Pierre).
    Né le 8 juillet 1767 à Saint-Énogat, diocèse de Saint-Malo.
    Admis en 1777.   Vol. 28. P. V. 76.

Collier de la Marlière (Antoine-Nicolas).
    Né le 3 décembre 1745 à la Chapelle-sur-Crécy en Brie.
    Admis en 1756.   Vol. 3. P. V. 18.

Collier de la Marlière (Antoine-Isidore).
    Né le 30 septembre 1769 à Meaux.
    Admis en 1779.   Vol. 31. P. V. 10.

Collinet de la Salle (François-Joseph-Gabriel).
    Né le 4 octobre 1746 à Épinal, diocèse de Toul.
    Admis en 1756.   Vol. 4. P. V. 5.

Collinet de la Salle (Charles-Nicolas).
    Né le 19 septembre 1765 à Épinal, diocèse de Toul.
    Admis en 1774 à la Flèche.   Vol. 25. P. V. 34.

de **Collot de Saulx** (César-Louis-Auguste).
    Né le 17 février 1766 à Saulx-en-Barrois.
    Admis en 1777.   Vol. 27. P. V. 50.

de **Colnet du Ravet** (Charles-Clément-Louis).
    Né le 7 septembre 1760 à Mondrepuis, diocèse de Laon.
    Admis en 1769.   Vol. 19. F° 123.

de **Colnet du Ravet** (Charles-Joseph-Maximilien-Auguste).
Né le 7 décembre 1768 à Mondrepuis, diocèse de Laon.
Admis en 1779.   Vol. 31. P. V. 27.

Colonna de Cinarca (Pierre-Marie-Vincentello-Laurent).
Né le 30 juillet 1776 à Appieto, en Corse.
Admis en 1789.   Vol. 40. P. V. 86.

de **Combes de Miremont** (Guillaume).
Né le 31 décembre 1768 à Saint-Bonnet de Mirmont en Auvergne.
Admis en 1780.   Vol. 32. P. V. 34.

de **Combes des Morelles** (François).
Né le 27 juin 1758 à Brout, diocèse de Clermont-Ferrand.
Admis en 1767.   Vol. 17. F° 255.

de **Combes des Morelles** (Antoine-Amable).
Né le 4 juin 1777 à Riom en Auvergne.
Admis en 1786 à la Flèche.   Vol. 38. P. V. 9.

Comeau de Satenot (Yves-Antoine-Elisabeth-Louis).
Né le 3 mai 1767 à Hiry, diocèse d'Autun.
Admis en 1778.   Vol. 30. P. V. 30.

de **Cominges de Beaudisert** (Sophie-Jean-Gustave).
Né le 7 mai 1768 à Saint-Trésain-d'Avenay, diocèse de Reims.
Admis en 1778.   Vol. 29. P. V. 31.

· de **Cominges** (Jean-Joseph).
Né le 22 août 1770 à Saint-Trésain-d'Avenay, diocèse de Reims.
Admis en 1780.   Vol. 32. P. V. 59.

de **Compigny des Bordes** (Jean-Marie-Barthélemy).
Né le 29 mars 1779 à Compigny, diocèse de Sens.
Admis en 1788.   Vol. 40. P. V. 45.

de **Condé** (Antoine-Auguste).
Né le 25 mai 1775 à Jumet-en-Brabant, diocèse de Namur.
Admis en 1786 à la Flèche.   Vol. 38. P. V. 64.

O'Connor (Charles-Alexis).
Né le 30 décembre 1745 à Givet, diocèse de Liège.
Admis en 1757.   Vol. 4. P. V. 47.

O'Connor (Armand-Hippolyte-Lambert).
Né le 22 juillet 1750 à Saint-Hilaire-de-Givet en Pays-Bas.
Admis en 1760.   Vol. 5. P. V. 46.

O'Connor (Antoine-François-Térence).
Né le 14 novembre 1750 à Montreuil-sur-Mer, en Basse-Picardie.
Admis en 1763.   Vol. 8. P. V. 43.

Constant (Pierre-Barthélemy-Marie-Reine-Joseph-Alexandre).
Né le 1er juillet 1755 à Lyon.
Admis en 1766.   Vol. 11. P. V. 45.

de **Constantin du Pin** (Bertrand).
Né le 19 janvier 1779 à Châteauroux-en-Berry, diocèse de Bourges.
Admis en 1788.   Vol. 40. P. V. 41.

Contaud de Coulange (Auguste-Louis).
Né le 22 octobre 1779 au Val-de-Mercy, diocèse d'Auxerre.
Admis en 1788.   Vol. 40. P. V. 18.

le **Conte de Gizay** (Pierre-François).
Né le 13 août 1752 aux Baux-de-Breteuil, diocèse d'Evreux.
Admis en 1763.   Vol. 8. P. V. 42.

le **Conte de Gizay de Valmont** (Henry-Frédéric).
Né le 2 août 1758 aux Baux-de-Breteuil, diocèse d'Evreux.
Admis à la Flèche en 1767.   Vol. 17. F° 199.
Admis à l'École militaire en 1772.   Vol. 16. P. V. 29.

le **Conte de la Varangerie** (Alexandre).
Né le 8 juin 1779 à Colomby, généralité de Caen.
Admis en 1789.   Vol. 40. P. V. 96.

Coquerel d'Iquelon (Marie-Louis-Modeste).
Né le 13 décembre 1779 à Etrepagny, diocèse de Lisieux.
Admis en 1787.   Vol. 39. P. V. 34.

du **Corail** (Bernard).
Né le 2 avril 1760 à Rougemont, diocèse de Langres.
Admis en 1769.   Vol. 19. F° 63.

de **Corbier de Lombert** (Annet).
Né le 2 février 1764 à Salon, diocèse de Limoges.
Admis en 1777.   Vol. 28. P. V. 17.

de **Corcoral de Sainte-Gemme** (Ambroise-Alexandre).
Né le 14 novembre 1764 à Gemme, diocèse d'Alby.
Admis en 1774 à la Flèche.   Vol. 24. P. V. 31.

de **Cordebœuf de Beauverger de Montgon** (Jacques-François-César).
Né le 13 juin 1768 à Saint-Hippolyte, diocèse d'Alais.
Admis à la Flèche en 1765.   Vol. 17. F° 97.
Admis à l'École militaire en 1770.   Vol. 14. P. V. 41.

de **Cordebœuf de Beauverger de Montgon** (Jean-Antoine).
Né le 21 août 1761 à Saint-Hippolyte, sénéchaussée de Montpellier.
Admis en 1769.   Vol. 19. F° 239.

de **Cordebœuf de Beauverger de Montgon** (Charles-Just).
Né le 12 août 1768 à Saint-Hippolyte, diocèse d'Alais.
Admis en 1779.   Vol. 31. P. V. 75.

le **Cordellier des Fourneaux** (Anne-Paul).
Né le 23 février 1770 à Troyes.
Admis en 1780.   Vol. 32. P. V. 51.

de **Cordes** (Antoine-Salomon).
Né le 23 janvier 1745 à Saint-Martin-de-Vourey, diocèse de Grenoble.
Admis en 1756.   Vol. 4. P. V. 11.

de **Cordes** (Louis-André).
Né le 13 janvier 1753 à Saint-Martial de Montmorillon, diocèse de Poitiers.
Admis en 1765.   Vol. 10. P. V. 1.

de **Cornaro de Curton** (Alexandre).
Né le 27 juillet 1779 à Saint-Saturnin de Marmanhac, diocèse de Saint-Flour.
Admis en 1789. Vol. 40. P. V. 90.

de **Cornouaille** (Michel-Armand).
Né le 21 décembre 1777 à Quimper, évêché de Cornouaille.
Admis en 1786 à la Flèche. Vol. 38. P. V. 55.

le **Cornu de Villarceaux** (Pierre-Charles-Delphine).
Né le 5 janvier 1763 à Vernon, diocèse d'Evreux.
Admis en 1771. Vol. 21. P. V. 26.

de **Corvisart de Montmarin** (Pierre).
Né le 27 novembre 1758 à Lichtemberg, en Alsace.
Admis à la Flèche en 1767. Vol. 17. F° 253.
Admis à l'École militaire en 1772. Vol. 16. P. V. 19.

de **Corvisart de Montmarin** (Eléonor-Gaston).
Né le 27 octobre 1760 à Lichtemberg en Alsace.
Admis en 1769. Vol. 19. F° 191.

de **Corvisart de Fleury** (Jacques).
Né le 8 juillet 1767 à Metz.
Admis en 1777. Vol. 27. P. V. 47.

de **Corvisart de Fleury** (Nicolas-Cyriaque-Augustin).
Né le 6 novembre 1769 à Metz.
Admis en 1780. Vol. 32. P. V 28.

de **Corvisart de Condé** (Jean-Louis-Félix).
Né le 7 juillet 1776 à Saint-Trésain d'Avenay, généralité de Châlons.
Admis en 1786 à la Flèche. Vol. 38. P. V. 35.

de **Corvol** (Pierre-Claude).
Né le 13 novembre 1745 à Saint-Maurice-lez-Saint-Sauge.
Admis en 1755. Vol. 2. P. V. 20.

de **Corvol** (Auguste).
Né le 19 novembre 1748 à Saint-Maurice-lez-Saint-Sauge.
Admis en 1760. Vol. 5. P. V. 15.

du **Cos la Hitte de Gaspard** (Jean-Marie-François-René).
Né le 8 septembre 1759 à Grenade, généralité d'Auch.
Admis en 1769. Vol. 19. F° 263.

de **Cosnac** (Joseph-Mathieu-Marie).
Né le 23 septembre 1753 à Beynat, diocèse de Limoges.
Admis en 1764. Vol. 9. P. V. 17.

de **Cosnac** (Jean-Félix-Louis-Marie).
Né le 30 mars 1755 à Brives, diocèse de Limoges.
Admis en 1770. Vol. 11. P. V. 36.

de **Cosnac** (Charles-Amable).
Né le 19 avril 1761 à Ussel, diocèse de Limoges.
Admis en 1769. Vol. 19. F° 159.

de **Cosnac** (Charles-Amable).
Né le 2 novembre 1769 à Ussel, diocèse de Limoges.
Admis en 1781. Vol. 33. P. V. 2.

4

de **Cosnac** (Jean-Baptiste).
Né le 27 février 1769 à Brives, généralité de Limoges.
Admis en 1781.   Vol. 33. P. V. 5.

de **Cosne de Rouvray** (Henry-Marie-Julien).
Né le 28 janvier 1770 à Illiers, diocèse de Chartres.
Admis en 1779.   Vol. 31. P. V. 22.

de **Cosne** (André-François-René).
Né le 3 mai 1773 à Chenu, en Anjou.
Admis en 1783.   Vol. 35. P. V. 12.

de **Cossart d'Esples** (François-Baptiste-Louis-Vespasien).
Né le 1er septembre 1765 à Querhoent en Orléanais.
Admis en 1773 à la Flèche.   Vol. 24. P. V. 4.

de **Cosson** (Jean).
Né le 9 octobre 1767 à l Escudié en Guyenne
Admis en 1777 à la Flèche.   Vol. 28. P. V. 71.

de **Cotte de la Tour** (Barthélemy-Louis-Marie).
Né le 25 mars 1756 à Gignac, évêché de Cahors.
Admis en 1769.   Vol. 13. P. V. 31.

de **Coudenhove** (Charles-Louis).
Né le 22 mai 1766 à Aincreville (Pays Messin).
Admis en 1777.   Vol. 28. P. V. 80.

de la **Coudre** (Jacques-Marie-Ambroise).
Né le 3 juin 1764 à Rilly, diocèse d'Auxerre.
Admis en 1774 à la Flèche.   Vol. 24. P. V. 51.

de la **Coudre** (Louis-Édouard).
Né le 1er septembre 1765 à Andrye, diocèse d'Auxerre.
Admis en 1774.   Vol. 24. P. V. 52.

de **Couffin du Valès** (Louis-Alexandre-Marie).
Né le 14 octobre 1768 à Montmaur, diocèse de Die.
Admis en 1778.   Vol. 30. P. V. 28.

de **Couhé de Lusignan** (Louis-René).
Né le 21 octobre 1775 à Maillé, diocèse de Poitiers.
Admis en 1785 à la Flèche.   Vol. 37. P. V. 38.

Couillard d'Hautmesnil (Pierre-Florent-Marie).
Né le 28 janvier 1760 à Roye, en Picardie.
Admis en 1769.   Vol. 18. F° 235.

Couppé de Kermené (Jean-Baptiste).
Né le 26 septembre 1767 à Langart, évêché de Dol.
Admis en 1778.   Vol. 29. P. V. 59.

Couppé de Kermené (Joseph-François).
Né le 20 août 1758 à Langast, diocèse de Dol.
Admis à la Flèche en 1768.   Vol. 18. F° 135.
Admis à l'École militaire en 1772.   Vol. 16. P. V. 28.

de la **Cour de la Gardielle** (François-Marie).
Né le 3 novembre 1767 à la ville du Vigan, diocèse d'Alais.
Admis en 1778.   Vol. 30. P V. 47.

de la **Cour de la Gardiolle** (Louis-Marie).
Né le 12 septembre 1774 au Vigan, diocèse d'Alais.
Admis en 1784.   Vol. 36. P. V. 19.

de la **Cour de Betteville** (Nicolas-Antoine-Marcellus).
Né le 9 avril 1777 à Longueville, diocèse de Bayeux.
Admis en 1786 à la Flèche.   Vol. 38. P. V. 31.

de **Courcy d'Herville** (Charles-Augustin).
Né le 25 août 1743 à Chatinconrt, diocèse de Chartres, généralité
    d'Alençon.
Admis en 1754.   Vol. 2. P. V. 2.

de **Courcy de Magny** (Mathieu-François-Emmanuel).
Né le 21 septembre 1755 à Verneuil, diocèse d'Évreux.
. Admis en 1765.   Vol. 10. P. V. 37.

Courlet de Vrégille (Marie-Désiré-Philippe).
Né le 1er mai 1766 à Toul.
Admis en 1774 à la Flèche.   Vol. 25. P. V. 33.

Courlet de Vrégille (Marguerite-Mansuet).
Né le 8 juin 1767 à Besançon.
Admis en 1775 à la Flèche.   Vol. 26. P. V. 33.

du **Cours de Thoumazeau** (Étienne).
Né le 11 janvier 1766 à Milhac, dans l'Agenois.
Admis en 1777.   Vol. 28. P. V. 32.

de **Courson de Lessac** (Louis-René-Marie).
Né le 5 juin 1749 à Guerrande en Bretagne.
. Admis en 1760.   Vol. 5. P. V. 32.

Courson de la Villehelio (Charles-Marie).
Né le 17 septembre 1750 à Slourhan, évêché de Saint-Brieuc.
Admis en 1761.   Vol. 7. P. V. 33.

Courson de Kernescop (Alexandre-Jacques-François).
Né le 23 mars 1772 à Trédaniel, évêché de Saint-Brieuc.
Admis en 1777 à la Flèche.   Vol. 28. P. V. 72.

Courson de Kernescop (Casimir-Mathieu).
Né le 1er juin 1772 à Tredaniel, évêché de Saint-Brieuc.
Admis en 1783.   Vol. 35. P. V. 39.

de **Courson** (Louis-Marie).
Né le 4 septembre 1775 à Saint-Martin-des-Prés, diocèse de Quimper.
Admis en 1786 à la Flèche.   Vol. 38. P. V. 60.

le **Court de Béru** (Antoine-Anne).
Né le 14 août 1745 à Béru, diocèse de Langres.
Admis à la Flèche en 1764.   Vol. 17. Fo 33.
Admis à l'École militaire en 1770.   Vol. 14. P. V. 30.

le **Court de Béru** (Étienne-Pierre-Nicolas).
Né le 8 juin 1750 à Béru, diocèse de Langres.
Admis en 1761.   Vol. 7. P. V. 14.

le **Court de Béru** (Edme-Jean-Baptiste-Jacques).
Né le 6 mars 1760 à Béru, diocèse de Langres.
Admis en 1768.   Vol. 18. Fo 99.

de la **Court de Grainville** (Charles-Martin).
Né le 12 septembre 1764 à Grainville-sur-Odon.
Admis en 1774 à la Flèche.   Vol. 25. P. V. 20.

de **Courtilhe de Saint-Avit** (Alexandre-Annet).
Né le 1er mars 1769 à Felletin, diocèse de Limoges.
Admis en 1779.   Vol. 31. P. V. 76.

de **Courtilhe de Saint-Avit** (Pierre-Louis).
Né le 5 octobre 1779 à Sainte-Feyre-la-Montagne, diocèse de Limoges.
Admis en 1788.   -   Vol. 40. P. V. 37.

de **Courtois** (Antoine-Bénigne).
Né le 8 décembre 1747 à Sauxure-les-Bulgneville, diocèse de Toul.
Admis en 1756.   Vol. 4. P. V. 18.

Courtot de Cissey (Joseph-Jean).
Né le 5 juillet 1780 à Beaune en Bourgogne.
Admis en 1788.   Vol. 40. P. V. 11.

de **Coussy** (Louis-Enguerrand).
Né le 20 janvier 1760 à Lentilles, généralité de Châlons-sur-Marne.
Admis en 1770 à la Flèche.   Vol. 20. Fo 91.

le **Coustarier d'Armenonville** (Louis-Robert).
Né le 14 juin 1771 à Tierceville, diocèse de Rouen.
Admis en 1781.   Vol. 33. P. V. 12.

Coynart (Étienne-Urbain).
Né le 8 juin 1758 à Dreux, diocèse de Chartres.
Admis à la Flèche en 1766.   Vol. 17. Fo 131.
Admis à l'École militaire en 1772.   Vol. 16. P. V. 51.

de **Crény** (Charles-Ferdinand).
Né le 1er janvier 1757 à Aliermont, diocèse de Rouen.
Admis en 1767.   Vol. 12. P. V. 41.

de **Crény** (Olympe-Cyprien-Alphonse).
Né le 22 août 1759 à Neufchâtel, diocèse de Rouen.
Admis en 1770.   Vol. 20. Fo 139.

Crespin d'Huart (Alexandre).
Né le 21 mai 1777 à Metz.
Admis en 1786 à la Flèche.   Vol. 38. P. V. 14.

du **Croc de Chabanes** (Jean-François).
Né le 3 novembre 1754 à Lorlanges, diocèse de Saint-Flour.
Admis en 1766.   Vol. 11. P. V. 54.

de **Crochard de la Crochardière** (Louis-Armand-André-René).
Né le 22 décembre 1768 à Saint-René, sénéchaussée de Beaumont-le-Vicomte.
Admis en 1777.   Vol. 28. P. V. 58.

de **Crochard de la Crochardière** (Armand-François).
Né le 15 janvier 1779 à Cheviré-le-Rouge, en Anjou.
Admis en 1788.   Vol. 40. P. V. 6.

de **Croisilles** (Jean-Baptiste).
Né le 26 février 1775 à Cléey, diocèse de Bayeux.
Admis en 1785 à la Flèche.   Vol. 37. P. V. 31.

de **Croix de Drumet** (Paul-Joseph).
Né le 12 juillet 1750 à Béthune, diocèse d'Arras.
Admis en 1760.   Vol. 6. P. V. 21.

de **Croix de Drumet** (Jacques-Nicolas).
Né le 11 décembre 1858 à Béthune, diocèse d'Arras.
Admis à la Flèche en 1768.   Vol. 17. F° 283.
Admis à l'École militaire en 1772.   Vol. 16. P. V. 22.

de **Crousillac** (Antoine-Pierre-Claude).
Né le 29 mai 1780 à Saint-Saturnin-de-Chambourege, diocèse de
   Chartres.
Admis en 1788.   Vol. 40. P. V. 35.

du **Crozet** (Jean-Baptiste).
Né le 22 mai 1745 à Champeix, en Auvergne.
Admis en 1756.   Vol. 4. P. V. 14.

de **Cugnac** (Pierre).
Né le 8 mai 1757 à Capdrot, généralité de Bordeaux.
Admis en 1767.   Vol. 17. F° 163.

de **Cullen de Trois Brioux** (Armand-Louis).
Né le 17 août 1774 à Forges, diocèse de Bourges.
Admis en 1784.   Vol. 36. P. V. 29.

de **Cup de Saint-Paul** (Marie-Ange-Jacques-François).
Né le 2 août 1759 à Perpignan.
Admis en 1770.   Vol. 14. P. V. 21.

de **Cup de Saint-Paul** (Pierre-Antoine-Jacques-Marie-Raimond).
Né le 18 janvier à Perpignan.
Admis en 1784.   Vol. 36. P. V. 20.

de **Curel** (Charles-Émile).
Né le 28 janvier 1779 à Toul.
Admis en 1787.   Vol. 39. P. V. 41.

de **Curières de Sainte-Eulalie** (Marie-Étienne-Silvestre-Amable).
Né le 21 décembre 1766 à Sainte-Eulalie-d'Olt, diocèse de Rodez.
Admis en 1777.   Vol. 28. P. V. 37.

de **Cuverville** (Auguste-Joseph).
Né le 14 août 1778 à Montainville, diocèse de Chartres.
Admis en 1787.   Vol. 39. P. V. 37.

D

Dachon des Rigaudières (Georges-François-Amand).
Né le 24 février 1764 à Ancenis, évêché de Nantes.
Admis en 1773 à la Flèche.   Vol. 23. P. V. 24.

Dadvisart (Louis-Jacques-Hyacinthe-Auguste).
Né le 26 janvier 1766 à la Rochelle.
Admis en 1774 à la Flèche.   Vol. 25. P. V. 7.

Dalbis (Denis-Marie-Antoine-Joseph-Auguste).
Né le 29 avril 1769 à Toulouse.
Admis en 1779. Vol. 31. P. V. 63.

Dalidan de la Becterie (Charles-Marie-Simon).
Né le 10 décembre 1770 à la Hague, diocèse de Coutances.
Admis en 1780. Vol. 32. P. V. 50.

Damoiseau de la Bande (Louis-Marie).
Né le 26 avril 1758 à Chaource, diocèse de Langres.
Admis à la Flèche en 1766. Vol. 17. F° 145.
Admis à l'École militaire en 1772. Vol. 16. P. V. 5.

Damoiseau de la Bande (Roger-Louis).
Né le 18 avril 1761 à Chaource, diocèse de Langres.
Admis en 1770. Vol. 20. F° 301.

Damoiseau (Auguste-Marie-Henry).
Né le 28 septembre 1762 à Arcis-sur-Aube, diocèse de Troyes.
Admis en 1771 à la Flèche. Vol. 21. P. V. 50.

de **Dampont** (Louis-Charles-Joseph).
Né le 13 février 1756 à Saint-Marcel, bailliage de Vernon, diocèse d'Evreux.
Admis en 1766. Vol. 11. P. V. 7.

de **Dampont** (Philippe-Jean-Népomucène).
Né le 9 janvier 1755 à Saint-Marcel, bailliage de Vernon, diocèse d'Evreux.
Admis à la Flèche en 1764. Vol. 17. F° 27.
Admis à l'École militaire en 1769. Vol. 13. P. V. 23.

Dancel de Breüilly (Jean-Franhçois).
Né le 11 avril 1755 à Cénilly en Normandie.
Admis à la Flèche en 1767. Vol. 17. F° 167.
Admis à l'École militaire en 1770. Vol. 14. P. V. 28.

Dancel de Pierreville (Victor-Adrien).
Né le 29 décembre 1764 à Haudouville-les-Hubert, diocèse de Coutances.
Admis en 1777. Vol. 28. P. V. 60.

Dandasne d'Élincourt (Alexandre-Jean-Baptiste-Nicolas).
Né le 3 septembre 1762 à Rocquefort, diocèse de Rouen.
Admis en 1772 à la Flèche. Vol. 22. P. V. 11.

Dangeros de Castelgaillard (Bernard-Joseph-Victor-Hilaire).
Né le 14 juillet 1769 à Cezeneuve, sénéchaussée d'Agen.
Admis en 1779. Vol. 31. P. V. 35.

Danjon de Longuay (René-Jean-Baptiste-Emmanuel-Augustin).
Né le 26 mai 1769 à Avranches.
Admis en 1780. Vol. 32. P. V. 5.

Dantay des Roches (Alexandre-Bertrand).
Né le 20 mars 1764 à Faverolles, en Berry.
Admis en 1774 à la Flèche. Vol. 24. P. V. 34.

Danzel de Boismont (Charles-François-Mary).
Né le 20 aout 1751 à Cambrai.
Admis en 1762. Vol. 7. P. V. 49.

Danzel de Boismont (Louis-Joseph-Nicolas).
Né le 30 juillet 1756 à Abbeville.
Admis en 1767. Vol. 12. P. V. 19.

Danzel de Boffle (Charles-Jérôme César).
Né le 1er avril 1765 à Abbeville.
Admis en 1773 à la Flèche. Vol. 23. P. V. 13.

Darandel (Louis).
Né le 30 janvier 1764 à Sainte-Marguerite-des-Vieilles-Landes, au
    Comté d'Eu.
Admis en 1773 à la Flèche. Vol. 23. P. V. 42.

Darandel (Charles-Amédée).
Né le 4 septembre 1769 à Sainte-Marguerite-des-Vieilles-Landes,
    diocèse de Rouen.
Admis en 1780. Vol. 32. P. V. 74.

Darcy (Richard-Daniel-Dominique).
Né le 23 juin 1755 à la Martinique.
Admis à la Flèche en 1764. Vol. 17. F° 12.
Admis à l'École militaire en 1769. Vol. 13. P. V. 47.

Dattel de Luttange (Louis-Alexandre).
Né le 1er janvier 1745 à Luttange, diocèse de Metz.
Admis en 1756. Vol. 3. P. V. 19.

de **David des Renaudies** (Joseph-Roland).
Né le 9 décembre 1759 à Limoges.
Admis en 1770. Vol. 20. F° 23.

David de Conflans (Philippe-Henry).
Né le 4 mai 1767 à Saint-Aignan, diocèse de Bourges.
Admis en 1775 à la Flèche. Vol. 26. P. V. 7.

David de Conflans (Jean-Baptiste).
Né le 29 août 1771 à Fontenouilles, diocèse de Sens.
Admis en 1782. Vol. 34. P. V. 12.

Davout (Nicolas). } Frères.
Davout (Claude-François). }
Nicolas, né le 8 septembre 1740   } à Annoux, en Bourgogne.
Claude-François, né le 16 octobre 1741 }
Admis en 1753. Vol. 1. P. V. 13.

Davout (Louis-Nicolas).
Né le 10 mai 1770 à Annoux, diocèse de Langres.
Admis en 1780. Vol. 32. P. V. 25.

Dax de Cessales (Ange-Jean-Michel-Bonaventure).
Né le 11 juin 1767 à Boule-Terrancra, en Roussillon.
Admis en 1777. Vol. 27. P. V. 62.

Dax de Cessales (Joseph-François-Marie-Bonaventure).
Né le 24 mars 1768 à Perpignan.
Admis en 1778. Vol. 30. P. V. 35.

Dax de Cessales (Jean-François-Pierre-Joseph-Gabriel-Boniface).
Né le 14 mai 1777 à Perpignan.
Admis en 1787. Vol. 39. P. V. 31.

Déan de Laigné (René-Toussaints).
Né le 1er novembre 1758 à Coudray, diocèse d'Angers.
Admis à la Flèche en 1767.　　　　　Vol. 17. F° 235.
Admis à l'École militaire en 1772.　　Vol. 16. P. V. 55.

Delpy de la Roche (Louis-Henry).
Né le 18 février 1769 à Toulouse.
Admis en 1780.　　　　　　　　Vol. 32. P. V. 54.

le **Denays de Quemadeuc** (Jean-Baptiste-Louis-Auguste).
Né le 2 avril 1746 à Morieux, évêché de Saint-Brieuc.
Admis en 1755.　　　　　　　　Vol. 2. P. V. 44.

Denis de Keredern (Michel-Aimé).
Né le 3 janvier 1765 à Lesneven, évêché de Léon.
Admis en 1773 à la Flèche.　　　Vol. 24. P. V. 19.

Denis de Keredern de Trobriand (Fidèle-Amand-Marie-Constant).
Né le 6 avri, 1770 à Lesneven, évêché de Léon.
Admis en 1779.　　　　　　　　Vol. 31. P V. 36.

Descaffre (Antoine).
Né en 1775 le 28 mai à Pradines (Auvergne).
Admis en 1784.　　　　　　　　Vol. 36. P. V. 55.

Dessoffy (Thomas-Louis-Philippe).
Né le 19 décembre 1750 à Metz.
Admis en 1761.　　　　　　　　Vol. 7. P. V. 40.

Dessoffy de Cserneck (Jean-Philippe-François).
Né le 4 octobre 1756 à Mainviller, diocèse de Metz.
Admis à la Flèche en 1765.　　　Vol. 17. F° 85.
Admis à l'École militaire en 1770.　Vol. 14. P. V. 45.

Dessoffy de Cserneck (Charles-François-Thomas).
Né le 26 février 1764 à Brillancourt, diocèse de Verdun.
Admis en 1772 à la Flèche.　　　Vol. 22. P. V. 41.

Dessoffy de Cserneck (Louis-César-Hyacinthe).
Né le 7 mai 1767 à Bar-le-Duc.
Admis en 1775.　　　　　　　　Vol. 26. P. V. 34.

de **Dessus le Pont du Ru** (Armand-André-Emmanuel).
Né le 16 mai 1765 à Port-Louis, évêché de Vannes.
Admis en 1773 à la Flèche.　　　Vol. 24. P. V. 11.

Deu de Montigny (Louis-Joseph).
Né le 19 février 1771 à Saint-Georges-de-Chavanges, diocèse de Troyes.
Admis en 1781.　　　　　　　　Vol. 33. P. V. 52.

Deu du Mesnil de Montigny (Alexandre-Louis).
Né le 1er novembre 1772 à Saint-Léger-d'Agnets, diocèse de Beauvais.
Admis en 1783.　　　　　　　　Vol. 35. P. V. 19.

Deu de Marson (Alexandre-Mémie).
Né le 5 janvier 1777 à Arrigny, diocèse de Châlons-sur-Marne.
Admis en 1786 à la Flèche.　　　Vol. 38. P. V. 22.

de **Digoine du Palais** (Ferdinand-Alphonse-Honoré).
Né le 16 mai 1750 à Dunkerque.
Admis en 1761　　　　　　　　Vol. 7. P. V. 13.

Dillon (Arthus-Roger).
Né le 31 janvier 1758 à Blanquefort, généralité de Bordeaux.
Admis à la Flèche en 1766.   Vol. 17. F⁰ 145.
Admis à l'École militaire en 1771.   Vol. 15. P. V. 34.

Dillon (Guillaume-Henry).
Né le 31 décembre 1760 à Bordeaux.
Admis en 1769.   Vol. 19. F⁰ 81.

de **Donissan de Citran** (Louis-Bernard).
Né le 13 août 1753 à Saint-Genès-de-Talance, banlieue de Bordeaux.
Admis en 1764.   Vol. 9. P. V. 42.

de **Douhet d'Auzers** (Jean-Louis).
Né le 22 juillet 1766 à Saint-Biaise de Pazuyac, diocèse de Sarlat.
Admis en 1778.   Vol. 30. P. V. 15.

de **Douhet de Sourzac** (François).
Né le 15 février 1771 à Saint-Georges-de-Méallet, diocèse de Clermont-Ferrand.
Admis en 1782.   Vol. 34. P. V. 29.

de **Dourdon de Pierrefiche** (Bernardin-Jean-Pierre).
Né le 29 juin 1780 à Mur-de-Barrès, diocèse de Rodez.
Admis en 1788.   Vol. 40. P. V. 34.

de **Dramard de Benzeval** (Jean-Frédéric).
Né le 13 novembre 1775 à Vacogne, généralité de Rouen.
Admis en 1785 à la Flèche.   Vol. 37. P. V. 1.

du **Drenec de Tredern** (Claude-Charles).
Né le 6 février 1751 à Brest.
Admis en 1760.   Vol. 6. P. V. 9.

du **Drenec de Tredern** (Guillaume-Paul).
Né le 10 juillet 1755 à Brest.
Admis à la Flèche en 1764.   Vol. 17. F⁰ 27.
Admis à l'École militaire en 1769.   Vol. 14. P. V. 14.

de **Dreuille** (Jean).
Né le 3 décembre 1768 à Troyes.
Admis en 1779.   Vol. 31. P. V. 43.

de **Dreux de Nancré** (Pierre-Guillaume-Joseph-François).
Né le 23 novembre 1765 à Paris.
Admis en 1775 à la Flèche.   Vol. 26. P. V. 12.

Drouart (Jean-Henry).
Né le 7 mai 1745 à Bellange (pays Messin).
Admis en 1756.   Vol. 3. P. V. 20.

Drouart de Lézey (Jean-Baptiste-Charles-Antoine).
Né le 31 octobre 1748 à Neufchâteau, en Lorraine.
Admis en 1756.   Vol. 4. P. V. 28.

de **Droulin de Tanques** (Charles-Claude).
Né le 24 octobre 1767 à Argentan, diocèse de Sées.
Admis en 1777.   Vol. 27. P. V. 18.

le **Duchat** (François-Frédéric).
Né le 24 octobre 1765 à Metz.
Admis en 1774 à la Flèche.   Vol. 25. P. V. 14.

le **Ducq d'Eth** (Charles-Joseph-Marie).
Né le 23 février 1770 à Quesnoy, en Hainaut.
Admis en 1780. Vol. 32. P. V. 11.

Duglas (Luc-Charles).
Né le 31 juillet 1759 à Montréal en Canada.
Admis en 1769. Vol. 19. F° 281.

de la **Daguie de Calès** (Jean-Antoine-François-Fidèle).
Né le 23 mars 1776 à Miramont, diocèse de Cahors.
Admis en 1786 à la Flèche. Vol. 38. P. V. 56.

de **Durat** (Sébastien-Jacques-Balthazar).
Né le 30 octobre 1754 à Notre-Dame du Perrouze, diocèse de Bourges.
Admis à la Flèche en 1764. Vol. 17. F° 33.
Admis à l'École militaire en 1769. Vol. 13. P. V. 42.

de **Durat** (Louis).
Né le 15 décembre 1755 à Perrouze, près Montaigut, en Auvergne.
Admis à la Flèche en 1765. Vol. 17. F° 58.
Admis à l'École militaire en 1769. Vol. 14. P. V. 19.

de **Durat de Ludaix** (Sébastien).
Né le 14 avril 1757 à Perrouze en Auvergne.
Admis à la Flèche en 1766. Vol. 17. F° 117.
Admis à l'École militaire en 1771. Vol. 15. P. V. 24.

de **Durat** (François-Jacques).
Né le 9 octobre 1761 à Perrouze, en Auvergne.
Admis en 1769. Vol. 19. F° 9.

E

d'**Echalard de Bourguignière** (Louis-Nicolas).
Né le 30 avril 1773 à Chateaudun, diocèse de Chartres
Admis en 1784. Vol. 36. P. V. 16.

l'**Ecuyer de la Papotière** (Denis-Michel).
Né le 16 septembre 1744 à Nogent-le-Rotrou.
Admis en 1756. Vol. 3. P. V. 21.

de l'**Ecuyer d'Hagnicourt** (Pierre-Louis-Charles-Marc).
Né le 26 mai 1774 à Hagnicourt, diocèse de Reims.
Admis en 1784. Vol. 36. P. V. 52.

d'**Elbée** (Philippes).
Né le 30 janvier 1749 à Sonchamp, en Beauce.
Admis en 1760. Vol. 5. P. V. 9.

des **Elmes de Tiougny** (Joseph-Charles).
Né le 20 août 1773 à Rony, généralité de Moulins.
Admis en 1784. Vol. 36. P. V. 37.

d'Eme de Moragne (Adam-Ambroise).
Né le 30 mars 1757 à Marseille.
Admis en 1771 à l'École militaire.   Vol. 15. P. V. 23.
Admis à la Flèche en 1766.   Vol. 17. F° 118.

d'Encausse de Labatut (Jean-Baptiste).
Né le 22 mai 1760 à Saint-André, diocèse de Comminges.
Admis en 1770.   Vol. 20. F° 79.

d'Encausse de Labatut (Pierre-François-Anne).
Né le 7 janvier 1767 à Saint-André, diocèse de Comminges.
Admis en 1775 à la Flèche.   Vol. 26. P. V. 55.

d'Encausse de Labatut (Nicolas-Bernard-Marie).
Né le 18 mai 1765 à Saint-André, diocèse de Comminges.
Admis en 1778.   Vol. 29. P. V. 13.

Enjobert de Martillat (Louis-Auguste).
Né le 3 décembre 1775 à Clermont-Ferrand.
Admis en 1785 à la Flèche.   Vol. 37. P. V. 32.

Ernault-de-Moulins (Eugène-Jean).
Né le 13 novembre 1764 à Miré, diocèse d'Angers.
Admis en 1774 à la Flèche.   Vol. 25. P. V. 11.

d'Erneville de Poligny (Pompone-Gabriel).
Né le 16 octobre 1769 à Chesne, diocèse d'Evreux.
Admis en 1779.   Vol. 31. P. V. 67.

d'Errard (François).
Né le 27 avril 1777 à Neufchâteau, en Lorraine.
Admis en 1788.   Vol. 39. P. V. 25.

d'Escaffre (Antoine).
Né le 28 mai 1775 à Marmannac, diocèse de Saint-Flour.
Admis en 1784.   Vol. 36. P. V. 55.

de l'Escale (Antoine-Catherine).
Né le 3 septembre 1766 à Vilatte, diocèse de Toul.
Admis en 1777.   Vol. 28. P. V. 13.

d'Escorailles (Jean-Claude).
Né le 10 octobre 1757 à Montsalvy, diocèse de Saint-Flour.
Admis à la Flèche en 1767.   Vol. 17. F° 167.
Admis à l'Ecole militaire en 1771.   Vol. 15. P. V. 29.

d'Escorailles (Jean-Joseph).
Né le 6 juillet 1761 à Sescles, diocèse de Tulle.
Admis en 1771 à la Flèche.   Vol. 21. P. V. 30.

d'Espériès (François-Pierre).
Né le 4 juillet 1777 à Valleraugue en Cévennes.
Admis en 1788.   Vol. 40. P. V. 19.

Espiard (Louis-Philibert).
Né le 20 octobre 1755 à Saint-Laurent-de-Liernais en Nivernais.
Admis en 1767.   Vol. 12. P. V. 8.

Espiard (Claude).
Né le 7 septembre 1759 à Saint-Laurent-de-Liernais en Nivernais.
Admis en 1769.   Vol. 19. F° 35.

Espiard (Joseph).

Né le 29 septembre 1763 à Saint-Laurent de Liernais, en Nivernais.
Admis en 1773 à la Flèche.   Vol. 23. P. V. 38.

Espiard (Julien).

Né le 9 janvier 1766 à Saint-Laurent de Liernais en Nivernais.
Admis en 1774 à la Flèche.   Vol. 25. P. V. 16.

Espiard (Louis-Philibert).

Né le 8 janvier 1767 à Saint-Laurent de Liernais en Nivernais.
Admis en 1775 à la Flèche.   Vol. 26. P. V. 58.

de l'**Espinasse** (Jacques-François-Pierre).

Né le 1er août 1771, à Chollet en Anjou.
Admis en 1781.   Vol. 33. P. V. 10.

de l'**Espinasse** (François-Gabriel).

Né le 21 février 1781 à Talmont en Bas-Poitou.
Admis en 1789.   Vol. 40. P. V. 101.

de l'**Espine-de-Grainville** (Guillaume-Marie).

Né le 23 mai 1755 à Landerneau, diocèse de Léon, en Basse-Bretagne.
Admis à la Flèche en 1764.   Vol. 17. Fo 11.
Admis à l'École militaire en 1769.   Vol. 14. P. V. 11.

d'**Espinette** (Barthélemy).

Né le 3 septembre 1754 à Carignan, diocèse de Trèves.
Admis en 1766.   Vol. 11. P. V. 2.

d'**Espinette** (Ignace-Charles).

Né le 13 avril 1756 à Carignan, diocèse de Trèves.
Admis en 1766.   Vol. 11. P. V. 12.

d'**Espinette** (Jean-François-Dominique).

Né le 30 juillet 1760 à Carignan, diocèse de Trèves.
Admis en 1770.   Vol. 20. Fo 229.

d'**Espinette** (Charles-François).

Né le 30 septembre 1772 à Metzeresche, diocèse de Metz.
Admis en 1781.   Vol. 33. P. V. 25.

des **Essars** (Charles-François-Mathieu).

Né le 21 septembre 1743 à Montreuil-sur-Mer, diocèse d'Amiens.
Admis en 1753.   Vol. 1. P. V. 8.

des **Essars** (Charles-Marie-Hubert).

Né le 12 mars 1749 à Abbeville, diocèse d'Amiens.
Admis en 1760.   Vol. 6. P. V. 4.

d'**Estimauville-de-Beaumouchel** (Robert-Anne).

Né le 3 décembre 1754 à l'Ile-de-Louisbourg, évêché de Québec.
Admis en 1765.   Vol. 10. P. V. 8.

d'**Estimauville de Beaumouchel** (Gabriel-Philippe).

Né le 3 décembre 1753 à Louisbourg, évêché de Québec.
Admis à la Flèche en 1764.   Vol. 17. Fo 33.
Admis à l'École militaire en 1768.   Vol. 12. P. V. 47.

d'**Estimauville de Beaumouchel** (Jean-Baptiste-Marie).

Né le 8 mai 1760 à Pont-l'Evêque, évêché de Lisieux.
Admis en 1769.   Vol. 18. Fo 269.

d'Estimauville de Beaumouchel (Augustin-Dorothée).
Né le 7 octobre 1761 à Pont-l'Évêque, évêché de Lisieux.
Admis en 1771 à la Flèche. Vol. 21. P. V. 13.

de l'Evêque (François-Augustin-Charles).
Né le 3 mai 1760 à Aix.
Admis en 1768 au Collège Royal de la Flèche. Vol. 18. F° 59.

d'Eytier (Étienne).
Né le 22 février 1758 à Tayrac, diocèse d'Agen.
Admis en 1768. Vol. 17. F° 325.

F

de la Faige (Pierre-Marie).
Né le 23 août 1765 à Sail, diocèse de Clermont-Ferrand, généralité de Lyon.
Admis en 1775 à la Flèche. Vol. 26. P. V. 2.

de Faillonnet (Louis-Charles).
Né le 3 novembre 1773 à Saint-Mihiel, en Lorraine.
Admis en 1783. Vol. 35. P. V. 52.

de Failly (Jean-Baptiste-Madeleine).
Né le 24 octobre 1760 à Lion, en Clermontais.
Admis en 1770 à la Flèche. Vol. 20. F° 5.

de Failly (Remy-Henry-Jean-Baptiste).
Né le 13 juillet 1772 à Condé-les-Herpy, bailliage de Sainte-Menehould.
Admis en 1782. Vol. 34. P. V. 40.

de Failly (Charles-Armand).
Né le 22 mai 1780 à Delat, diocèse de Verdun.
Admis en 1788. Vol. 40. P. V. 26.

de la Faire (Silvain).
Né le 13 mars 1755 à Saint-Étienne-du-Blanc, en Berry.
Admis en 1766. Vol. 11. P. V. 51.

de Faramond de la Fayelle (Louis-Marie).
Né le 25 septembre 1759 au Puy-Saint-George, diocèse d'Alby.
Admis en 1768. Vol. 17. F° 337.

de Faramond de la Fayelle (Joseph-Ignace).
Né le 26 octobre 1761 au Puy-Saint-George, diocèse d'Alby.
Admis en 1770. Vol. 20. F° 295.

de **Fariaux** (Louis-Alexandre-Joseph-Damase).
Né le 11 décembre 1765 à Landifay, diocèse de Laon.
Admis en 1775 à la Flèche. Vol. 26. P. V. 28.

de **Fars de Fosselandry** (Antoine-Élie). } Frères.
de **Fars de Fosselandry** (Joseph).
Antoine-Élie, né le 23 août 1742 à Saint-Orse, en Périgord.
Joseph, né le 19 juillet 1745 à Saint-Martin-de-Coulaures, en Périgord.
Admis en 1754. Vol. 1. P. V. 37.

de **Faucher de la Ligerie** (Jean). } Frères jumeaux.
de **Faucher de la Ligerie** (Pierre-Amer).
Nés le 19 janvier 1764 à Fontaines, en Périgord.
Admis en 1773 à la Flèche. Vol. 23. P. V. 2.

Faulte de Vanteaux (Joseph-Gabriel).
Né le 14 mai 1779 au Vigen, diocèse de Limoges.
Admis en 1788. Vol. 40. P. V. 16.

du **Faur de Louboey** (Jean-Louis).
Né le 9 janvier 1767 à Pau en Béarn.
Admis en 1778. Vol. 30. P. V. 39.

Faure de Perret (Aimard-Joseph).
Né le 14 décembre 1749 à Belacueil, en Dauphiné.
Admis en 1760. Vol. 6. P. V. 7.

Faure de Perret (Augustin-Joseph).
Né le 6 septembre 1754 à Saint-Marcel, en Dauphiné.
Admis en 1765. Vol. 10. P. V. 17.

de **Faure de Chazours** (Louis-Marie).
Né le 31 août 1778 à Morlaix, diocèse de Léon.
Admis en 1786 à la Flèche. Vol. 38. P. V. 16.

du **Faure de Proullac** (Jean-Baptiste).
Né le 22 septembre 1776 à Albiac, diocèse de Cahors.
Admis en 1785 à la Flèche. Vol. 37. P. V. 47.

Fautereau (Charles-Louis-Étienne).
Né le 21 mars 1741 à Saint-Ouen-de-Senirmenil, comté d'Eu, diocèse de Rouen.
Admis en 1753. Vol. 1. P. V. 20.

de **Faverolles** (Henriet-Charles-Louis).
Né le 6 septembre 1758 à Paris.
Admis à la Flèche en 1768. Vol. 18. F° 49.
Admis à l'École militaire en 1772. Vol. 16. P. V. 9.

Favre de Longry (Joseph-Marie-François-Clair).
Né le 2 janvier 1767 à Bourg, en Bresse.
Admis en 1778. Vol. 29. P. V. 46.

de **Fay d'Athies** (Jean-Louis-Michel).
Né le 23 août 1746 au Bourg-de-Saint-Michel-Rochefort, diocèse de Laon.
Admis en 1755. Vol. 2. P. V. 30.

de **Fay** (Alexandre-César).
   Né le 11 septembre 1757 à Saint-Romain, diocèse d'Amiens.
   Admis à la Flèche en 1765.   Vol. 17. Fo 85.
   Admis à l'École militaire en 1771.   Vol. 15. P. V. 42.

de **Fay de Villeneuve** (Joseph-Louis-Frédéric).
   Né le 24 novembre 1758 à Saint-Macaire, diocèse de Poitiers.
   Admis à la Flèche en 1767.   Vol. 17. Fo 253.
   Admis à l'École militaire en 1772.   Vol. 16. P. V. 18.

du **Fayet de la Bastide** (François).
   Né le 2 octobre 1744 à Liginiat, diocèse de Limoges.
   Admis en 1756.   Vol. 4. P. V. 12.

de **Fé de Boisragon** (Auguste-Alexandre-François).
   Né le 3 février 1780 à Grenoble.
   Admis en 1788.   Vol. 40. P. V. 20.

le **Febvre de Chasle** (Jacques-Charles).
   Né le 13 mai 1769 à Brigné, diocèse d'Angers.
   Admis en 1777.   Vol. 28. P. V. 64.

le **Febvre de Ladonchamps** (Charles-Henry-Agathe).
   Né le 11 octobre 1778 à Metz.
   Admis en 1787 à la Flèche.   Vol. 39. P. V. 30.

de **Felets d'Ormont** (Antoine-Joseph).
   Né le 16 février 1777 à Saint-Pantaléon, évêché de Limoges.
   Admis en 1777.   Vol. 28. P. V. 44.

de **Féret** (Louis-Joseph).
   Né le 6 janvier 1767 à Saint-Loup-aux-Bois, diocèse de Reims.
   Admis en 1778.   Vol. 30. P. V. 7.

de **Fériet** (Nicolas-Ferdinand).
   Né le 12 juin 1744 à Ham-sur-Meuse.
   Admis en 1756.   Vol. 4. P. V. 6.

de **Feriet** (Anne-Claude-Louis).
   Né le 18 mars 1776 à Pournoy-la-Grasse, diocèse de Metz.
   Admis en 1785 à la Flèche.   Vol. 37. P. V. 13.

Ferrand de la Conté (Étienne-Pierre-Isidore).
   Né le 2 août 1777 à Saint-Sauveur-Landelin, diocèse de Coutances.
   Admis en 1787.   Vol. 39. P. V. 21.

de **Ferrar de Pontmartin** (Joseph-Antoine).
   Né le 13 juin 1744 à Perpignan.
   Admis en 1753.   Vol. 1. P. V. 23.

Fouardent (Bienaimé).
   Né le 16 juillet 1773 à Jobourg, diocèse de Coutances.
   Admis en 1783.   Vol. 35. P. V. 60.

de **Ficquelmont** (Gabriel-Louis-Charles-Bonaventure).
   Né le 23 mars 1777 à Dieuze, diocèse de Metz.
   Admis en 1786 à la Flèche.   Vol. 38. P. V. 40.

de **Flennes de la Planche** (Armand-Furcy-Augustin).
Né le 27 août 1757 à Arras.
Admis en 1768.   Vol. 13. P. V. 17.

de **Flennes de la Planche** (Jean-Marie-Honoré-Samson).
Né le 1er novembre 1760 à Calais.
Admis en 1769.   Vol. 19. Fo 151.

de **Fleux de Montaunet** (Léonard).
Né le 1er mars 1776 à Brive, diocèse de Limoges.
Admis en 1785 à la Flèche.   Vol. 37. P. V. 36.

Filleul d'Amertot (Pierre).
Né le 27 mai 1746 au Havre.
Admis en 1754.   Vol. 1. P. V. 40.

Filleul d'Amertot (Amour).
Né le 6 juillet 1749 à la Frenaye, diocèse de Rouen.
Admis en 1760.   Vol. 5. P. V. 24.

de **Finance** (Sébastien-François).
Né le 26 juillet 1771 à Bellefontaine, diocèse de Verdun.
Admis en 1782.   Vol. 34. P. V. 55.

de **Finance de Valcourt** (François).
Né le 1er janvier 1778 à Neufour, diocèse de Verdun.
Admis en 1787.   Vol. 39. P. V. 38.

de **Finance** (Étienne-Jacques-Gabriel).
Né le 26 avril 1780 à Pouzy, diocèse et élection de Bourges.
Admis en 1788.   Vol. 40. P. V. 36.

de **Finance de Launoy** (François).
Né le 22 octobre 1779 à Bellefontaine dans le Clermontois.
Admis en 1788.   Vol. 40. P. V. 63.

de la **Fitte du Courteil** (Louis-Henry).
Né le 29 février 1744 à Sainte-Blandine, diocèse de Poitiers.
Admis en 1754.   Vol. 1. P. V. 49.

de la **Fitte du Courteil** (Amable-Louis-Rose).
Né le 30 septembre 1756 à Béruge, généralité de Poitiers.
Admis en 1766.   Vol. 11. P. V. 31.

de la **Fitte de Pellepore** (Anne-Gédéon).
Né le 11 mai 1754 à Stenay, généralité de Metz.
Admis en 1764.   Vol. 9. P. V. 21.

de la **Fitte de Pellepore** (Louis-Joseph).
Né le 28 juillet 1757 à Stenay, généralité de Metz.
Admis à la Flèche en 1766.   Vol. 17. Fo 118.
Admis à l'École militaire en 1771.   Vol. 15. P. V. 53.

de la **Fitte de Pellepore** (Claude-Charles-François-Agapit).
Né le 19 août 1759 à Stenay, généralité de Metz.
Admis en 1767.   Vol. 17. Fo 249.

de la **Fitte du Courteil** (Louis-Henri).
Né le 29 février 1744 à Poitiers.
Admis en 1754.   Vol. 1. P. V 49.

de la **Fitte du Courtell** (Marie-Jean-Antoine-Alexandre). ⎫ Frères.
de la **Fitte du Courtell** (Hilaire-Urbain). ⎭

   Marie-Jean-Antoine-Alexandre, né le 28 septembre 1759 ⎫ à Béruge, élection de
   Hilaire-Urbain, né le 21 octobre 1762 ⎭ Poitiers.

   Admis en 1770.   Vol. 20. Fo 181.

de **Flavigny** (Gratien-Jean-Baptiste-Louis).
   Né le 11 octobre 1741 au Bourg de Craonne, diocèse de Laon.
   Admis en 1754.   Vol. 1. P. V. 31.

de **Flavigny** (Philippe-Marie).
   Né le 28 avril 1764 à Paris.
   Admis en 1772.   Vol. 22. P. V. 9.

de **Flavigny de Chambry** (Alexandre-André).
   Né le 23 juillet 1768 à Chambry, diocèse de Laon.
   Admis en 1779.   Vol. 31. P. V. 14.

Fleuriot de Langle (Sébastien-Jérôme-Charlemagne).
   Né le 30 mars 1752 à Saint Malo.
   Admis en 1762.   Vol. 8. P. V. 9.

de **Fleury de Lhoumède** (Henry).
   Né le 3 janvier 1756 à Alloüe, en Poitou.
   Admis en 1768.   Vol. 13. P. V. 23.

de **Fleyres** (Honoré).
   Né le 12 août 1769 à Rabastin, en Albigeois
   Admis en 1778.   Vol. 30. P. V. 23.

de **Florans de Mollières** (François-Henry).
   Né le 2 août 1745 à Chambly, diocèse de Beauvais.
   Admis en 1757.   Vol. 4. P. V. 35.

de **Florans de Mollières** (François-Xavier).
   Né le 14 juillet 1748 à Chambly, diocèse de Beauvais.
   Admis en 1760.   Vol. 5. P. V. 12.

de **Florentin de Courcelle** (Jean-Baptiste).
   Né le 3 février 1760 à Ligny-en-Barrois, diocèse de Toul.
   Admis en 1768.   Vol. 18. Fo 75.

de **Florit de Clamouze** (André-Bernard-Joseph).
   Né le 21 décembre 1752 à Valenciennes.
   Admis en 1765.   Vol. 10. P. V. 42.

de **Florit de Clamouze** (François-Eustache-Marie-Louis).
   Né le 4 avril 1754 à Valenciennes.
   Admis en 1766.   Vol. 11. P. V. 13.

de **Flotte** (Frédéric-Guillaume).
   Né le 22 novembre 1758 à Steimberg près Rintlen.
   Admis à la Flèche en 1767.   Vol. 17. Fo 161.
   Admis à l'École militaire en 1772.   Vol. 16. P. V. 58.

de **Flotte** (Jean-Charles).
   Né le 15 décembre 1765 à Calais, diocèse de Boulogne
   Admis en 1774 à la Flèche.   Vol. 25. P. V. 17.

de **Folliot de Crenneville** (Louis-Charles).
Né le 3 juillet 1765 à Metz.
Admis en 1777.　　　　　　　　　　Vol. 27. P. V. 44.

de **Folliot d'Argence** (Claude-Jean-Adrien-Madeleine-Louis).
Né le 3 septembre 1771 à Auxonne.
Admis en 1780.　　　　　　　　　　Vol. 32. P. V. 26.

de **Folliot de Fierville** (Pierre-Hyacinthe-Victor).
Né le 29 mars 1776 à Fierville, diocèse de Coutances.
Admis en 1785 à la Flèche.　　　　　Vol. 37. P. V. 22.

de la **Fons de Saint-Algis** (Abel-Aimé).
Né le 26 octobre 1763 à Coucy le-Château, diocèse de Laon.
Admis en 1772 à la Flèche.　　　　　Vol. 22. P. V. 15.

de la **Fons de Bernes** (Louis-Aimé).
Né le 3 octobre 1757 à Bernes, bailliage de Péronne.
Admis à la Flèche en 1766.　　　　　Vol. 17. F° 137.
Admis à l'École militaire en 1771.　　Vol. 15. P. V. 43.

de la **Fons de Bernes** (Philippe-Louis–Armand).
Né le 7 avril 1761 à Bernes, bailliage de Péronne.
Admis en 1769.　　　　　　　　　　Vol. 19. F° 39.

de la **Fontaine** (Jean-Gabriel-Méry).
Né le 12 avril 1767 à Presle-la-Commune, diocèse de Soissons.
Admis en 1777.　　　　　　　　　　Vol. 28. P. V. 23.

de **Fontanges** (Alexandre-Marie).
de **Fontanges** (Pierre-Hugues).　 Frères.
　　Nés à Menet, en Hte-Auvergne. 　Alexandre-Marie, le 8 septembre 1755.
　　　　　　　　　　　　　　　　 Pierre-Hugues, le 21 août 1756.
Admis tous deux à la Flèche en 1765.　Vol. 17. F° 97.
Admis tous deux à l'École militaire en 1770.　Vol. 14. P. V. 31.

de **Fontanges** (Antoine).
Né le 30 octobre 1762 à Saint-Marcel en Lyonnais.
Admis en 1771.　　　　　　　　　　Vol. 21. P. V. 1.

de **Fontenay** (Antoine-Augustin).
Né le 17 janvier 1755 à Maubeuge.
Admis à la Flèche en 1764.　　　　　Vol. 17. F° 11.
Admis à l'École militaire en 1769.　　Vol. 14. P. V. 8.

de **Fontenay** (Charles-Louis-Jean-Eugénie).
Né le 4 février 1757 à Saint-Martin d'Igé, diocèse de Séès.
Admis à la Flèche en 1766.　　　　　Vol. 17. F° 138.
Admis à l'École militaire en 1770.　　Vol. 15. P. V. 17.

de **Fontenay** (Pierre-Louis).
Né le 31 août 1760 à Bellême, en Perche, diocèse de Séès.
Admis en 1770.　　　　　　　　　　Vol. 20. F° 105.

de **Fontenay de la Guiardière** (François-Jacques-Louis-César).
Né le 7 avril 1763 à Vendôme.
Admis en 1771 à la Flèche.　　　　　Vol. 21. P. V. 12.

de **Fontenay de la Guiardière** (René-Jean Alexandre).
Né le 5 octobre 1764 à Vendôme.
Admis en 1773 à la Flèche.　　　　　Vol. 23. P. V. 23.

de la **Forcade** (Jean-Baptiste-Octavien).
Né le 12 octobre 1777 à Valence, diocèse d'Auch.
Admis en 1787.   Vol. 39. P. V. 18.

de **Forestier de Launosne** (Arthur-Marie-Calixte).
Né le 23 mars 1764 à Evran, sénéchaussée de Dinan.
Admis en 1772 à la Flèche.   Vol. 22. P. V. 54.

le **Forestier de Boisfrouger** (François-Marie).
Né le 18 décembre 1764 à Dol, en Bretagne.
Admis en 1774 à la Flèche.   Vol. 25. P. V. 25.

le **Forestier de Boisfrouger** (Augustin-Yves-Julien).
Né le 27 octobre 1763 à Pleudihan, sénéchaussée de Dinan.
Admis en 1772 à la Flèche.   Vol. 22. P. V. 53.

le **Forestier** (Charles-René).
Né le 27 juillet 1765 à Foucrainville, diocèse d'Evreux.
Admis en 1774 à la Flèche.   Vol. 25. P. V. 31.

des **Forges de Caullères** (Anne-Joseph-Alexandre).
des **Forges de Caullères** (Claude-Alexandre-Marie-François). } Frères.
Nés à Amiens { Anne-Joseph-Alexandre, le 1er octobre 1748.
{ Claude-Alexandre-Marie-François, le 3 octobre 1749.
Admis en 1760.   Vol. 5. P. V. 22.

Forget de Barst (Joseph-Sigisbert).
Né le 27 août 1757 à Oriocourt, diocèse de Metz.
Admis en 1768.   Vol. 13. P. V. 14.

Forget de Barst (Marie-Antoine-Hyacinthe).
Né le 18 novembre 1760 à Tincry, diocèse de Metz.
Admis en 1769.   Vol. 19. F° 285.

de la **Forgue de Bellegarde** (François-Calixte).
Né le 6 juin 1754 à Lourde, généralité de Pau.
Admis en 1766.   Vol. 11. P. V. 4.

de la **Forgue de Bellegarde** (Louis-Joseph).
Né le 5 novembre 1756 à Lourde, généralité de Pau.
Admis à la Flèche en 1766.   Vol. 17. F° 117.
Admis à l'École militaire en 1770.   Vol. 15. P. V. 20.

de la **Forgue de Bellegarde** (Louis-François-Armand).
Né le 4 août 1759 à Lourde, généralité de Pau.
Admis en 1769.   Vol. 19. F° 273.

de la **Forgue de Bellegarde** (Denis-François-Calixte).
Né le 9 octobre 1762 à Embrun, en Dauphiné.
Admis en 1772 à la Flèche.   Vol. 22. P. V. 50.

de la **Forgue de Bellegarde** (Bertrand-Théodore).
Né le 29 mai 1767 à Embrun, en Dauphiné.
Admis en 1775.   Vol. 26. P. V. 62.

de **Fortia de Durban** (Agricole-Joseph-François-Xavier-Pierre-Esprit-Simon-Paul-Antoine).
Né le 18 février 1756 à Avignon.
Admis à la Flèche en 1765.   Vol. 17. F° 75.
Admis à l'École militaire en 1770.   Vol. 14. P. V. 33.

des **Fossés de Villeneuve** (Charles-Henry).
Né le 7 mars 1764 à Longmont, diocèse de Soissons.
Admis en 1774 à la Flèche.   Vol. 24. P. V. 41.

du **Fou de Kerdaniel** (Jérôme-Bonaventure).
Né le 3 novembre 1744 à Pontivy, évêché de Vannes.
Admis en 1755.   Vol. 2. P. V. 45.

du **Fou de Kerdaniel** (François-Julien).
Né le 9 décembre 1749 à la Trêve-du-Moustoir-Remungol, évêché de
Vannes.
Admis en 1761.   Vol. 7. P. V. 21.

de **Foucaud de Marimont** (Martial).
Né le 1er août 1748 à Tarn-et-Aixe, diocèse de Limoges.
Admis en 1760.   Vol 6. P. V. 17.

de **Foucaud de Marimont** (Jacques).
Né le 5 septembre 1751 à Tarn-et-Aixe, diocèse de Limoges.
Admis en 1762.   Vol. 8. P. V. 22.

de **Foucaud** (Jean-Jacques).
Né le 9 octobre 1771 à Saint-Yrieix, diocèse de Limoges.
Admis en 1781.   Vol. 33. P. V. 60.

de **Foucault** (Marc-Charles).
Né le 9 septembre 1757 à Landrecy, en Hainaut.
Admis en 1767.   Vol. 17. F° 157.

de **Foucault** (Armand-Daniel).
Né le 14 octobre 1759 à Landrecy, en Hainaut.
Admis en 1769.   Vol. 19. F° 223.

de **Foucault** (Louis-Henry).
Né le 8 août 1767 à Bouères, diocèse de Boulogne.
Admis en 1777.   Vol. 27. P. V. 35.

de **Foucault** (Claude-François-Marcellin).
Né le 20 mai 1766 à Aubreville, diocèse de Verdun.
Admis en 1777.   Vol. 27. P. V. 56.

de **Foucault** (Antoine-Etienne).
Né le 1er juillet 1770 à Bouères, diocèse de Boulogne.
Admis en 1781.   Vol. 33. P. V. 58.

de **Fouchais de la Faucherie** (Pierre-André).
Né le 14 août 1754 à Luigny, baronnie de Brou, en Perche.
Admis en 1765.   Vol. 10. P. V. 24.

de **Fouchais de la Faucherie** (Antoine-Joseph).
Né le 21 août 1756 à Luigny, en Perche.
Admis en 1766.   Vol. 11. P. V. 10.

de **Fouchais de la Faucherie** (Pierre-François).
Né le 1er novembre 1756 à Luigny, en Perche.
Admis en 1768.   Vol. 12. P. V. 50.

de **Fouchais de la Faucherie** (Anne-Pierre).
Né le 17 août 1758 à Luigny, en Perche.
Admis à la Flèche en 1767.   Vol. 17. F° 199.
Admis à l'École militaire en 1772.   Vol. 16. P V. 31.

de **Foudras** (Pierre-Marie-Gabriel).
Né le 23 juillet 1777 à Ronno, diocèse de Lyon.
Admis en 1787.   Vol. 39. P. V. 54.

de **Fougières** (Grégoire).
Né le 13 février 1759 à Tronget, généralité de Moulins.
Admis en 1771.   Vol. 15. P. V. 21.

de **Foullon de Saint-Aubin de la Rivière** (Ferdinand-Joseph).
Né le 12 juin 1750 à Versailles.
Admis en 1760.   Vol. 6. P. V. 24.

de **Fouques de la Moussiadière** (Charles-Jean).
Né le 9 juin 1752 en Perche, diocèse d'Evreux.
Admis en 1762.   Vol. 8. P. V. 39.

Fouquet de Closneuf (Jean-Chrétien).
Né le 3 février 1745 à Munschweiler, diocèse de Metz.
Admis en 1755.   Vol. 2. P. V. 36.

Fouquet de Closneuf (Jean-Martin).
Né le 13 avril 1751 à Bitche, diocèse de Metz.
Admis en 1762.   Vol. 8. P. V. 4.

Fourier (Pierre-François-Fourier).
Né le 4 septembre 1780 à Charmes-sur-Moselle, diocèse de Nancy.
Admis en 1788.   Vol. 40. P. V. 74.

de **Fournas de la Brosse de Fabrezan** (Joseph-François).
Né le 26 mai 1756 à Narbonne.
Admis à la Flèche en 1766.   Vol. 17. F° 138.
Admis à l'École militaire en 1770.   Vol. 14. P. V. 40.

de **Fournas de la Brosse de Fabrezan** (Guillaume-Henry-Claude-Charles).
Né le 13 octobre 1758 à Narbonne.
Admis en 1767.   Vol. 17. F° 207.

de **Fournas de la Brosse de Fabrezan** (Joseph-Lazare-Guillaume-Louis).
Né le 14 décembre 1765 à Fabrezan, diocèse de Narbonne.
Admis en 1774 à la Flèche.   Vol. 25. P. V. 24.

de **Foville** (Alexandre-Marc-Constant).
Né le 10 mars 1764 à Ricarville, diocèse de Rouen.
Admis en 1773 à la Flèche.   Vol. 23. P. V. 22.

de **Framery** (Louis-Marie).
Né le 14 décembre 1760 à Doullens en Picardie.
Admis en 1769.   Vol. 19. P. V. 67.

de **Framond** (Paul-Hippolyte-Louis).
Né le 2 octobre 1778 à Toulon.
Admis en 1786 à la Flèche.   Vol. 38. P. V. 45.

de **France** (Edme-Pierre).
Né le 30 mai 1762 à Saint-Louis-de-la-Villotte, diocèse de Sens.
Admis en 1771 à la Flèche.   Vol. 21. P. V. 34.

de **France** (Henry-Alexandre).
Né le 17 juillet 1765 à Courville, diocèse de Reims.
Admis en 1774 à la Flèche.   Vol. 24. P. V. 48.

de **France** (Guy).
Né le 20 octobre 1764 à la Villotte, diocèse de Sens.
Admis en 1773 à la Flèche.   Vol. 24. P. V. 9.

de **France** (Marie-Antoine).
Né le 19 avril 1777 à Croutoy, diocèse de Soissons.
Admis en 1786 à la Flèche.   _   Vol. 38. P. V. 41.

de **François de Boisgisson** (Jacques).
Né le 12 juin 1745 à Lantan, diocèse de Bourges.
Admis en 1756.   Vol. 3. P. V. 22.

de **François de Boisgisson** (Alexandre-Jean-Louis).
Né le 11 avril 1769 à Bélou-sur-Haine, diocèse de Sées.
Admis en 1780.   Vol. 32. P. V. 13.

des **Francs** (Jean-François).
Né le 15 juin 1765 à Toulon.
Admis en 1774 à la Flèche.   Vol. 24. P. V. 26.

des **Francs** (Laurent).
Né le 16 juillet 1768 à Toulon.
Admis en 1779.   Vol. 31. P. V. 74.

de **Franssure de Villers** (Jean-Joseph).
Né le 9 juin 1764 à Mondidier.
Admis en 1774 à la Flèche.   Vol. 24. P. V. 43.

de **Frasans** (Anne-Philippe-Hyacinthe-Louis).
Né le 10 avril 1766 à Lyon.
Admis en 1775 à la Flèche.   Vol. 26. P. V. 23.

de **Frasans** (Louis-Alexandre-François-Prosper).
Né le 25 juin 1770 à Dijon.
Admis en 1779.   Vol. 31. P. V. 60.

de **Frébourg** (Joseph-Louis-Vincent).
Né le 5 avril 1762 à Mamers, diocèse du Mans.
Admis en 1771 à la Flèche.   Vol. 21. P. V. 17.

de **Frébourg** (Joseph-Jean-René-François-Marie).
Né le 16 août 1765 à Sarzan, évêché de Vannes.
Admis en 1777 à la Flèche.   Vol. 27. P. V. 24.

Fremyn de Fonteuille (Louis-Innocent-Philippe).
Né le 18 octobre 1758 à Roizy, diocèse de Reims.
Admis à la Flèche en 1767.   Vol. 17. Fo 247.
Admis à l'École militaire en 1772.   Vol. 16. P. V. 45.

de **Fresne** (Alexandre).
Né le 13 juillet 1768 à Saint-Dizier, diocèse de Châlons-sur-Marne.
Admis en 1773.   Vol. 29. P. V. 38.

de **Fresnoye** (Bertrand).
Né le 20 septembre 1744 à Alinethun, en Boulonnois.
Admis en 1756.   Vol. 3. P. V. 23.

de **Frétat** (Jean-Marie).
Né le 2 juillet 1779 à Riom, en Auvergne.
Admis en 1779. Vol. 31. P. V. 40.

de **Frévol de la Coste** (Joseph-Scipion).
Né le 9 juillet 1759 à Pradelles, en Vivarais.
Admis en 1768. Vol. 17. F° 303.

de **Frévol de la Coste** (Charles-Siméon).
Né le 21 juin 1758 à Pradelles en Vivarais.
Admis en 1766. Vol. 17. F° 139.

de **Frévol de la Coste** (Louis-Étienne).
Né le 2 septembre 1763 à Pradelles, généralité de Montpellier.
Admis en 1777. Vol. 28. P. V. 30.

de **Frévol de Ribeins** (Charles-Auguste-François-Xavier).
Né le 4 novembre 1763 à Pradelles, généralité de Montpellier.
Admis en 1772 à la Flèche. Vol. 22. P. V. 59.

de **Frohard de la Mette** (Antoine-Joseph).
Né le 25 janvier 1756 à Saint-Rambert, en Forez.
Admis en 1767. Vol. 12. P. V. 2.

du **Frou de Blinière** (Mathieu-Jean-Marie).
Né le 26 octobre 1773 à l'Isle-de-Ré.
Admis en 1784. Vol. 36. P. V. 48.

le **Fruglais** (Edouard-Jérôme-Ferdinand).
Né le 30 septembre 1774 à Lamballe, évêché de Saint-Brieuc.
Admis en 1784 à la Flèche. Vol. 25. P. V. 27.

de **Fumel** (Marie-Joseph-Louis).
Né le 30 septembre 1755 à Noyon, généralité de Soissons.
Admis en 1766. Vol. 11. P. V. 40.

de la **Futsun de la Carre** (Pierre-Charles-Nicolas).
Né le 13 octobre 1753 à Saint-Georges en l'Isle d'Oleron, diocèse de
Saintes.
Admis en 1764. Vol. 9. P. V. 34.

de la **Futsun de la Carre** (Jean-Henry).
Né le 19 octobre 1754 à l'Isle d'Oleron.
Admis en 1765. Vol. 10. P. V. 25.

G

de **Gaillard d'Heillimer** (Charles-Claude-Gabriel-Dieudonné).
Né le 14 juin 1762 à Heillimer, diocèse de Metz.
Admis en 1772 à la Flèche. Vol. 22. P. V. 25.

de **Gaillard d'Heillimer** (Philippe-Antoine-Pleicard).
Né le 12 juin 1766 à Heillimer, diocèse de Metz.
Admis en 1775 à la Flèche.   Vol. 26. P. V. 64.

de **Gaillard** (Antoine-Alphonse).
Né le 21 mars 1765 à Marseille.
Admis en 1777.   Vol. 27. P. V. 77.

de **Galabert d'Haumont de la Peyre** (Jean-Philippe-Marie-Marguerite).
Né le 15 février 1764 à Cahors.
Admis en 1773 à la Flèche.   Vol. 23. P. V. 52.

Gallery de la Tremblaye (Louis-Daniel-François-Bernard).
Né le 20 août 1780 à Ambrières, en Maine.
Admis en 1788.   Vol. 40. P. V. 67.

de **Galliffet** (Louis-François).
Né le 11 avril 1745 à Marseille.
Admis en 1754.   Vol. 2. P. V. 4.

de **Gallois de Hautecour** (Jean-Joseph-Christian).
Né le 3 février 1759 à Créhange, diocèse de Metz.
Admis en 1769.   Vol. 18. F° 229.

de **Gallois de Hautecour** (Jean-Louis-Benoit).
Né le 2 février 1766 à Créhange, diocèse de Metz.
Admis en 1775 à la Flèche.   Vol. 26. P. V. 59.

Gannel du Maistrey (Jérôme-Michel-Benjamin).
Né le 24 septembre 1770 à Vieuvre, diocèse de Lisieux.
Admis en 1781.   Vol. 33. P. V. 71.

de **Gannes** (Georges).
Né le 25 octobre 1759 à la Ville-des-Trois-Rivières (Canada).
Admis en 1769.   Vol. 18. F° 183.

de la **Garde des Poujols de Chambonas** (François).
Né le 4 juillet 1760 à Gap, en Dauphiné.
Admis en 1770.   Vol. 20 F° 123.

de **Garnier d'Ars** (Louis-Marie).
Né le 4 février 1757 à Ars, en Dombes.
Admis en 1768.   Vol. 13. P. V. 24.

Garnier de la Boissière (Jean).
Né le 16 avril 1756 à Chassiecq, diocèse d'Angoulême.
Admis en 1767.   Vol. 12. P. V. 27.

Garnier de la Boissière (Pierre).
Né le 11 mars 1755 à Chassiecq, diocèse d'Angoulême.
Admis à la Flèche en 1764.   Vol. 17. F° 41.
Admis à l'École militaire en 1769.   Vol. 14. P. V. 9.

Garnier de la Boissière (Henry-René).
Né le 20 octobre 1758 à Chassiecq, diocèse d'Angoulême.
Admis à la Flèche en 1768.   Vol. 18. F° 3.
Admis à l'École militaire en 1772.   Vol. 16. P. V. 46.

de **Garnier des Garets** (Marie-Éléonor).
Né le 19 septembre 1770 à Mars, en Lionnais, diocèse de Mâcon.
Admis en 1779.   Vol. 31. P. V. 18.

du **Garreau de la Seinie** (Pierre).
Né le 22 juillet 1775 à Saint-Yrieix, diocèse de Limoges.
Admis en 1785 à la Flèche. Vol. 37. P. V. 11.

de **Garrigues de Maujac de la Devèze** (Jean-Déodat-Martin-Joseph).
Né le 11 novembre 1763 à Rozière, diocèse d'Alby.
Admis en 1772 à la Flèche. Vol. 22. P. V. 45.

de **Gascq de la Roche** (François).
Né le 6 décembre 1761 à Aillas, en Baradois.
Admis en 1770. Vol. 20. Fo 325.

Gassot de Rochefort (Gabriel).
Né le 13 juillet 1768 à Saint-Dizier, diocèse de Châlons-sur-Marne.
Admis en 1778. Vol. 29. P. V. 39.

Gassot de Rochefort (François).
Né le 18 septembre 1772 à Bourges.
Admis en 1781. Vol. 33. P. V. 28.

de **Gastebois de la Monde** (Jean).
Né le 18 novembre 1766 à Serres, en Agenais.
Admis en 1775 à la Flèche. Vol. 26. P. V. 67.

de **Gastebois de la Monde** (Jean-Pierre).
Né le 13 janvier 1768, aux Monniers en Périgord.
Admis en 1778. Vol. 30. P. V. 6.

Gaucher (Claude-Charles).
Né le 24 juillet 1756 à Langres.
Admis en 1767. Vol. 12. P. V. 25.

de **Gaudart de Montgirault d'Allaines** (Antoine-Marguerite).
Né le 4 avril 1762 à Orléans.
Admis en 1770. Vol. 20. Fo 245.

de **Gaudechart** (Jean-Baptiste).
Né le 13 juin 1761 à Hèmeviller, diocèse de Beauvais.
Admis en 1770. Vol. 20. Fo 307.

Gaudel de Nomexy (Charles-Alexandre).
Né le 18 avril 1771 à Chatel-sur-Moselle, diocèse de Nancy.
Admis en 1782. Vol. 34. P. V. 27.

de **Gaudeville de Morainval** (Jacques-René-Adrien).
Né le 19 février 1752 à Saint-Martin-de-Heilles, diocèse de Beauvais.
Admis en 1762. Vol. 8. P. V. 24.

de **Gaulme** (Jean-Charles-Hippolyte).
Né le 1er mai 1774 à Baviolle, diocèse de Toul.
Admis en 1784. Vol. 36. P. V. 27.

Gaulmin de la Goutte (Philippe).
Né le 23 août 1762 à Saint-Martin-de-Chavenon, du Bourbonnais.
Admis en 1771 à la Flèche. Vol. 21. P. V. 2.

Gaulmin de la Goutte (Louis).
Né le 19 décembre 1765 à Chavenon, généralité de Moulins.
Admis en 1775 à la Flèche. Vol. 26. P. V. 19.

Gaultier de Brulon (René).
Né le 17 mars 1745 à Saint-Laurent-des-Mortiers, en Anjou.
Admis en 1756. Vol. 3. P. V. 24.

Gaultier de la Hullnière (Gilles-François).
Né le 15 juin 1756 à Lolif, généralité de Caen.
Admis en 1767. Vol. 12. P. V. 34.

de **Gaultier de la Motte** (Jean-Félix).
Né le 15 novembre 1761 à Strasbourg.
Admis en 1770. Vol. 20. F° 291.

de **Gaultier** (Paul-Marie-Auguste).
Né le 14 juin 1771 à Mazan, diocèse de Carpentras.
Admis en 1781. Vol. 33. P. V. 33.

de **Gaultier** (Jacques-Charles).
Né le 26 juillet 1778 à la Chapelle-en-Juger, diocèse de Coutances.
Admis en 1786. Vol. 38. P. V. 61.

de la **Gausie** (Antoine).
Né le 6 septembre 1762 à Montjoie, diocèse de Condom.
Admis en 1771 à la Flèche. Vol. 21. P. V. 46.

de la **Gausie de la Flambelle** (Pierre).
Né le 17 février 1765 à Dunes, diocèse de Condom.
Admis en 1773 à la Flèche. Vol. 24. P. V. 33.

de la **Gausie** (François).
Né le 16 août 1766 à Montjoie, diocèse de Condom.
Admis en 1775 à la Flèche. Vol. 26. P. V. 17.

de la **Gausie** (Jean-Paul).
Né le 5 novembre 1771 à Montjoie, diocèse de Condom.
Admis en 1781. Vol. 33. P. V. 64.

de **Gautier de Saint-Paulet** (Pierre-Antoine-Blaise).
Né le 3 février 1769 à Carpentras.
Admis en 1779. Vol. 31. P. V. 50.

de **Gautier de Saint-Paulet** (Louis-Gabriel).
Né le 24 mai 1770 à Carpentras.
Admis en 1780. Vol. 32. P. V. 36.

Gazeau de Landraire de la Boissière (Pierre-Gabriel).
Né le 8 mars 1764 à Sainte-Flaive, diocèse de Luçon.
Admis en 1772 à la Flèche. Vol. 22. P. V. 34.

dé **Gérard de Saint-Amand** (Claude-Pierre). ⎫
de **Gérard de Saint-Amand** (François-Louis). ⎭ Frères.
  Nés à Verdun ⎰ Claude-Pierre, le 17 septembre 1741.
              ⎱ François-Louis, le 28 août 1743.
Admis en 1753. Vol. 1. P. V. 15.

de **Géraud de Langalerie** (Pierre-Henry).
Né le 28 décembre 1766 à Sainte-Foy, diocèse d'Agen.
Admis en 1777. Vol. 28. P. V. 31.

de **Germay de Cirfontaine** (Alexandre-Arnoul-Nicolas).
Né le 12 décembre 1753 à Sazamecourt, diocèse de Châlons.
Admis à la Flèche en 1765. Vol. 17. F° 49.
Admis à l'École militaire, en 1768. Vol. 12. P. V. 48.

Geslin de la Villeneuve (René-Guillaume-Paul-Gabriel-Etienne).
Né le 27 mai 1753 à Saint-Malo.
Admis en 1764. Vol. 9. P. V. 25.

du **Gibanel de Combarel de Vernège** (Jean-Paul).
Né le 1er avril 1760 à Paris.
Admis en 1768.   Vol. 18. F° 25.

de **Gignault de Bellefonds** (Henry-Robert-François).
Né le 1er mars 1769 à Équeurdreville, généralité de Caen.
Admis en 1779.   Vol. 31. P. V. 39.

de **Gigault de Bellefonds** (Julien-François-Marin).
Né le 16 avril 1770 à Équeurdreville, généralité de Caen.
Admis en 1781.   Vol. 33. P. V. 62.

de **Giou de Caylus** (Joseph-Dorothée).
Né le 14 novembre 1760 à Vézac, diocèse de Saint-Flour.
Admis en 1769.   Vol. 19. F° 259.

Girard de Langlade de la Rampinsolle (Jacques-Joseph).
Né le 6 septembre 1756 à Coulougniez, diocèse de Périgueux.
Admis en 1766.   .Vol. 11. P. V. 32.

de **Girard** (Pierre-Michel-Auguste).
Né le 21 octobre 1762 à Philippeville, diocèse de Liège.
Admis en 1772 à la Flèche.   Vol. 22. P. V. 2.

de **Girard de Vaugirard** (Jean-Jacques-Pierre).
Né le 12 juillet 1770 à Montbrison.
Admis en 1779.   Vol. 31. P. V. 32.

de **Girard de Vaugirard** (Jean-Jacques-Pierre).
Né le 23 juillet 1771 à Montbrison.
Admis en 1780.   Vol. 32. P. V. 38.

Girard de Saint-Gérand (Marie-Charles-Désiré).
Né le 8 septembre 1767 à Saint-Gérand-le-Puy, généralité de Moulins.
Admis en 1777.   Vol. 27. P. V. 49.

de **Girard de Charnacé** (Marc-Prosper).
Né le 1er avril 1771 à Longuefaye, en Anjou.
Admis en 1782.   Vol. 34. P. V. 36.

de **Girard de Saint-Amand** (Charles-Auguste).
Né le 14 mars 1777 à Nancy.
Admis en 1787.   Vol. 39, P. V. 9.

Girard de la Batisse (Pierre).
Né le 21 décembre 1779 à Clermont en Auvergne.
Admis en 1788.   Vol. 40. P. V. 23.

de **Giraud d'Agay** (Joseph-Hippolyte).
Né le 14 janvier 1770 à Draguignan.
Admis en 1781.   Vol. 33. P. V. 67.

de **Giraudeau de la Noue** (Claude).
Né le 24 septembre 1767 à Saint-Firmin-des-Prez, diocèse de Blois.
Admis en 1777.   Vol. 27. P. V. 10.

de **Gironde** (François).
Né le 26 novembre 1773 à Montjoy, en Agenois.
Admis en 1783.   Vol. 35. P. V. 61.

de **Glanne** (Jean-Marie-Joseph-Alexandre).
Né le 30 janvier 1779 à Salins, en Franche-Comté.
Admis en 1788.   Vol. 40. P. V. 48.

de **Glans de Cessia** (Joseph-Césaire-Jean-Baptiste-Aimée).
Né le 30 janvier 1774 à Saint-Amour, en Franche-Comté.
Admis en 1783. Vol. 35. P. V. 49.

de **Glapion de Véranvilliers** (Louis-Charles).
Né le 6 septembre 1756 à Crucé, généralité d'Alençon.
Admis en 1766. Vol. 11. P. V. 15.

de **Glasson** (Louis-Gaspard-Gabriel).
Né le 8 mai 1774 à Romans, en Dauphiné.
Admis en 1784. Vol. 36. P. V. 42.

le **Goblen** (Nicolas).
Né le 12 juin 1775 à Saint-Malo.
Admis en 1786 à la Flèche. Vol. 38. P. V. 1.

Godefroy de Ponterson (Jean-Louis-Pierre).
Né le 28 juin 1479 à Chalandré, diocèse d'Avranches.
Admis en 1760. Vol. 5. P. V. 26.

Godefroy de Boisjugan (Ambroise).
Né le 1er juin 1761 à Daye, généralité de Caen.
Admis en 1772 à la Flèche Vol. 22. P. V. 27.

de **Gogué de Moussonvilliers** (Jacques-Armand-François).
Né le 22 octobre 1755 à Chartres.
Admis en 1766. Vol. 11. P. V. 6.

de **Gomer** (Antoine-François-Gabriel).
Né le 5 août 1770 à Bapaume, diocèse d'Arras.
Admis en 1780. Vol. 32. P. V. 60.

de **Gondallier de Tugny** (Nicolas-François-Thérèse).
Né le 26 janvier 1770 à Boussiguareux, diocèse de Léon.
Admis en 1780. Vol. 32. P. V. 14.

de **Gondrecourt** (Marc-Antoine-René).
Né le 26 octobre 1761 à Saint-Georges de Châlon-sur-Saône.
Admis en 1770. Vol. 20. Fo 341.

le **Gonidec de Kerhallic** (Pierre-Auguste-Marie).
Né le 1er mai 1761 à Quintin, évêché de Saint-Brieuc.
Admis en 1769. Vol. 19. Fo 171.

le **Gonidec de Penlan** (Constantin-Guy).
Né le 12 novembre 1764 à Caen.
Admis en 1774 à la Flèche. Vol. 25. P. V. 29.

le **Gonidec de Kerdaniel** (François-Marie-Pierre).
Né le 15 juin 1766 à Tréviale, paroisse de Plézidy, évêché de Tréguier.
Admis en 1777. Vol. 28. P. V. 1.

de **Gontaut de Saint-Geniès** (Jean-Baptiste).
Né le 13 juin 1770 à Saint-Orse, diocèse de Périgueux.
Admis en 1780. Vol. 32. P. V. 72.

du **Gordon** (Alexandre-Joseph).
Né le 12 août 1761 à Versailles.
Admis en 1769. Vol. 19. Fo 71.

de la **Gorsse de Limoges** (Jacques).
Né le 8 mars 1754 à Saint-Viance, diocèse de Limoges.
Admis en 1762. Vol. 9. P. V. 37.

de la **Gorsse de Limoges** (Jean).
Né le 19 juillet 1758 à Saint-Viance, diocèse de Limoges.
Admis à la Flèche en 1766.   Vol. 17. F° 118.
Admis à l'École militaire en 1771.   Vol. 15. P. V. 52.

de la **Gorsse de Limoges** (Pierre).
Né le 27 juin 1766 à Donzenac, généralité de Limoges.
Admis en 1775 à la Flèche.   Vol. 26. P. V. 50.

de **Goudal de la Goudalie** (Jean-Jacques-Pierre-Claude).
Né le 26 juin 1754 à Doussay, diocèse de Poitiers.
Admis en 1763.   Vol. 10. P. V. 5.

Goueslard de Champigny (Léonor-Louis).
Né le 17 octobre 1752 à Coutances.
Admis en 1764.   Vol. 9. P. V. 46.

de **Gourcy de Dompmartin** (François-Antoine).
Né le 24 février 1751 à Dompmartin, diocèse de Metz.
Admis en 1761.   Vol. 7. P. V. 39.

de **Gourcy** (Paul-Joseph).
Né le 13 janvier 1756 à Mainville, diocèse de Verdun.
Admis en 1767.   Vol. 12. P. V. 11.

Gourdeau de Montigny (Louis-Alexandre).
Né le 16 avril 1765 à la Jandonnière, diocèse de Luçon.
Admis en 1777.   Vol. 28. P. V. 21.

de **Gourdon** (Antoine-Louis).
Né le 20 juillet 1765 à Paris.
Admis en 1773 à la Flèche.   Vol. 23. P. V. 11.

de **Gourmont** (Louis-Auguste).
Né le 17 juillet 1773 à Landau, diocèse de Spire.
Admis en 1782.   Vol. 34. P. V. 21.

de **Goussencourt** (Anne-Cyr-Émilie).
Né le 14 septembre 1753 à Cantigny, diocèse d'Amiens.
Admis en 1764.   Vol. 9. P. V. 11.

de **Gouvetz** (Alexandre-Jean-Baptiste-René).
Né le 14 décembre 1755 à Vernix, diocèse d'Avranches.
Admis en 1766.   Vol. 17. F° 125.

Gouyon (Mériadec-Prudent).
Né le 10 octobre 1777 à Saint-Malo.
Admis en 1780.   Vol. 32. P. V. 55.

de **Gouzel de Lauriat** (Charles).
Né le 1er juin 1756 à Beaumont, près Brioude.
Admis en 1767.   Vol. 12. P. V. 16.

de **Gouzens de Fontaines** (Jacques-Marie).
Né le 20 septembre 1760 à Castelnaudary, généralité de Toulouse.
Admis en 1769.   Vol. 18. F° 201.

de **Gouzens de Fontaines** (Pierre-Vincent-Louis).
Né le 29 novembre 1777 à Castelnaudary, généralité de Toulouse.
Admis en 1787.   Vol. 39. P. V. 22.

de **Goy** (César-Augustin).
Né le 14 mars 1764 à Montet-de-Gélat, en Auvergne.
Admis en 1773 à la Flèche.   Vol. 23. P. V. 33.

de **Goy** (Pierre).
Né le 2 octobre 1769 à Dontreix, diocèse de Clermont.
Admis en 1777 à la Flèche.   Vol. 28. P. V. 69.

de **Grailly** (Pierre).
Né en mars 1765 à Saint-Vivien-en-Montravel, diocèse de Périgueux.
Admis en 1777.   Vol. 28. P. V. 45.

de **Grain de Saint-Marsault** (Marie-Antoine).
Né le 22 février 1765 à Pleure, en Franche-Comté.
Admis en 1777   Vol. 28. P. V. 2.

de la **Grandière** (Pierre-Marie-Martin).
Né le 13 juin 1765 à Morlaix, diocèse de Léon.
Admis en 1773 à la Flèche.   Vol. 23. P. V. 35.

de la **Grandière** (François-Augustin-Jérémie-Palamède).
Né le 8 mai 1764 à Mazières, en Touraine.
Admis en 1773 à la Flèche.   Vol. 24. P. V. 6.

de la **Grandière** (Claude-Marie-Dominique).
Né le 4 février 1767 à Morlaix, diocèse de Léon.
Admis en 1775 à la Flèche.   Vol. 26. P. V. 38.

de la **Grandière** (Jacques-Joseph-Marie-Augustin).
Né le 1er mars 1770 à Morlaix, diocèse de Léon.
Admis en 1781.   Vol. 33. P. V. 14.

Grandin de Mansigny (Robert-Jean-Louis).
Né le 17 décembre 1760 à Croisic en Bretagne.
Admis en 1769.   Vol. 19. F° 181.

de **Grandolt** (Louis-Alexandre).
Né le 15 décembre 1768 à la Neuve-Grange, généralité de Rouen.
Admis en 1778.   Vol. 30. P. V. 18.

de **Grandsaigne d'Hauterive**. (Gilles-Antoine-François).
Né le 12 février 1765 à Belfort, en Alsace.
Admis en 1775 à la Flèche.   Vol. 26. P. V. 3.

de **Grandsaigne d'Hauterive** (Antoine-Louis-François).
Né le 13 novembre 1767 à Millau, diocèse de Rodez.
Admis en 1777 à la Flèche.   Vol. 28. P. V. 84.

de **Grandsaigne** (Étienne-Hippolyte-Gilles).
Né le 3 février 1776 à Milhau, diocèse de Rodez.
Admis en 1786.   Vol. 38. P. V. 46.

de la **Grange de Tarnac** (Raimond-Gabriel).
Né le 13 novembre 1760 à Tarnac, diocèse de Limoges.
Admis en 1772 à la Flèche.   Vol. 22. P. V. 3.

de la **Grange de la Ronde** (Michel-Sébastien).
Né le 5 décembre 1769 à Montaigu-les-Combrailles, en Auvergne.
Admis en 1780.   Vol. 32. P. V. 6.

le **Gras** (Jean-Joseph).
Né le 28 septembre 1750 à Dunkerque.
Admis en 1760. Vol. 6. P. V. 25.

le **Gras** (Joseph-Claude-Anne).
Né le 22 mai 1761 à Montlouis, diocèse de Tours.
Admis en 1769. Vol. 19. Fo 13.

le **Gras** (Claude-Jacques-Marie).
Né le 9 août 1748 à Dunkerque.
Admis en 1757. Vol. 4. P. V. 39.

de **Grasset** (Jean-Marie-Auguste).
Né le 20 août 1778 à Montpellier.
Admis en 1788. Vol. 40. P. V. 50.

de **Grave** (Marie-Anne-Hyacinthe).
Né le 12 septembre 1755 à Narbonne.
Admis à la Flèche en 1764. Vol. 17. Fo 33.
Admis à l'École militaire en 1769. Vol. 13. P. V. 49.

du **Gravier** (Jean-Hen.·v-Martial).
Né le 9 juillet 1750 à Colmar.
Admis en 1760. Vol. 5. P. V. 50.

de **Gray de Flévy** (Charles-Antoine).
Né le 6 avril 1757 à Briey, en Lorraine.
Admis à la Flèche en 1765. Vol. 17. Fo 85.
Admis à l'École militaire en 1771. Vol. 15. P. V. 49.

de **Gray de Flévy** (Paul-Hubert).
Né le 21 octobre 1759 à Briey, en Lorraine.
Admis en 1769. Vol. 19. Fo 145.

de **Gréaulme** (Alexandre-Prosper-Marie).
Né le 1er août 1770 à Pesé-le-Sec, généralité de Bourges.
Admis en 1779. Vol. 31. P. V. 28.

Grellier de Puybernier (Charles-Gédéon-Anne-Benigne).
Né le 5 janvier 1772 à la Chapelle-Thenier, diocèse de Luçon.
Admis en 1783. Vol. 35. P. V. 22.

Grellier de Concize (Rolland-Charles-Augustin).
Né le 10 octobre 1745 à Champbretaud, en Poitou.
Admis en 1755. Vol. 2. P. V. 39.

Grellier de Concize (Martial-Joseph).
Né le 8 mars 1751 à Saint-Louis de Rochefort.
Admis en 1761. Vol. 7. P. V. 34.

Grenier de Cauville (Jacques-François).
Né le 16 avril 1752 à Saint-Martin-de-Biennais, diocèse de Rouen.
Admis en 1762. Vol. 8. P. V. 21.

Grenier de Cauville (Jean-Louis).
Né le 26 mai 1755 à Rouen.
Admis en 1765. Vol. 10. P. V. 13.

de **Grenier Giron du Taudias** (Louis-Armand).
Né le 16 juin 1771 à Brest.
Admis en 1781. Vol. 33. P. V. 47.

du **Gretz de Mont-Saint-Père** (Pierre-Charles-François).
Né le 18 novembre 1769 à Samsois, diocèse de Troyes.
Admis en 1781. Vol. 33. P. V. 21.

Grimouard (Philippe-Henry).
Né le 12 août 1753 à Saint-Hilaire, bailliage de Verdun.
Admis en 1764. Vol. 9. P. V. 9.

de **Griplère de Moncroc** (Anne-Bonaventure).
Né le 27 juillet 1744 à Saint-Amour, en Comié.
Admis en 1756. Vol. 3. P. V. 25.

de **Griplère de Moncroc** (Guillaume-Ambroise).
Né le 24 octobre 1780 à Coleignes en Agenois.
Admis en 1789. Vol. 40. P. V. 89.

de **Grivel de Saint-Mauris** (Claude-Antoine-Joseph-Fidèle).
Né le 25 novembre 1765 à Besançon.
Admis en 1774. Vol. 24. P. V. 47.

de **Grivel de Saint-Mauris** (Claude-Alexandre-Bonaventure-Fidèle).
Né le 6 avril 1767 à Domblans, en Franche-Comté.
Admis en 1777. Vol. 27. P. V. 75.

de **Grivel de Saint-Mauris** (Claude-Hertmann-Xavier Joseph-Fidèle).
Né le 17 décembre 1769 à Domblans, en Franche-Comté.
Admis eu 1780. Vol. 32. P. V. 33.

le **Gualès** (Charles-Marie).
Né le 22 avril 1768 à Morlaix, en Bretagne.
Admis en 1777. Vol. 28. P. V. 52.

le **Gualès de la Villeneuve** (Casimir-François-Marie).
Né le 24 juillet 1767 à Bourbriac, diocèse de Tréguier.
Admis en 1778. Vol. 30. P. V. 33.

le **Gualès de La Villeneuve** (Joseph-François).
Né le 12 août 1769 à Lamballe, évêché de Saint-Brieuc.
Admis en 1779. Vol. 31. P. V. 37.

le **Gualès de Lanzéon** (Rolland-Hercule-Marie).
Né le 13 décembre 1771 à Morlaix.
Admis en 1780. Vol. 32. P. V. 42.

de **Gualy** (Louis-Pierre-Paulin).
Né le 30 avril 1756 à Millau en Rouergue.
Admis à la Flèche en 1765. Vol. 17. N° 91.
Admis à l'École militaire en 1770. Vol. 14. P. V. 35.

de **Gualy** (Lévy-Jean-Barthélemy).
Né le 11 janvier 1767 à Millau, diocèse de Rodez.
Admis en 1777. Vol. 28. P. V. 10.

Guédeville de Moraiaval (Jacques-René-Adrien).
Né à Heilles, diocèse de Beauvais, le 19 février 1752.
Admis en 1762. Vol. 8. P. V. 24.

de **Guénand** (Louis-Charles).
Né le 22 août 1756 à Saint-Étienne-de-Bauzançois, diocèse de Bourges.
Admis en 1766. Vol. 11. P. V. 44.

de **Guérin de Bruslard** (Marie-Louis-Victoire).
Né le 2 avril 1751 à Saint-Martin-d'Ablois, diocèse de Soissons.
Admis en 1760. Vol. 6. P. V. 49.

de **Guernon** (Thomas-Léon-Frédéric).
Né le 15 mars 1776 à Épiney-sur-Odon, généralité de Caen.
Admis en 1786 à la Flèche. Vol. 37. P. V. 49.

de **Guéroust de Boisclereau** (Guillaume-Jean-René).
Né le 11 mai 1754 au Mans.
Admis en 1764. Vol. 9. P. V. 26.

de **Guerpel de Réneville** (Jean-Louis-Auguste).
Né le 1er avril 1770 à Ardres, diocèse de Boulogne.
Admis en 1780. Vol. 32. P. V. 37.

de **Guerpel de Réneville** (Louis-Gabriel).
Né le 4 août 1771 à Ardres, diocèse de Boulogne.
Admis en 1781. Vol. 33. P. V. 48.

de **Guerpel** (Pierre-Jean-Charles).
Né le 30 avril 1774 à la Frenaye-Fayel, bailliage d'Exmes.
Admis en 1784. Vol. 36. P. V. 47.

de la **Guerrande** (Joseph-Mathurin-Jacques).
Né le 7 décembre 1771 à Pléherel, en Bretagne.
Admis en 1782. Vol. 34. P. V. 53.

Guichard d'Orfeuille (Jean-Baptiste-Gabriel-François-Henry).
Né le 10 juillet 1763 à Parthenay.
Admis en 1773 à la Flèche. Vol. 23. P. V. 32.

de **Guilhem de Caty de la Peyrère de Saint-Pasteur** (Bernard).
Né le 5 mai 1764 à Paris.
Admis en 1776. Vol. 27. P. V. 4.

de **Guillebon** (Louis-François).
Né le 5 septembre 1756 à Ménèviller, diocèse de Beauvais.
Admis en 1767. Vol. 12. P. V. 21.

Guillemot de Vauvert (Auguste-Marie-Anne-Barnabé).
Né le 13 octobre 1763 à Blanquenoual, en Bretagne.
Admis en 1772 à la Flèche. Vol. 22. P. V. 30.

de **Guillermin de Montpinay** (Jean-Baptiste-Alphonse).
Né le 29 juillet 1768 à Parny, généralité de Dijon.
Admis en 1778. Vol. 30. P. V. 36.

de **Guillermin de Montpinay** (Marie-Gilbert).
Né le 1er juillet 1769 à Parny, généralité de Dijon.
Admis en 1779. Vol. 31. P. V. 16.

de **Guillon de la Chaux** (Pierre).
Né le 15 novembre 1753 à Montbrison en Forez.
Admis en 1764. Vol. 9. P. V. 40.

Guilloteu de Kérever (René-Marie).
Né le 13 juin 1775 à Ploujan, diocèse de Tréguier.
Admis en 1784. Vol. 36. P. V. 50.

Guiot du Doignon (Paul-Elisabeth).
Né le 5 mai 1779 à Saint-Quentin, diocèse de Limoges.
Admis en 1788. Vol. 40. P. V. 32.

de **Guirard de Montarnal** (Étienne-Gédéon-Marc-Antoine).
Né le 6 février 1763 à Saint-Étienne-les-Maurs, diocèse de Saint-Flour.
Admis en 1772 à la Flèche.   Vol. 22. P. V. 36.

de **Guirard de Montarnal** (Pierre-Armand-Léopold).
Né le 17 octobre 1765 à Saint-Étienne-les-Maurs, diocèse de Saint-Flour.
Admis en 1777.   Vol. 28. P. V. 36.

de **Guiselin de Tateville** (René-Augustin).
Né le 5 avril 1761 à Longvilliers, diocèse de Boulogne.
Admis en 1771 à la Flèche.   Vol. 21. P. V. 8.

de **Guitard** (Pierre).
Né le 17 décembre 1778 à Treignac, diocèse de Limoges.
Admis en 1788.   Vol. 40. P. V. 85.

de **Gumpertz** (Jean-Louis).
Né le 2 novembre 1770 à Vernoux, diocèse de Viviers.
Admis en 1781.   Vol. 33. P. V. 36.

de **Gumpertz** (Gabriel-Augustin-Charles-Philippe-Louis).
Né le 30 septembre 1770 à Saint-Hippolyte, diocèse d'Alais.
Admis en 1782.   Vol. 34. P. V. 45.

Guy de Ferrière (Pierre).
Né le 23 novembre 1763 à Saint-Médard, généralité de la Rochelle.
Admis en 1773 à la Flèche.   Vol. 23. P. V. 1.

de **Guyot de Maiseigne** (Louis-Charles-Ferdinand).
Né le 29 mai 1764 à Maiche, diocèse de Besançon.
Admis en 1774 à la Flèche.   Vol. 25. P. V. 38.

H

Haisdurant (Jean-François).
Né le 2 janvier 1777 à Saint-Jacut, diocèse de Saint-Brieuc.
Admis en 1785 à la Flèche.   Vol. 37. P. V. 26.

Haisdurant (Charles-Emmanuel).
Né le 12 mai 1778 à Gourai, évêché de Saint-Brieuc.
Admis en 1786 à la Flèche.   Vol. 38. P. V. 52.

de **Haite de Longuerue** (Gabriel-François).
Né le 17 février 1778 au Vigan, diocèse d'Alais.
Admis en 1787.   Vol. 39. P. V. 5.

du **Hamel de Canchy** (Louis-François-Amable).
Né le 26 novembre 1766 à Bergues-Saint-Winocq, diocèse d'Ipres.
Admis en 1775 à la Flèche.   Vol. 26. P. V. 47.

du **Han** (Hercule-Louis-Guy).
Né le 21 février 1779 à Manihy-de-Saint-Paul-de-Léon, en Bretagne.
Admis en 1787.
Vol. 39. P. V. 27.

Hanès de Saint-Eusèbe (Jean-Baptiste-Dominique-Sigismond).
Né en 1779 à Escalle, diocèse de Boulogne.
Admis en 1787.
Vol. 39. P. V. 33.

le **Hantier de la Bizière** (Pierre-Gabriel).
Né le 21 août 1771 à Breteuil, généralité d'Alençon.
Admis en 1780.
Vol. 32. P. V. 27.

le **Hantier de Glatigny** (Charles-René).
Né le 14 avril 1773 à Breteuil, diocèse d'Evreux.
Admis en 1782.
Vol. 34. P.V. 34.

d'**Haranguier** (Frédéric-Edme).
Né le 9 septembre 1765 à Saint-Phal, diocèse de Troyes.
Admis en 1777.
Vol. 27. P. V. 79.

d'**Hardivilliers** (Eléonor-Jean).
Né le 13 juillet 1763 à Saint-Omer, diocèse de Beauvais.
Admis en 1772 à la Flèche.
Vol. 22. P. V. 16.

du **Harès de Bonneval** (Charles-André-Alexandre).
Né le 21 août 1775 à Courson, diocèse de Lisieux.
Admis en 1785 à la Flèche.
Vol. 37. P. V. 2.

Harscoüet (Mathieu-Marie).
Né le 8 septembre 1748 à Plouha, en Bretagne.
Admis en 1760.
Vol. 6. P. V. 44.

d'**Hastrel de la Chabossière** (Luc-Étienne-Amédée).
Né le 22 octobre 1779 aux Sables d'Olonne, diocèse de Luçon.
Admis en 1788.
Vol. 40. P. V. 39.

d'**Hastrel de Rivedoux** (Étienne).
Né le 4 février 1766 en Canada.
Admis en 1774 à la Flèche.
Vol. 25. P. V. 8.

de **Hault de Malaviller** (Joseph-Louis).
Né le 17 mars 1751 à Grenoble.
Admis en 1761.
Vol. 7. P. V. 37.

de **Haussay** (Amand-Charles).
Né le 19 août 1756 à Paris.
Admis à la Flèche en 1765.
Vol. 17. F° 63.
Admis à l'École militaire en 1770.
Vol. 15. P. V. 3.

du **Hautoy** (Louis-Hyacinthe-François). ⎫
du **Hautoy** (Pierre-François). ⎬ Frères.

Nés à Nancy ⎰ Louis-Hyacinthe-François, le 26 avril 1766.
⎱ Pierre-François, le 16 juin 1767.
Admis en 1777.
Vol. 27. P. V. 38.

du **Hauvel** (Jean-Maurice).
Né le 2 février 1778 à Saint-Michel-du-Brévédent, diocèse de Lisieux.
Admis en 1788.
Vol. 40. P. V. 84.

de **Haynin** (Henry-Christophe-Julien).
Né le 29 septembre 1750 à Aubenton, bailliage de Vermandois.
Admis en 1761.
Vol. 7. P. V. 6.

d'Hébert de Boulon (Jean-François).
Né le 11 octobre 1743 à Fontenay-le-Marmion en Normandie.
Admis en 1754.   Vol. 1. P. V. 48.

Hédelin (Édèze-Jacques-Julien).
Né le 10 avril 1773 à Nemours, diocèse de Sens.
Admis en 1783.   Vol. 35. P. V. 23.

Hédelin (Athanase-Louis).
Né le 15 juillet 1778 à Nemours, diocèse de Sens.
Admis en 1788.   Vol. 40. P. V. 73.

de Hédouville (Antoine-Camille).
Né le 25 février 1773 à Larzicourt, diocèse de Châlons.
Admis en 1784.   Vol. 36. P. V. 54.

de Hédouville (François-Joseph-Marguerite-Claude).
Né le 9 septembre 1756 à Laon.
Admis à la Flèche en 1765.   Vol. 17. F° 58.
Admis à l'École militaire en 1770.   Vol. 14. P. V. 43.

de Hédouville (Louis-Ferdinand).
Né le 4 septembre 1762 à Merval, diocèse de Soissons.
Admis en 1772 à la Flèche.   Vol. 22. P. V. 18.

de Hédouville (Gabriel-Marie-Théodore-Joseph).
Né le 27 juillet 1755 à Laon.
Admis à la Flèche en 1764.   Vol. 17. F° 12.
Admis à l'École militaire en 1769.   Vol. 13. P. V. 48.

de Hédouville (Théodore-Charles-Joseph).
Né le 3 septembre 1767 à Laon.
Admis en 1777.   Vol. 27. P. V. 59.

d'Helland (Louis-Charles).
Né le 9 décembre 1766 à Aze, diocèse d'Angers.
Admis en 1778.   Vol. 29. P. V. 25.

d'Hélie de Saint-André (Antoine-César).
Né le 30 juin 1764 à Villeromieu, généralité de Limoux.
Admis en 1774 à la Flèche.   Vol. 24. P. V. 29.

Hellouin de Menibus (Alexandre-Achille-Adrien).
Né le 17 juillet 1751 à Dieppe, diocèse de Rouen.
Admis en 1760.   Vol. 6. P. V. 34.

Hély (Pierre-Joseph-Robert).
Né le 8 août 1776 à Abscons, diocèse d'Arras.
Admis en 1787.   Vol. 39. P. V. 2.

d'Hémery de Labrègement (Pierre-François).
Né le 8 décembre 1752 à Bioussac, en Angoumois.
Admis en 1764.   Vol. 9. P. V. 33.

de Hennezel de Gemenaincourt (Charles-François).
Né le 4 octobre 1771 à Gemenaincourt, en Lorraine.
Admis en 1780.   Vol. 32. P. V. 52.

de Hennezel de Gemenaincourt (Nicolas-Léopold).
Né le 2 octobre 1779 à Domp-Julien, en Lorraine.
Admis en 1790.   Vol. 40. P. V. 102.

Henry de Kergoët de Quengo (Louis-Joseph-François).
Né le 28 février 1778 à Quintin, évêché de Saint-Brieuc.
Admis en 1787.   Vol. 39. P. V. 49.

Henry de Kermartin (Jacques-Charles-Maurille).
Né le 28 juin 1764 à Ligné, diocèse de Nantes.
Admis en 1773 à la Flèche.   Vol. 24. P. V. 21.

Henry de Kermartin (Jean-Baptiste-Alexandre).
Né le 7 août 1766 à Nantes.
Admis en 1774 à la Flèche.   Vol. 25. P. V. 21.

d'Héral (Emmanuel-Alexandre-Joseph).
Né le 4 novembre 1755 à Saint-Brieuc.
Admis en 1766.   Vol. 11. P. V. 18.

d'Héral (Félicité-Frédéric-Joseph).
Né le 1er décembre 1757 à Saint-Brieuc.
Admis en 1768.   Vol. 13. P. V. 27.

Herbereau de la Chaise (Louis-Deodat).
Né le 16 novembre 1768 à l'Isle-de-France.
Admis en 1778.   Vol. 29. P. V. 40.

l'Hermite de Saint-Denis (Jean-Jacques-Étienne-Paulin).
Né le 7 juin 1754 à Mortagne, généralité d'Alençon.
Admis en 1764.   Vol. 9. P. V. 14.

l'Hermite de Saint-Denis (Marie-Anne-Baptiste-Martin).
Né le 11 novembre 1758 à Mortagne, généralité d'Alençon.
Admis à la Flèche en 1767.   Vol. 17. Fo 225.
Admis à l'École militaire en 1772.   Vol. 16. P. V. 57.

Hocart (Louis-Mémie).
Né le 19 septembre 1766 à Dijon.
Admis en 1777.   Vol. 28. P. V. 7.

du Homme (Charles-François-Gustave).
Né le 23 mars 1779 à Domjeon, généralité de Caen.
Admis en 1788.   Vol. 40. P. V. 58.

Hopkins (Joseph).
Né le 19 janvier 1760 à Saint-Paul, comté de Kent, Amérique septentrionale.
Admis en 1770.   Vol. 20. Fo 117.

de l'Hospital (François-Fiacre).
Né le 17 octobre 1774 à Maringues, en Auvergne.
Admis en 1785 à la Flèche.   Vol. 37. P. V. 48.

d'Houcourt (Pierre-Alexandre).
Né le 11 août 1748 à Courcelles-Rancon, diocèse de Beauvais.
Admis en 1757.   Vol. 4. P. V. 45.

d'Houcourt de Landigeois (Charles-Alexandre).
Né le 27 mai 1765 à Escames, diocèse de Beauvais.
Admis en 1774 à la Flèche.   Vol. 24. P. V. 32.

de **Houdan des Landes** (François-Sylvain-Denis).
Né le 6 juin 1754 à Vernou, diocèse de Tours.
Admis à la Flèche en 1765.   Vol. 17. F° 49.
Admis à l'École militaire en 1769.   Vol. 13. P. V. 33.

de **Houdan des Landes** (Jean-Baptiste-Louis).
Né en 1761 à Saint-Calais, diocèse du Mans.
Admis en 1770.   Vol. 20. F° 269.

de **Houdetet de Colomby** (Félicissime-François).
Né le 2 janvier 1758 à Fressin, diocèse de Boulogne.
Admis en 1766.   Vol. 11. P. V. 41.

du **Hoult de Malaviller** (Joseph-Louis).
Né le 17 mars 1751 à Grenoble.
Admis en 1761.   Vol. 7. P. V. 37.

de la **Houssaye de Montéan** (Bon-Antoine-Aimé).
Né le 26 juin 1765 à Evreux.
Admis en 1774 à la Flèche.   Vol. 24. P. V. 24.

de la **Houssaye de Maizicourt** (Florentin).
Né le 31 décembre 1775 à Maizicourt, diocèse d'Amiens.
Admis en 1784.   Vol. 36. P. V. 41.

du **Houx** (Charles).
Né le 3 novembre 1780 à Épinal, en Lorraine.
Admis en 1788.   Vol. 40. P. V. 28.

du **Houx d'Hauterive** (Jean).
Né le 29 août 1748 à Neufour, en Clermontois.
Admis en 1760.   Vol. 5. P. V. 44.

du **Houx d'Hauterive** (Jean-Lambert-Louis).
Né le 5 aout 1751, à Saint-Philbert-de-Noirmoutier, diocèse de Luçon.
Admis en 1762.   Vol. 7. P. V. 50.

du **Houx de Montigny** (Charles-François).
Né le 27 décembre 1767 à Islettes, diocèse de Verdun.
Admis en 1778.   Vol. 30. P. V. 29.

du **Houx de Montigny** (Chrysostome-Louis-Jean-Hyppolyte).
Né le 8 avril 1778 à la Bessière-Candeil, diocèse d'Alby.
Admis en 1786 à la Flèche.   Vol. 38. P. V. 53.

Hue (Louis-René).
Né le 4 décembre 1768 à Cussy, diocèse de Bayeux.
Admis en 1778.   Vol. 30. P. V. 32.

Huet de Sourdon (Alexandre-Claude-Philippe).
Né le 28 mars 1766 à Liversay, généralité de la Rochelle.
Admis en 1777.   Vol. 27. P. V. 80.

de **Humbert** (François-Louis-Étienne).
Né le 3 août 1768 à Neunkirch, bailliage de Sarguemines.
Admis en 1779.   Vol. 31. P. V. 1.

Hunault de la Chevallerie (Louis-René).
Né le 24 août 1766 à Saint-Prest, diocèse de Chartres.
Admis en 1777.   Vol. 28. P. V. 18.

Huon de Kermadec (Casimir-Marie).
Né le 17 octobre 1781 à Rohars, diocèse de Léon.
Admis en 1789.   Vol. 40. P. V. 99.

I

d'Indy (Joseph-Isaïe-Saint-Ange).
Né le 12 août 1769 à Vernoux, en Vivarais.
Admis en 1779.   Vol. 31. P. V. 4.

d'Ippre (Charles-Joseph).
Né le 18 mars en 1740 à Eu, diocèse de Rouen.
Admis en 1753.   Vol. 1. P. V. 17.

Irland de Lavau de Beaumont (François).
Né le 15 septembre 1765 à Poitiers.
Admis en 1777.   Vol. 28. P. V. 38.

d'Isarn (Étienne-Barthélemy).
Né le 25 janvier 1756 à Millau.
Admis en 1767.   Vol. 12. P. V. 5.

Isle de Ballode (Henry-Mathieu). ⎫ Frères.
Isle de Ballode (Jean-Jacques). ⎭
Henry-Mathieu, né le 19 octobre 1744 à Saint-Pierre-de-Champa-
gnolles, diocèse de Saintes.
Jean-Jacques, né le 13 septembre 1746 à Ponse, diocèse de Saintes.
Admis tous deux en 1756.   Vol. 3. P. V. 26.

des Isnards (Gaspard).
Né le 5 novembre 1759 à Carpentras.
Admis en 1769.   Vol. 19. F° 251.

des Isnards (Cyriaque-Laurent-Toussaint-Joseph).
Né le 8 août 1766 à Carpentras.
Admis en 1775 à la Flèche.   Vol. 26. P. V. 10.

Istria Galloni (Paul-François).
Né le 29 janvier 1766 à Olmeto, en Corse.
Admis en 1777.   Vol. 28. P. V. 43.

d'Ivoley (Henry-Charles).
Né le 12 mars 1764 à Bourg en Bresse.
Admis en 1772 à la Flèche.   Vol. 22. P. V. 56.

d'Ivoley (Jean-Claude).
Né le 9 juin 1767 à Saint-Martin-du-Mont, diocèse de Lyon.
Admis en 1777.   Vol. 28. P. V. 55.

d'**Ivoley** (Henry-Louis-Philibert).
Né le 7 août 1772 à Bourg en Bresse.
Admis en 1783.   Vol. 35. P. V. 1 .

d'**Ivory** (Jean-Louis).
Né le 7 août 1744 à Bouillon dans le Maine.
Admis en 1754.   Vol. 2. P. V. 9.

J

Jacquelot de Montcets (Balthazar-Charles-Louis).
Né le 19 février 1770 à Paris.
Admis en 1779.   Vol. 31. P. V. 13.

de **Jacques de Gaches de Venzac de Neuville** (Pierre).
Né le 29 janvier 1769 au Mur-de-Barrès, diocèse de Rodez.
Admis en 1780.   Vol. 32. P. V. 65.

de **James de Longeville** (Pierre).
Né le 1er avril 1743 à Saint-Vincent, diocèse d'Angoulême.
Admis en 1754.   Vol. 2. P. V. 5.

de **James de Longeville** (Charles-Philippe).
Né le 26 septembre 1746 à Saint-Vincent, diocèse d'Angoulême.
Admis en 1756.   Vol. 4. P. V. 23.

de **James** (Martial).
Né le 26 novembre 1749 à Saint-Vincent, diocèse d'Angoulême.
Admis en 1761.   Vol. 7. P. V. 7.

Janvre de Lestortière (Gabriel-Charles).
Né le 8 septembre 1760 à Soudan, sénéchaussée de Saint-Maixent.
Admis en 1768.   Vol. 18. F° 141.

de **Jaquet d'Andelarre de Rosey** (François-Éléonor-Prosper).
Né le 28 octobre 1759 à Rosey, en Franche-Comté.
Admis en 1767.   Vol. 17. F° 271.

de **Jaquot d'Andelarre de Rosey**.
Né le 18 janvier 1765 à Rosey, diocèse de Besançon.
Admis en 1773 à la Flèche.   Vol. 23. P. V. 50.

de **Jarrige de la Morelle des Biards** (Jean-Baptiste). ⎫ Frères jumeaux.
de **Jarrige de la Morelle des Biards** (Jean-Louis). ⎭
Nés le 16 août 1762 à Saint-Yrieix, diocèse de Limoges.
Admis en 1770 à la Flèche.   Vol. 20. F° 281.

de **Jarry** (Alexandre-François).
Né le 4 décembre 1755 à Dreux.
Admis en 1765.   Vol. 17. F° 71.

de **Jassaud de Thorame** (Marie-Michel-Ange-Hippolyte).
Né le 16 mai 1776 à Thorame Basse en Provence.
Admis en 1788. Vol. 40. P. V. 5.

Jaubert (Louis-Dauphin).
Né le 12 février 1758 à Thyl, diocèse de Verdun.
Admis en 1768. Vol. 13. P. V. 28.

Jaubert (François-Gertrude-Étienne-Jacques).
Né le 10 mars 1772 à Perpignan.
Admis en 1781. Vol. 33. P. V. 8.

de **Jaunay** (Pierre-Louis).
Né le 1er mars 1778 à Paris.
Admis en 1788. Vol. 40. P. V. 68.

de **Jean** (Charles-Marie).
Né le 1er octobre 1768 à Saint-Nicolas-du-Port, diocèse de Nancy.
Admis en 1779. Vol. 31. P. V. 9.

de **Jean de Saint-Marcel** (Jean-Baptiste-Joseph-Marie).
Né le 24 avril 1765 à Luxeuil, diocèse d'Alençon.
Admis en 1774 à la Flèche. Vol. 24. P. V. 30.

de **Joannis** (Joseph-François-Louis-André).
Né le 2 janvier 1767 à Bédarrides, Comtat-Venaissin.
Admis en 1777. Vol. 28. P. V. 28.

de **Joannis de la Brillane** (Henry-Jean-Louis).
Né le 31 mai 1775 à Aix, en Provence.
Admis en 1785 à la Flèche. Vol. 37. P. V. 14.

de **Joannis** (Léon-Michel).
Né le 25 janvier 1778 à Bédarrides, Comtat-Venaissin.
Admis en 1786 à la Flèche. Vol. 38. P. V. 17.

de **Jolis de Villiers** (François-Alexandre-Léonor).
Né le 13 juillet 1760 à Villiers-Fossard, diocèse de Bayeux.
Admis en 1769. Vol. 19. Fo 289.

de **Jouënne d'Esgrigny** (Louis-François-Auguste-René).
Né le 17 février 1759 à Dreslincourt, diocèse de Noyon.
Admis en 1768. Vol. 18. Fo 87.

de **Jouënne d'Esgrigny** (Louis).
Né le 17 août 1755 à Compiègne.
Admis en 1765. Vol. 10. P. V. 35.

de **Jouënne d'Esgrigny** (Louis-Auguste-Marie).
Né le 11 mars 1756 à Dreslincourt, diocèse de Noyon.
Admis en 1766. Vol. 11. P. V. 9.

Jourdain de Villiers (Marie-Michel-Joseph).
Né le 15 mai 1762 à Guerboville, diocèse de Rouen.
Admis en 1771 à la Flèche. Vol. 21. P. V. 14.

Jouslard d'Iversay (Philippe-Charles-René).
Né le 14 février 1775 à Metz.
Admis en 1784. Vol. 36. P. V. 26.

de **Jousserant de la Chaux** (Charles).
Né le 30 janvier 1756 à Linazay, diocèse de Poitiers.
Admis à la Flèche en 1765. Vol. 17. F° 58.
Admis à l'École militaire en 1770. Vol. 14. P. V. 37.

de **Jousserant de la Chaux** (Anne-Frédéric-André).
Né le 22 mai 1757 à Linazay, diocèse de Poitiers.
Admis à la Flèche en 1766. Vol. 17. F° 117.
Admis à l'École militaire en 1771. Vol. 15. P. V. 50.

du **Juglart** (Antoine-François).
Né le 13 novembre 1760 à Beaumont-la-Chartre (Bas-Vendômois).
Admis en 1771 à la Flèche. Vol. 21. P. V. 49.

de **Julien de Vinézac** (Joseph-Louis).
Né le 10 septembre 1753 à Largentière, diocèse de Viviers en Vivarais.
Admis en 1764. Vol. 9. P. V. 43.

de **Julien de Vinézac** (Gabriel-Étienne).
Né le 25 mars 1756 à Largentière, diocèse de Viviers.
Admis en 1767. Vol. 12. P. V. 31.

de **Julliot de Longchamp** (Jean-François).
Né le 23 avril 1769 à Neubour, diocèse de Verdun.
Admis en 1778. Vol. 30. P. V. 1.

K

de **Kagueneck** (François-Ignace-Ludan).
Né le 4 mars 1742 à Haguenau.
Admis en 1754. Vol. 2. P. V. 13.

de **Kerenor** (Louis-Cyprien-Marie).
Né le 23 mai 1770 à Châteauneuf-du-Faou, diocèse de Quimper.
Admis en 1781. Vol. 33. P. V. 72.

de **Kermarec de Traurout** (Pierre-François-Charles).
Né le 6 juillet 1769 à Saint-Brieuc.
Admis en 1780. Vol. 32. P. V. 41.

de **Kermel** (Louis-Gabriel-Pierre).
Né le 19 juillet 1756 à Pleubian, évêché de Tréguier, en Basse-Bretagne.
Admis en 1765. Vol. 17. F° 99.

de **Kerpezdran** (Armand-Bertrand-Marie).
Né le 27 janvier 1772 à Josselin, évêché de Saint-Malo.
Admis en 1782. Vol. 34. P. V. 33.

de **Kerret de Kéravel** (Jean-René-François-Marie).
Né le 22 novembre 1763 à Morlaix, évêché de Tréguier.
Admis en 1772 à la Flèche. Vol. 22. P. V. 35.

de **Kerret de Kéravel** (Georges-Yves-Marie-Anselme).
Né le 17 novembre 1767 à Morlaix, évêché de Tréguier.
Admis en 1777.   Vol. 27. P. V. 46.

de **Kersauson de Penandref** (Jean-Marie).
Né le 8 novembre 1767 à Brest.
Admis en 1777.   Vol. 28. P. V. 4.

de **Kerven de Kersulec** (François-Marie).
Né le 28 décembre 1755 à Plouguerneau, en Bretagne.
Admis en 1766.   Vol. 11. P. V. 52.

de **Kerven de Kersulec** (Charles-Louis-Marie).
Né le 31 janvier 1757 à Plouguerneau, en Bretagne.
Admis en 1768.   Vol. 13. P. V. 5.

de **Klasten** (Casimir-Charles-Joseph).
Né le 9 décembre 1760 à Saint-Malo-de-Valognes.
Admis en 1768.   Vol. 18. Fo 31.

L

de **Laage de la Bretollière** (René-Alexandre).
Né le 11 octobre 1758 à Monetrie, en Poitou.
Admis à la Flèche en 1769.   Vol. 19. Fo 139.
Admis à l'École militaire en 1772.   Vol. 16. P. V. 54.

de **Laage de la Bretollière** (Claude).
Né le 13 mai 1759 à la Boissière, diocèse de Poitiers.
Admis en 1768.   Vol. 18. Fo 115.

de **Labadie de Gausies** (Jean-Charles).
Né le 5 mai 1778 à Vielle, diocèse d'Aire.
Admis en 1784.   Vol. 36. P. V. 45.

du **Lac de Cazefort** (Alexandre-Gilbert-Georges).
Né le 22 avril 1758 à Mantes, diocèse de Chartres.
Admis à la Flèche en 1767.   Vol. 17. Fo 193.
Admis à l'École militaire en 1772.   Vol. 16. P. V. 49.

du **Lac de Cazefort** (Antoine-Jean-Louis-François).
Né le 29 mars 1757 à Mantes, diocèse de Chartres.
Admis à la Flèche en 1766.   Vol. 17. Fo 118.
Admis à l'École militaire en 1771.   Vol. 15. P. V. 38.

du **Lac** (François-Antoine-Sébastien).
Né le 18 janvier 1775 au Puy, en Velay.
Admis en 1785 à la Flèche.   Vol. 37. P. V. 39.

de **Lageard de Cherval** (Antoine-Martin).
Né le 14 novembre 1750 à Pont-à-Mousson.
Admis en 1761.   Vol. 7. P. V. 31.

de **Lageard de Cherval** (Louis-Marie).
Né le 10 janvier 1756 à Pont-à-Mousson.
Admis à la Flèche en 1766.   Vol. 17. F° 109.
Admis à l'École militaire en 1770.   Vol. 14. P. V. 48.

de **Laigle de Champgerbault** (Charles-François).
Né le 27 septembre 1776 à Roches-sur-Marne, diocèse de Châlons.
Admis en 1786 à la Flèche.   Vol. 38. P. V. 29.

Lallemant de Boismilon (Auguste-Louis).
Né le 10 août 1762 à Paris.
Admis en 1772 à la Flèche.   Vol. 22. P. V. 21.

Lallemant de Villehaut (Jean-Baptiste-Élisabeth).
Né le 18 octobre 1765 à Aprey, diocèse de Langres.
Admis en 1777.   Vol. 28. P. V. 39.

Lallemant de Villiers (Bernard-Prosper).
Né le 17 février 1768 à Dijon.
Admis en 1780.   Vol. 32. P. V. 8.

de **Lamy de Boiscontaud** (Joseph).
Né le 1er septembre 1755 à Saint-Pourçain, en Bourbonnais.
Admis en 1765.   Vol. 10. P. V. 26.

de **Lamy de Boiscontaud** (Isaïe).
Né le 16 mars 1754 à Saint-Pourçain, en Bourbonnais.
Admis à la Flèche en 1769.   Vol. 17. F° 33.
Admis à l'École militaire en 1769.   Vol. 14. P. V. 2.

de **Lance** (Jean-François-Louis).
Né le 2 janvier 1754 à Chevresis, diocèse de Laon.
Admis en 1764.   Vol. 9. P. V. 31.

de **Landannet** (Louis-Philippe-Marie).
Né le 11 août 1777 à Morlaix.
Admis en 1786 à la Flèche.   Vol. 38. P. V. 49.

de **La Lande de Vernon** (Pierre-Nicolas-Antoine).
Né le 16 septembre 1769 à Nancy.
Admis en 1781.   Vol. 33. P. V. 18.

de **La Landelle** (Auguste-René-Louis-Marie-Eustaze).
Né le 28 mars 1772 à Brest.
Admis en 1781.   Vol. 33. P. V. 63.

de **Langle de la Ronce** (Esprit-Gédéon-Anne).
Né le 23 novembre 1760 à Fontaine-sous-Jouy, diocèse d'Évreux.
Admis en 1768.   Vol. 18. F° 109.

de **Langle** de la **Ronce** (Pierre-Godefroy-Maurice).
Né le 22 juin 1765 à Fontaine, diocèse d'Évreux.
Admis en 1775 à la Flèche.   Vol. 26. P. V. 20.

Langlois de Ramentières (Jean-Baptiste).
Né le 17 février 1757 à Chareil, généralité de Moulins.
Admis à la Flèche en 1767.   Vol. 17. F° 155.
Admis à l'École militaire en 1771.   Vol. 15. P. V. 37.

de **Languedone de la Vinette** (Amable-Bonaventure).
Né le 4 juillet 1760 à Authon-au-Perche, diocèse de Chartres.
Admis en 1769.   Vol. 19. F° 215.

de **Lanneau de Marey** (Charles).
Né le 21 mars 1756 à Montréal, diocèse d'Autun.
Admis en 1767.   Vol. 12. P. V. 22.

de **Lanneau de Marey** (Pierre-Antoine-Victor).
Né le 24 décembre 1758 à Torey, diocèse de Langres.
Admis à la Flèche en 1767.   Vol. 17. F° 241.
Admis à l'École militaire en 1772.   Vol. 16. P. V. 24.

de **Lanneau de Marey** (Louis-Jean-Philippe).
Né le 23 juin 1765 à Bard, diocèse de Langres.
Admis en 1775 à la Flèche.   Vol. 26. P. V. 21.

de **Lansade de Plaigne** (Yrieix-Pierre).
Né le 14 juillet 1753 à Excideuil, en Périgord.
Admis en 1764.   Vol. 9. P. V. 45.

de **Lansade de Plaigne** (Antoine).
Né le 24 janvier 1778 à Excideuil, en Périgord.
Admis en 1787.   Vol. 39. P. V. 34.

de **Lapella** (Claude-Amable).
Né le 11 décembre 1765 à Notre-Dame-de-Salles, diocèse de Cler-
mont.
Admis en 1774 à la Flèche.   Vol. 25. P. V. 39.

Larcher de la Touraille (Louis-Joseph-Antoine).
Né le 25 octobre 1760 à Thionville, diocèse de Metz.
Admis en 1769.   Vol. 18. F° 277.

de **Lardière** (Léon-Marie-César-Michel).
Né le 14 décembre 1759 à Courtalain, diocèse de Chartres.
Admis en 1769.   Vol. 19. F° 23.

de **Lardière** (Pierre-Jacques-Michel).
Né le 29 mars 1762 à Courtalain, diocèse de Chartres.
Admis en 1771 à la Flèche.   Vol. 21. P. V. 16.

de **Lartigue d'Arné** (Dominique).
Né le 29 juillet 1740 à Saint-Laurent-des-Religieuses, diocèse de
Comminges.
Admis en 1760.   Vol. 6. P. V. 27.

de **Lartigue de Goueytes** (Jean-François-Bernard).
Né le 24 février 1767 à Montesquieu, diocèse de Rieux, en Lan-
guedoc.
Admis en 1777.   Vol. 28. P. V. 49.

de **Las de Brimont** (Joseph-Charles).
Né le 27 mai 1777 à Agen.
Admis en 1785 à la Flèche.   Vol. 37. P. V. 35.

de **Lascazes de la Caussade** (Marie-Joseph-Emmanuel-Auguste-Dieu-
donné).
Né le 21 juin 1766 à Coussinal, diocèse de Lavaur.
Admis en 1777.   Vol. 27. P. V. 33.

de **Lascazes de la Caussade** (Alexandre-François-Jacques-Marc).
Né le 20 avril 1769 à Saint-André-de-Coussinal, diocèse de Lavaur.
Admis en 1780.   Vol. 32. P. V. 69.

de **Lassus** (Joseph-François-Louis).
Né le 5 décembre 1772 à Perpignan.
Admis en 1783.   Vol. 35. P. V. 3.

de **Lastic de Saint-Jal** (Jean-François-Charles).
Né le 12 janvier 1764 à Paris.
Admis en 1773 à la Flèche.   Vol. 23. P. V. 5.

de **Lastic de Saint-Jal** (Louis-René).
Né le 22 janvier 1769 à Saint-Maixent.
Admis en 1778.   - Vol. 29. P. V. 36.

de **Latenay de Lissac** (Anne-Charles-Blaise).
Né le 16 juin 1754 à Bize, diocèse de Narbonne.
Admis en 1764.   Vol. 9. P. V. 20.

du **Lau de Lâgebâton** (Philippe).
Né le 14 mars 1774 à Bunzac, diocèse d'Angoulème.
Admis en 1784.   Vol. 36. P. V. 9.

de **Laumoy** (Jean-Baptiste-Joseph).
Né le 13 avril 1750 à Chilleurs, élection de Pithiviers.
Admis en 1760.   Vol. 6. P. V. 22.

de **Laur** (Paul-Joseph-Marie).
Né le 11 octobre 1754 à Falaise, diocèse de Sées.
Admis à la Flèche en 1764.   Vol. 17. F° 12.
Admis à l'École militaire en 1769.   Vol. 14. P. V. 20.

de **Laurencin de Chanzé** (Urbain-Jérôme).
Né le 30 septembre 1744 à Chabeuil, en Dauphiné.
Admis en 1754.   Vol. 2. P. V. 7.

de **Laurencin de Chanzé** (Hugues).
Né le 28 mars 1772 à Chosselay-au-Mont-d'Or, en Languedoc.
Admis en 1782.   Vol. 34. P. V. 5.

de **Laurencin** (Charles-Marie).
Né le 12 septembre 1772 au château de Vincennes.
Admis en 1783.   Vol. 35. P. V. 25.

de **Lauretan** (Jean-Baptiste-Cyprien). } Frères.
de **Lauretan** (Pierre-François-Louis). }
Nés à Saint-Martin d'Audruicq, diocèse de Saint-Omer. Jean-Baptiste-Cyprien, le 24 mars 1742. Pierre-François-Louis, le 27 octobre 1745.
Admis en 1753.   Vol. 1. P. V. 25.

de **Lauretan** (Louis-Charles-Joseph-Hubert).
Né le 4 novembre 1766 à Saint-Martin d'Audruicq, diocèse de Saint-Omer.
Admis en 1777.   Vol. 27. P. V. 70.

du **Laux d'Allemans** (Jean-Adelaïde-Edme).
Né le 11 juillet 1750 à Paris.
Admis en 1761.   Vol. 7. P. V. 12.

de **Laval** (Pierre).
Né le 6 octobre 1760 à Saint-Louand, diocèse de Tours.
Admis en 1770.   Vol. 20. F° 153.

de **Lée** (Thomas-Arthur-Edmond).
Né le 17 septembre 1758 à Port-Louis, évêché de Vannes.
Admis à la Flèche en 1768.   Vol. 18. F° 163.
Admis à l'École militaire en 1772.   Vol. 16. P. V. 33.

de **Lée** (André-Denis).
Né le 14 mai 1760 à Port-Louis, évêché de Vannes.
Admis en 1769.   Vol. 19. F° 51.

de **Leffe de Noüe** (André).
Né le 1er août 1776 à Chaillac, diocèse de Bourges.
Admis en 1786 à la Flèche.   Vol. 38. P. V. 27.

de **Legge** (Augustin-François).
Né le 19 février 1753 à Argentré, évêché de Rennes.
Admis en 1764.   Vol. 9. P. V. 28.

Légier (Jacques-Charles).
Né le 8 juillet 1767 à Jussey, en Franche-Comté.
Admis en 1777.   Vol. 28. P. V. 89.

Légier (Jacques-Antoine).
Né le 7 décembre 1768 à Jussey, en Franche-Comté.
Admis en 1780.   Vol. 32. P. V. 16.

Le Moine de Boisgautier (François-Alexandre).
Né le 2 août 1744 à Elbeuf, diocèse de Rouen.
Admis en 1755.   Vol. 2. P. V. 16.

de **Lenfernat** (Joseph-Anne-Georges).
Né le 29 janvier 1771 à Auxerre.
Admis en 1780.   Vol. 32. P. V. 20.

de **Lenfernat de la Resle** (Alexandre-Gabriel).
Né le 2 juin 1772 à Montigny-le-Roi, diocèse d'Auxerre.
Admis en 1781.   Vol. 33. P. V. 24.

de **Lenfernat d'Avrolles** (Alexandre).
Né le 2 avril 1772 à Bazarne, diocèse d'Auxerre.
Admis en 1783.   Vol. 35. P. V. 28.

Léonard de Saint-Cyr (Laurent-Simon).
Né le 5 avril 1769 à Lion-sous-Dun, diocèse de Reims.
Admis en 1778.   Vol. 29. P. V. 22.

Léonard de Saint-Cyr (Joseph-Louis).
Né le 27 avril 1771 à Lion, diocèse de Reims.
Admis en 1780.   Vol. 32. P. V. 22.

Léonard de Saint-Cyr (Jacques-Martial).
Né le 31 mai 1767 à Stenay, en Clermontois, diocèse de Trèves.
Admis en 1777.   Vol. 27. P. V. 45.

de **Lescours** (Gabriel-Marie).
Né le 17 mai 1775 à Saint-Jean-d'Angely, diocèse de Saintes.
Admis en 1785 à la Flèche.   Vol. 37. P. V. 45.

Lesguizé d'Aigremont (Louis-Marc-François).
Né le 20 novembre 1751 à Blesme, diocèse de Soissons.
Admis en 1762.   Vol. 8. P. V. 3.

de **Lesquen** (Alexandre-Célestin-François).
Né le 28 février 1767 à Pontchâteau, diocèse de Nantes.
Admis en 1775 à la Flèche.   Vol. 26. P. V. 42.

de **Lesquen** (Joseph-Hyacinthe).
Né le 27 juin 1772 à Pontchâteau, diocèse de Nantes.
Admis en 1783.   Vol. 35. P. V. 40.

de **Lesquevin** (Philippe-Charles-François).
Né le 9 janvier 1755 à Nancy.
Admis en 1767.   Vol. 12. P. V. 18.

de **Lestang** (Charles-Ambroise).
Né le 6 novembre 1765 au bourg de Couture, diocèse d'Angoulême.
Admis en 1779.   Vol. 28. P. V. 35.

de **Lestendart** (Marie-Guillaume-Louis).
Né le 20 septembre 1758 à Esclavelles généralité de Rouen.
Admis à la Flèche en 1768.   Vol. 18. F° 23.
Admis à l'École militaire en 1772.   Vol. 16. P. V. 34.

de **Levesou de Castelmus de Vezins** (François-Xavier-Geneviève).
Né le 15 décembre 1766 à Faverney, diocèse de Besançon.
Admis en 1775 à la Flèche.   Vol. 26. P. V. 75.

Léziart de la Villorée (Georges-Marie-Hyacinthe).
Né le 12 mars 1778 à Fougères, diocèse de Reims.
Admis en 1789.   Vol. 40. P. V. 95.

Lhuillier de la Chapelle (Louis-François). } Frères.
Lhuillier de la Chapelle (Jacques-Thomas). }
Nés à Crépy-en-Valois, } Louis-François, le 20 novembre 1741.
diocèse de Senlis.   } Jacques-Thomas, le 21 décembre 1742.
Admis en 1753.   Vol. 1. P. V. 16.

Lhuillier de la Chapelle du Tronchet (Jacques-François).
Né le 6 octobre 1744 à Crépy-en-Valois, diocèse de Senlis.
Admis en 1756.   Vol. 3. P. V. 27.

Lhuillier de la Chapelle des Tournelles (Louis-Jacques).
Né le 24 février 1752 à Crépy-en-Valois, diocèse de Senlis.
Admis en 1762.   Vol. 8. P. V. 11.

Lhuillier de la Chapelle (Jean-René).
Né le 16 juin 1755 à Vouneuil-sur-Vienne, diocèse de Poitiers.
Admis en 1766.   Vol. 11. P. V. 16.

Lhuillier de la Chapelle (François).
Né le 20 août 1756 à Vouneuil-sur-Vienne, diocèse de Poitiers.
Admis en 1767.   Vol. 12. P. V. 29.

le **Lieur de Ville-sur-Arce** (Jean-Baptiste-Louis).
Né le 5 novembre 1765 à Saint-Aubin de Ville-sur-Arce, diocèse de
Langres.
Admis en 1774 à la Flèche.   Vol. 24. P. V. 37.

le **Lieur de Ville-sur-Arce** (Léon-Charles).
Né le 5 janvier 1768 à Saint-Aubin de Ville-sur-Arce, diocèse de
Langres.
Admis en 1779.   Vol. 31. P. V. 30.

de Lieuray (Louis-Philémon).
Né le 20 avril 1761 à Louversey, généralité d'Alençon.
Admis en 1771 à la Flèche.   Vol. 21. P. V. 21.

du Ligondès de Rochefort (Antoine-Gabriel).
Né le 2 août 1748 à Saint-Bonnet-de-Rochefort, diocèse de Clermont.
Admis en 1757.   Vol. 4. P. V. 37.

de Liniers (Louis-Barthélemy).
Né le 16 août 1765 au Vanneau, généralité de la Rochelle.
Admis en 1777.   Vol. 27. P. V. 65.

du Lion de Rochefort (Jean-Baptiste-Marie).
Né le 11 décembre 1759 à Rochefort, diocèse de Langres.
Admis en 1770.   Vol. 20. F° 349.

de Livet de Barville (François-Louis-Charles).
Né le 24 mai 1766 à Bosocques, généralité d'Alençon.
Admis en 1777.   Vol. 27. P. V. 68.

de Livet de Barville (Marie-Louis-Charles).
Né le 23 novembre 1767 à Basocques, bailliage d'Orbec.
Admis en 1778.   Vol. 29. P. V. 21.

de Livet de Barville (Alexandre-Marie-Armand).
Né le 28 octobre 1769 à Basocques, bailliage d'Orbec.
Admis en 1779.   Vol. 31. P. V. 12.

Loaisel de Villedeneu (René-Julien).
Né le 27 septembre 1760 à Corseul, évêché de Saint-Malo.
Admis en 1770.   Vol. 20. F° 11.

Loaisel de la Villedeneu (Armand-Fidèle-Marie-Constant).
Né le 19 avril 1778 à Corseul, évêché de Saint-Malo.
Admis en 1787.   Vol. 39. P. V. 40.

Lombard de Combles (Jean-François-Henry).
Né le 1er novembre 1745 à Belle-Isle, diocèse de Vannes.
Admis en 1755.   Vol. 2. P. V. 18.

Lombard de Combles (Pierre-Marie).
Né le 5 novembre 1748 à Belle-Isle, diocèse de Vannes.
Admis en 1756.   Vol. 4. P. V. 24.

Lombard de Combles (Claude-Anne-François).
Né le 25 septembre 1753 à Belle-Isle, diocèse de Vannes.
Admis à la Flèche en 1764.   Vol. 17. F° 11.
Admis à l'École militaire en 1768.   Vol. 12. P. V. 46.

de Lombard de Comble (Nicolas).
Né le 11 mai 1770 à Bar-le-Duc.
Admis en 1780.   Vol. 32. P. V. 7.

de Lombard de Comble (Antoine-François).
Né le 27 janvier 1777 à Combles, diocèse de Toul.
Admis en 1785 à la Flèche.   Vol. 37. P. V. 46.

de Lombillion d'Abancourt (Joseph-Charles).
Né le 11 janvier 1769 à Saint-Eyre, diocèse de Toul.
Admis en 1778 à la Flèche.   Vol. 29. P. V. 43.

de **Londeix de Puitignon** (Guillaume).
Né le 9 mai 1747 à Saint-Martin le Vieux, diocèse de Limoges.
Admis en 1756.   Vol. 4. P. V. 7.

de **Longeaux** (Charles-François).
Né le 12 janvier 1767 à Bar-le-Duc.
Admis en 1775 à la Flèche.   Vol. 26. P. V. 29.

de **Longueval** (Jean-Pierre).
Né le 18 juin 1743 à Manguio, diocèse de Montpellier.
Admis en 1754.   Vol. 1. P. V. 50.

de **Longueval d'Haraucourt** (Louis-Charles-Marie).
Né le 24 août 1769 à Brette, diocèse du Mans.
Admis en 1778.   Vol. 30. P. V. 51.

de **Longueval d'Haraucourt** (Charles).
Né le 17 mars 1771 à Luceau, diocèse du Mans.
Admis en 1780.   Vol. 32. P. V. 23.

de **Lort de Sérignan** (Jacques-Joseph-Augustin). } Frères.
de **Lort de Sérignan** (Pierre-Bénigne).
Jacques-Joseph-Augustin, né le 9 juillet 1744 à Montpellier.
Pierre-Bénigne, né le 19 juillet 1745 à Marseille.
Admis en 1756.   Vol. 3. P. V. 28.

de **Lort** (Antoine).
Né le 17 janvier 1757 à Angoumer, diocèse de Conserans.
Admis en 1768.   Vol. 13. P. V. 4.

Losse (François).
Né le 19 mai 1745 à Nancy.
Admis en 1757.   Vol. 4. P. V. 46.

Loubat de Bohan (François-Philibert).
Né le 23 juillet 1751 à Bourg en Bresse.
Admis en 1761.   Vol. 7. P. V. 3.

Loubat de Bohan (Jean-Claude).
Né le 28 novembre 1754 à Bourg en Bresse.
Admis en 1765.   Vol. 10. P. V. 20.

de **Londeix de Puitignon** (Guillaume).
Né le 29 mai 1747 à Saint-Martin-le-Vieux, diocèse de Limoges.
Admis en 1756.   Vol. 4. P. V. 7.

de **Londeix de la Brosse** (Junien).
Né le 25 avril 1761 à Saint-Junien, en Limousin.
Admis en 1769.   Vol. 19. F° 203.

le **Loureux de Marnière** (François-Jean-Auguste).
Né le 31 août 1756 à Bosroger-en-Ouche.
Admis à la Flèche en 1765.   Vol. 17. F° 97.
Admis à l'École militaire en 1770.   Vol. 14. P. V. 42.

le **Loureux de Marnière** (Bonaventure-Dominique).
Né le 4 août 1766 à Marnières, diocèse d'Évreux.
Admis en 1775 à la Flèche.   Vol. 26. P. V. 35.

de **Louvain** (Louis-Germain).
Né le 21 avril 1770 à la Martinique.
Admis en 1779.   Vol. 31. P. V. 73.

Louveau de la Règle (Jacques-Augustin-Benjamin).
Né le 10 juin 1770 à Romans, généralité de Poitiers.
Admis en 1780. Vol. 32. P. V. 32.

Louvel de Janville (Pierre-Jean-Baptiste-Emery).
Né la 24 janvier 1746 à Saint-Martin-de-Palluel, en Normandie.
Admis en 1756. Vol. 3. P. V. 29.

Louvel de Janville (Camille-Philippe).
Né le 25 mai 1749 à Palluel, en Normandie.
Admis en 1760. Vol. 5. P. V. 11.

Louvel de Fresne (Alphonse).
Né le 29 octobre 1773 à Montreuil-sur-Mer, diocèse d'Amiens.
Admis en 1784. Vol. 36. P. V. 17.

de Loyac de la Bachellerie (Jean-Baptiste-Antoine-François).
Né le 22 mars 1757 à Tulle, généralité de Limoges.
Admis à la Flèche en 1767. Vol. 17. F° 167.
Admis à l'École militaire en 1771. Vol. 15. P. V. 22.

de Loyac de la Bachellerie (Jean-Joseph).
Né le 20 mai 1758 à Tulle.
Admis à la Flèche en 1767. Vol. 17. F° 167.
Admis à l'École militaire en 1772. Vol. 16. P. V. 7.

de Lubersac (Andrieu).
Né le 29 avril 1775 à Saint-Paul-la-Roche, diocèse de Périgueux.
Admis en 1785 à la Flèche. Vol. 37. P. V. 16.

de Luc (Louis-Gabriel).
Né le 16 août 1765 à Mey, généralité de Metz.
Admis en 1774 à la Flèche. Vol. 24. P. V. 46.

de Luillier de Rouvenac (Jacques-Thomas).
Né le 29 décembre 1745 à Rouvenac, diocèse d'Allet.
Admis en 1756. Vol. 3. P. V. 30.

de Luppé de Besmeaux (Louis-Guillaume).
Né le 11 octobre 1756 à Auch.
Admis en 1768. Vol. 13. P. V. 6.

de Luppé de Besmeaux (Urbain).
Né le 7 septembre 1762 à Auch.
Admis en 1771 à la Flèche. Vol. 21. P. V. 7.

Luquet de Grangebeuve de Chantrans (Ferdinand-Prosper).
Né le 11 avril 1767 à Traves, diocèse de Besançon.
Admis en 1777. Vol. 28. P. V. 34.

de Lyver de Breuvannes (Jean-Théodore).
Né le 6 juillet 1765 à Breuvannes, diocèse de Langres.
Admis en 1775 à la Flèche. Vol. 26. P. V. 11.

de Lyver de Breuvannes (Xavier-Joseph-Édouard).
Né le 6 septembre 1768 à Breuvannes, diocèse de Langres.
Admis en 1780. Vol. 32. P. V. 68.

de Lyver de Breuvannes (Charles).
Né le 20 septembre 1759 à Breuvannes, diocèse de Langres.
Admis en 1768. Vol. 17. F° 277.

M

Mabille (Claude-Gabriel-Jean-Georges).
Né le 22 avril 1770 à Longué, diocèse d'Angers.
Admis en 1778.   - Vol. 30. P. V. 48.

de la **Mache du Féron** (Pierre-Jacques).
Né le 17 juillet 1750, à Clitour en Normandie.
Admis en 1760.   Vol. 6. P. V. 42.

le **Macon** dit de **Trèves** (Jean-Louis-Félicité).
Né le 14 février 1767 à Sainte-Cécile, diocèse du Mans.
Admis en 1775 à la Flèche.   Vol. 26. P. V. 41.

Magnien de Serrières (Jean-Nicolas).
Né le 2 octobre 1773 à Arch-sur-Meurthe, en Lorraine.
Admis en 1784.   Vol. 36. P. V. 2.

de **Magny de Rougemont** (Jean-Médard).
Né le 26 novembre 1764 à Vichères, diocèse de Chartres.
Admis en 1774 à la Flèche.   Vol. 25. P. V. 47.

de **Maignac** (Joseph).
Né le 31 octobre 1746 à Saint-Sauvier, diocèse de Bourges.
Admis en 1756.   Vol. 3. P. V. 31.

Maillard de Bois Saint-Lys (Georges-Joseph-Victor-Ferdinand).
Né le 19 avril 1766 à Nancy.
Admis en 1777.   Vol. 28. P. V. 87.

de **Maillet** (Claude-Louis-Benoît).
Né le 16 juin 1767 à Bar-le-Duc.
Admis en 1777.   Vol. 27. P. V. 36.

de **Maillier** (Charles-Victoire-Jules).
Né le 25 juillet 1779 à Rambervillier, diocèse de Saint-Dié.
Admis en 1787.   Vol. 39. P. V. 42.

du **Maine de Saint-Lanne** (Joseph-Louis).
Né le 14 octobre 1769 à Roquebrune, diocèse d'Auch.
Admis en 1779.   Vol. 31. P. V. 59.

du **Maine de Saint-Lanne** (Jean-Eugène-Dominique-Lambert).
Né le 20 mars 1764 à Vic, diocèse d'Auch.
Admis en 1772 à la Flèche.   Vol. 22. P. V. 40.

Maleoul de Sus Saint-Léger (Jacques-Louis-Joseph).
Né le 30 septembre 1767 à Arras.
Admis en 1778.   Vol. 30. P. V. 21.

de **Malet de la Farge** (François-Jean).
Né le 24 décembre 1770 à Excideuil, diocèse de Périgueux.
Admis en 1780.   Vol. 32. P. V. 35.

de **Malherbe** (Jacques-François-Robert).
Né le 6 septembre 1747 à Saint-Remi-des-Landes, diocèse de Coutances.
Admis en 1756.   Vol. 3. P. V. 32.

de **Malherbe** (Bon-François-Nicolas).
Né le 26 février 1757 à Bonneval, diocèse de Chartres.
Admis à la Flèche en 1766.   Vol. 17. F⁰ 118.
Admis à l'École militaire en 1772.   Vol. 16. P. V. 35.

de **Malherbe de Grandchamp** (Hubert-Charles-Jacques).
Né le 2 novembre 1769 à Saint-Aubin-du-Tilleul, généralité d'Alençon.
Admis en 1778.   Vol. 29. P. V. 10.

de **Malherbe** (Charles-Pierre).
Né le 7 août 1768 à Bayeux.
Admis en 1779.   Vol. 31. P. V. 17.

de **Malherbe d'Amanville** (Armand-Aimé).
Né le 15 avril 1780 à Caen.
Admis en 1788.   Vol. 40. P. V. 9.

de **Malleret** (Jean-Baptiste-François).
Né le 25 mai 1751 à Lussac-les-Nones en Bourbonnais.
Admis en 1760.   Vol. 6. P. V. 48.

de **Malleret** (Jean-Baptiste).
Né le 27 mars 1755 à Lussat-les-Nones, généralité de Moulins.
Admis en 1766.   Vol. 11. P. V. 22.

de **Mallevault de Vaumoran** (Louis-Charles-François).
Né le 6 novembre 1754 à la Martinique.
Admis à la Flèche en 1765.   Vol. 17. F⁰ 49.
Admis à l'École militaire en 1769.   Vol. 14. P. V. 6.

de **Maltzem** (Louis).
Né le 10 décembre 1740 à Colmar.
Admis en 1753.   Vol. 1. P. V. 26.

de **Maltzem** (Jean-Conrad).
Né le 26 novembre 1748 à Colmar.
Admis en 1760.   Vol. 5. P. V. 37.

de **Malvin de Montazet de Pachins** (Jean-Pierre-Jacques-Charles).
Né le 7 septembre 1759 à Pachins, en Rouergue.
Admis en 1770.   Vol. 20. F⁰ 33.

Mamiel de Marieulle (Joseph-Marie-François-Xavier).
Né le 15 décembre 1773 à Lubey, diocèse de Metz.
Admis en 1783.   Vol. 35. P. V. 54.

de **Manvieux** (Jean-Gilles-Constant).
Né le 27 mai 1743 à Bayeux.
Admis en 1756.   Vol. 4. P. V. 13.

de **Marans** (Pierre-Louis).
Né le 20 octobre 1761 à Saint-Hilaire-d'Ouzilly, élection de Chatelle-
rault.
Admis en 1772 à la Flèche.   Vol. 22. P. V. 1.

de **Marans** (Louis-Alexandre-Joachim).
Né le 29 septembre 1773 à Saint-Georges-d'Archigny, en Poitou.
Admis en 1783.   Vol. 35. P. V. 21.

de **Marans de la Bastide** (Joseph).
Né le 24 septembre 1744 à Brouaye, diocèse de Saintes.
Admis en 1753.   Vol. 1. P. V. 27.

de **Marcha de Saint-Pierreville** (Henry-François).
Né le 16 octobre 1779 à Toul.
Admis en 1789. Vol. 40. P. V. 88.

le **Marchand de Charmont** (Louis-Charles-Antoine).
Né le 17 janvier 1745 à Saint-Pierre, juridiction de Calais.
Admis en 1755. Vol. 2. P. V. 25.

le **Marchand de Charmont** (Louis-Charles-Henry).
Né le 21 décembre 1777 à Joinville, diocèse de Châlons-sur-Marne.
Admis en 1785 à la Flèche. - Vol. 37. P. V. 8.

de **Marchant de Germigney** (Étienne-Louis-François).
Né le 7 février 1774 à Arbois, en Franche-Comté.
Admis en 1783. Vol. 35. P. V. 45.

du **Marché** (Georges-Henry).
1755 Né le 24 mai à Marboz, en Bresse.
Admis en 1767. Vol. 12. P. V. 6.

du **Marché** (Claude-Marie-Joseph).
Né le 29 octobre 1765 à Marboz, en Bresse.
Admis en 1775 à la Flèche. Vol. 26. P. V. 48.

de **Marescot** (Armand-Samuel).
Né le 1er mars 1758 à Tours.
Admis à la Flèche en 1766. Vol. 17. F° 123.
Admis à l'École militaire en 1772. Vol. 16. P. V. 2.

des **Marestz de Montchaton** (Jean-Baptiste-Pierre).
Né le 1er juin 1763 à Montchaton, généralité de Caen.
Admis en 1773 à la Flèche. Vol. 23. P. V. 44.

des **Marets de Beaurains** (Jean-Armand-Zacharie).
Né le 6 septembre 1758 à Beaurains, bailliage de Noyon.
Admis à la Flèche en 1768. Vol. 18. F° 85.
Admis à l'École militaire en 1772. Vol. 16. P. V. 32.

de **Marguenat** (Joseph-Marie-Xavier).
Né le 2 décembre 1765 à Rouen.
Admis en 1775 à la Flèche. Vol. 26. P. V. 71.

de **Marguerie** (Charles-André-Bernardin).
Né le 19 mai 1750 à Domfront.
Admis en 1760. Vol. 6. P. V. 8.

Marie du Rocher (Jean-René-Yves).
Né le 19 mai 1768 à Domfront.
Admis en 1778. Vol. 29. P. V. 7.

de **Marmiesse** (Bernard-Marie-Joseph-Henry).
Né le 14 août 1776 à Toulouse.
Admis en 1786 à la Flèche. Vol. 38. P. V. 7.

de **Marquessac de la Reille** (Marc).
Né le 25 février 1777 à Chignac, diocèse de Périgueux.
Admis en 1787. Vol. 39. P. V. 55.

de **Marsanges** (Léonard).
Né le 12 mars 1766 à Bellac, diocèse de Limoges.
Admis en 1774 à la Flèche. Vol. 25. P. V. 1.

de **Marsanges** (Jacques-Philippe).
Né le 15 août 1772 à Bellac, diocèse de Limoges.
Admis en 1781. Vol. 33. P. V. 38.

de **Martel** (François).
Né le 11 avril 1770 à Breteuil, diocèse d'Evreux.
Admis en 1779. Vol. 31. P. V. 68.

de **Martel** (Alexandre).
Né le 5 août 1777 à Evreux.
Admis en 1786. Vol. 38. P. V. 12.

de **Martin de Gars** (Antoine-Xavier).
Né le 12 mars 1743 à Toulon.
Admis en 1754. Vol. 1. P. V. 43.

de **Martin de Bourdainville** (Charles-Désiré).
Né le 3 janvier 1766 à Bourdainville, diocèse de Rouen.
Admis en 1774 à la Flèche. Vol. 25. P. V. 35.

de **Martin de Gars** (Louis-Ferdinand).
Né le 1er novembre 1749 à Toulon.
Admis en 1760. Vol. 5. P. V. 19.

Martin de la Bigotière (François-Marie).
Né le 26 février 1772 à Rennes.
Admis en 1784. Vol. 36. P. V. 3.

Martin de Montaudry (Louis-Jean-Fidel).
Né le 10 octobre 1779 à Rennes.
Admis en 1787. Vol. 39. P. V. 19.

Martin de Marcienne (Baptiste-Auguste-Fidèle-Amant).
Né le 11 octobre 1776 à Niort.
Admis en 1787. Vol. 39. P. V. 7.

de la **Martonie** (François).
Né le 6 juillet 1749 à Saint-Hilaire-de-Paillet.
Admis en 1759. Vol. 5. P. V. 3.

le **Mastin** (Germain-Gaston-Maurice).
Né le 26 septembre 1759 à Angoulême.
Admis en 1768. Vol. 17. F° 299.

de **Matharel du Chéry** (Louis-Alexandre).
Né le 24 juin 1773 à Chaméane, en Ardennes.
Admis en 1783. Vol. 35. P. V. 32.

de **Mathey** (Joseph-Casimir-François).
Né le 4 août 1760 à Carpentras.
Admis en 1770. Vol. 20. F° 73.

de **Mathezou de Kerunou** (Emmanuel-Jean-Marie).
Né le 10 février 1751 à Trébabu, Bretagne.
Admis en 1761. Vol. 7. P. V. 26.

Mathieu de Moulon (Pascal-Joseph).
Né le 29 janvier 1768 à Nancy.
Admis en 1778. Vol. 30. P. V. 19.

de **Maubeuge** (Pierre-Nicolas-Joseph-Hubert).
Né le 4 novembre 1754 à Herbigny, diocèse de Reims.
Admis à la Flèche en 1764.   Vol. 17. F° 41.
Admis à l'École militaire en 1770.   Vol. 14. P. V. 26.

de **Maubeuge** (Nicolas-Antoine-François-Joseph).
Né le 17 novembre 1766 à Neuville-les-Wassigny, diocèse de Reims.
Admis en 1777.   Vol. 27. P. V. 53.

de **Maubeuge** (Louis-Alexandre et Paul, frères jumeaux).
Nés le 15 août 1768 à Champvoisy, diocèse de Soissons.
Admis en 1777 à la Flèche.   Vol. 28. P. V. 79.

de **Maubeuge** (Louis-Augustin-Jacques-Nicolas-Joseph).
Né le 30 mars 1767 à Neuville-de-Wassigny, diocèse de Reims.
Admis en 1779.   Vol. 31. P. V. 45.

de **Maubeuge de Champvoisy** (Jean-Nicolas-Joseph).
Né le 23 octobre 1752 à Champvoisy, diocèse de Soissons.
Admis en 1764.   Vol. 9. P. V. 19.

Mauger (Anne-Joseph).
Né le 29 novembre 1761 à St-Germain de Moyon, diocèse de Coutances.
Admis en 1771 à la Flèche.   Vol. 21. P. V. 48.

de **Mauléon** (Anne-Victor).
Né le 8 juin 1767 à Quesnoy, en Hainaut.
Admis en 1775 à la Flèche.   Vol. 26. P. V. 24.

du **Mauléon de Saint-Sauvy** (Joseph-Lambert).
Né le 19 février 1768 à Sarempuy, généralité d'Auch.
Admis en 1778.   Vol. 30. P. V. 27.

de **Maurat** (Charles-Louis).
Né le 19 janvier 1768 à Avrigny, diocèse de Poitiers.
Admis en 1778.   Vol. 30. P. V. 38.

de **Maurice de Siersberg** (André-Joseph).
Né le 24 mai 1778 à Hilbriagen, archevêché de Trèves.
Admis en 1788.   Vol. 40. P. V. 2.

de **Maury de la Peyrouze** (Louis-Gabriel-Marie-Antoine).
Né le 6 novembre 1767 à Saint-Hippolyte, diocèse d'Alais.
Admis en 1778.   Vol. 30. P. V. 43.

de **Maussabré de Bussière** (Charles-Louis).
Né le 23 août 1750 à Lonay, diocèse de Bourges.
Admis en 1761.   Vol. 7. P. V. 16.

de **Maussabré de Gastesouris** (Henry).
Né le 29 août 1767 à Montchevrier, diocèse de Bourges.
Admis en 1777.   Vol. 27. P. V. 27.

de **Maussabré** (Isidore-François-Louis-Hippolyte).
Né le 4 février 1770 à Saint-Pierre de Férolles, diocèse d'Orléans.
Admis en 1779.   Vol. 31. P. V. 26.

de **Maussac** (Laurent-Thomas).
Né le 7 mars 1769 au Havre.
Admis en 1780.   Vol. 32. P. V. 21.

de **Mauvisse** (Louis-Claude).
Né le 4 septembre 1769 à Vettèche, diocèse de Tours.
Admis en 1780.   Vol. 32. P. V. 18.

de **May d'Aunay** (Jean-Baptiste).
Né le 3 avril 1751 à Saint-Jean-Baptiste-du-Déluge, près Méru, dio-
cèse de Beauvais.
Admis en 1762.   Vol. 8. P. V. 1.

le **Maye de Moyseaux** (Marc-Antoine-Vincent).
Né le 23 avril 1745 à Joussé, en Poitou.
Admis en 1756.   Vol. 4. P. V. 19.

des **Mazis** (Augustin-Étienne-Denis-Joseph).
Né le 1er septembre 1754 à Valenciennes, diocèse de Cambrai.
Admis en 1765.   Vol. 10. P. V. 30.

de **Mealct de Cours** (Pierre-Philippe-Honoré).
Né le 16 février 1756 à Sènezergurs, diocèse de Saint-Flour.
Admis à la Flèche en 1765.   Vol. 17. F° 91.
Admis à l'École militaire en 1770.   Vol. 14. P. V. 38.

Meaudre de Palladuc (Claude-François-Marie-Jean).
Né le 29 janvier 1772 à Saint-Remy-sur-Thiers, en Auvergne.
Admis en 1783.   Vol. 35. P. V. 8.

de **Meaussé de la Raimville** (François-Louis-Hubert).
Né le 4 novembre 1755 à Mée, diocèse de Blois.
Admis à la Flèche en 1766.   Vol. 17. F° 118.
Admis à l'École militaire en 1769.   Vol. 14. P. V. 18.

de **Meaussé** (Jean).
Né le 19 décembre 1769 à Verdun.
Admis en 1781.   Vol. 33. P. V. 65.

de **Mecflet de la Ruette** (Michel-Jacques-Benoît).
Né le 13 octobre 1776 à Caen.
Admis en 1786 à la Flèche.   Vol. 38. P. V. 8.

de **Méchinet** (François-Alexandre-Benoît).
Né le 21 mars 1773 à Lande, diocèse de Saintes.
Admis en 1784.   Vol. 36. P. V. 23.

de **Médrano** (Jean-Charles).
Né le 24 août 1761 à Saint-Étienne-de-Duffort, diocèse d'Auch.
Admis en 1770.   Vol. 20. P. V. 85.

de **Médrano de Baulat** (Marie-François-Henry-Jacques).
Né le 4 juillet 1772 à Montpardiac, diocèse d'Auch.
Admis en 1784.   Vol. 36. P. V. 13.

du **Meilet** (Alexandre-Antoine).
Né le 1er octobre 1772 à Évreux.
Admis en 1781.   Vol. 33. P. V. 43.

de **Méjanès** (Joseph).
Né le 27 décembre 1767 à Vitry-le-François.
Admis en 1778.   Vol. 30. P. V. 54.

de **Méjanès** (Marc-Hyppolyte).
Né le 28 décembre 1777 à Agde, en Languedoc.
Admis en 1786 à la Flèche.   Vol. 38. P. V. 43.

de **Méjanès de las Combettes** (Antoine-Armand).
Né le 22 décembre 1770 à Saint-Georges de Camboulas, diocèse de Rodez.
Admis en 1779.   Vol. 31. P. V. 62.

de **Méjanès de Puellor** (Augustin-Jean-Jacques).
Né le 16 août 1759 à Saint-Benoît, diocèse d'Alby.
Admis en 1770 à la Flèche.   Vol. 20. F° 335.

de **Méjanès de Veillac** (Jean-François).
Né le 21 avril 1757 à Camboulas, diocèse de Rodez.
Admis à la Flèche en 1767.   Vol. 17. F° 167.
Admis à l'École militaire en 1772.   Vol. 16. P. V. 37.

de **Méjanès de Veillac** (Antoine-Marie-Hippolyte).
Né le 4 avril 1766 à Camboulas, diocèse de Rodez.
Admis en 1777.   Vol. 28. P. V. 25.

de **Méjanès de Veillac** (Jean-Henry).
Né le 16 juillet 1771 à Saint-Georges de Camboulas, diocèse de Rodez.
Admis en 1781.   Vol. 33. P. V. 55.

le **Melorel de la Haichois** (Charles-Julien).
Né le 27 novembre 1750 à Rennes.
Admis en 1760.   Vol. 6. P. V. 45.

de **Mengin de Fondragon** (François-Marie).
Né le 15 avril 1758 à Lille.
Admis à la Flèche en 1766.   Vol. 17. F° 118.
Admis à l'École militaire en 1772.   Vol. 16. P. V. 25.

de **Mengin de Fondragon** (Casimir-Joseph).
Né le 14 janvier 1760 à Lille.
Admis en 1769.   Vol. 19. F° 219.

de **Mengin de Fondragon** (Andronique-Louis).
Né le 15 mai 1756 à Lille.
Admis en 1765.   Vol. 17. F° 77.

de **Mengin de Salabert** (Pierre).
Né le 8 septembre 1744 à Saint-Félix-d'Astaffort, diocèse de Condom.
Admis en 1755.   Vol. 2. P. V. 42.

de **Menou** (Georges-Pierre-Constantin).
Né le 20 décembre 1759 à Genouillé, en Poitou.
Admis en 1768.   Vol. 17. F° 333.

de **Merle de la Gorce** (Charles-Auguste).
Né le 6 mars 1775 à Barjac, diocèse d'Uzès.
Admis en 1784.   Vol. 36. P. V. 43.

de **Mery de la Canorgue** (François-Xavier-Jean-Baptiste).
Né le 11 décembre 1767 à Toulon (province).
Admis en 1777.   Vol. 28. P. V. 47.

Mesnard (Louis-Marie).
Né le 20 septembre 1767 à l'Isle-de-France.
Admis en 1777.   Vol. 28. P. V. 20.

du **Mesniel** (Antoine-Charles-Jacques-Marie).
Né le 6 novembre 1774 à Lunéville, diocèse de Nancy.
Admis en 1785 à la Flèche.   Vol. 37. P. V. 5.

du **Mesnil de Saint-Vallery** (François-Joachim). ⎫ Frères.
du **Mesnil de Saint-Vallery** (Noël-Eugène). ⎭

Nés à Conches. ⎧ François-Joachim, le 9 avril 1751.
⎩ Noël-Eugène, le 8 juin 1752.
Admis en 1762. Vol. 7. P. V. 44.

du **Mesnil Villers** (François-Julie).
Né le 29 janvier 1757 à Saint-Denis, diocèse de Sées.
Admis à la Flèche en 1766. Vol. 17. Fo 145.
Admis à l'École militaire en 1771. Vol. 15. P. V. 54.

du **Mesnil-Simon** (Guillaume-Louis-Pierre).
Né le 4 août 1759 à Plassay, diocèse de Saintes.
Admis en 1769 à la Flèche. Vol. 18. Fo 239.

du **Mesnil de la Piesse** (Gabriel-Jacques-Aglaé).
Né le 6 août 1766 à Triel, diocèse de Rouen.
Admis en 1775 à la Flèche. Vol. 26. P. V. 30.

du **Mesnil Villiers** (Jean-Alexandre).
Né le 13 mai 1778 à Saint-Georges, Ile d'Oléron.
Admis en 1788. Vol. 40. P. V. 59.

de **Messey** (Louis-François-Antoine-Nicolas).
Né le 4 janvier 1748 à Braux, diocèse de Langres.
Admis en 1757. Vol. 4. P. V. 33.

le **Metaër** (Pierre-Éléonor).
Né le 21 octobre 1750 à Halluin, diocèse de Beauvais.
Admis en 1760. Vol. 6. P. V. 50.

de **Mézières de l'Espervanche** (Charles-Pierre-Geneviève).
Né le 21 février 1762 à Châteaugontier.
Admis en 1772 à la Flèche. Vol. 22. P. V. 4.

Mignon de la Mignonière (Joseph-Marie).
Né le 27 février 1779 à Tours.
Admis en 1790. Vol. 40. P. V. 105.

Mignot de la Martizière (Marc-Antoine).
Né le 13 mai 1764 à Belleville, diocèse de Lyon.
Admis en 1773 à la Flèche. Vol. 23. P. V. 6.

de **Minette de Beaujeu** (Nicolas-Charles-César).
Né le 5 novembre 1748 à Langres.
Admis en 1760. Vol. 5. P. V. 35.

le **Mintier** (René-Florian).
Né le 17 juillet 1771 à Rennes.
Admis en 1780. Vol. 32. P. V. 40.

le **Mintier** (Toussaint-Louis).
Né le 3 septembre 1772 à Rennes.
Admis en 1781. Vol. 33. P. V. 46.

de **Mirambel** (François).
Né le 8 septembre 1755 à Bordeaux.
Admis en 1767. Vol. 12. P. V. 9.

de **Mire** (Jean-Baptiste-Michel-François).
Né le 12 juillet 1778 à Canapville, généralité de Rouen.
Admis en 1788. Vol. 40. P. V. 49.

de **Miscault** (Charles-Marie).
Né le 18 novembre 1765 à Briey, diocèse de Metz.
Admis en 1777.   Vol. 27. P. V. 54.

le **Moine d'Aubermesnil** (Jacques-Charles).
Né le 28 janvier 1745 à Aubermesnil en Normandie.
Admis en 1756.   Vol. 3. P. V. 33.

le **Moine de Boisgautier** (Pierre-Hyacinthe).
Né le 11 septembre 1749 à Elbeuf-sur-Andelle.
Admis en 1760.   Vol. 5. P. V. 17.

Moisson de Précorbin (Charles-Alexandre-Félix).
Né le 12 août 1761 à Notre-Dame-de-La-Caine, diocèse de Bayeux.
Admis en 1769 à la Flèche.   Vol. 19. Fo 55.

de **Monchy** (Louis-Jacques-René).
Né le 6 septembre 1748 à Cantigny en Picardie.
Admis en 1760.   Vol. 5. P. V. 39.

de **Moncorps** (Jean-Baptiste-Antoine).
Né le 29 juillet 1764 à Paris.
Admis en 1772 à la Flèche.   Vol. 22. P. V. 13.

de **Mondenard de Roquelaure de Passonne** (Arnaud).
Né le 10 juillet 1766 à Barsac, diocèse de Bordeaux.
Admis en 1777.   Vol. 28. P. V. 5.

de **Mondenard** (Joseph-Bonaventure).
Né le 25 novembre 1778 à la Plume, diocèse de Condom.
Admis en 1788.   Vol. 40. P. V. 61.

de **Mondion** (Marc-Jean).
Né le 10 août 1757 à Buxeuil, diocèse de Poitiers.
Admis en 1771 à l'École militaire.   Vol. 15. P. V. 28.
Admis à la Flèche en 1766.   Vol. 17. Fo 137.

de **Mondion d'Artigny** (Charles-Léopold).
Né le 20 octobre 1778 à Ceaux, en Poitou.
Admis en 1788.   Vol. 30. P. V. 44.

de **Monduzer de Cabanac** (Thomas).
Né le 2 mars 1746 à Saint-François du Havre-de-Grâce.
Admis en 1754.   Vol. 1. P. V. 46.

de **Monet de la Marque** (Louis-Jean).
Né le 1er février 1767 à Bazentin, diocèse d'Amiens.
Admis en 1775 à la Flèche.   Vol. 26. P. V. 70.

de **Monfraboeuf de Razat** (Jean-Baptiste).
Né le 8 juillet 1756 à Juillac, en Bas-Limousin.
Admis en 1767.   Vol. 12. P. V. 38.

de **Mongeot d'Hermonville** (Anne-Nicolas).
Né le 3 février 1746 à Hermonville en Champagne.
Admis en 1756.   Vol. 3. P. V. 34.

de **Mongeot d'Aiguillecourt** (Étienne).
Né le 20 juillet 1769 à Trouhaut, diocèse de Dijon.
Admis en 1781.   Vol. 33. P. V. 73.

du **Mont** (Antoine).
Né le 29 septembre 1761 à Courcelles-Rancon, diocèse de Beauvais.
Admis en 1770 à la Flèche. Vol. 20. F° 329.

du **Mont de la Franconie** (Jean).
Né le 2 novembre 1761 à Argentat, en Limousin.
Admis en 1770 à la Flèche. Vol. 20. F° 65.

du **Mont de la Franconie** (Jean-Baptiste).
Né le 7 février 1770 à Argentat, en Limousin.
Admis en 1779. Vol. 31. P. V. 69.

du **Mont de Signeville** (Pierre-Gaspard).
Né le 1er décembre 1756 à Troyes.
Admis en 1766. Vol. 11. P. V. 20.

de **Mont de Signeville** (Antoine-Pierre-Edme).
Né le 27 août 1773 à Vitry-le-François en Champagne.
Admis en 1784. Vol. 36. P. V. 30.

de **Montagnac** (Louis-Gabriel).
Né le 11 mai 1769 à Nevers.
Admis en 1778. Vol. 29. P. V. 30.

de **Montaignac de Chauvance** (Gilbert-Amable).
Né le 30 avril 1775 à Saint-Agnan-de-Beaune, diocèse de Bourges.
Admis en 1784. Vol. 36. P. V. 49.

de **Montaignac de Chauvance** (Raimond-Aimé).
Né le 9 novembre 1778 à Saint-Maurice-de-Chamblet, en Bourbonnais.
Admis en 1786 à la Flèche. Vol. 38. P. V. 48.

de **Montaigut de Favols** (François-Jean-Jacques).
Né le 25 juillet 1745 à Molières-Sainte-Arthemie en Languedoc.
Admis en 1757. Vol. 4. P. V. 44.

de **Montalembert de Cers** (Jean-Charles).
Né le 6 février 1757 à Angoulême.
Admis à la Flèche en 1765. Vol. 17. F° 97.
Admis à l'École militaire en 1770. Vol. 15. P. V. 18.

de **Montalembert de Cers** (Nicolas-Prosper).
Né le 24 mars à Groc, en Angoumois.
Admis en 1770 à la Flèche. Vol. 20. P. V. 239.

de **Montalembert de Villars** (Jacques).
Né le 13 août 1773 à Garat, en Angoumois.
Admis en 1783. Vol. 35. P. V. 7.

de **Montarby de Dampierre** (Nicolas-Laurent).
Né le 10 août 1769 à Dampierre, diocèse de Langres.
Admis en 1780. Vol. 32. P. V. 44.

de **Montbel** (Joseph).
Né le 20 janvier 1755 au Dorat, en Basse-Marche, diocèse de Limoges.
Admis en 1765. Vol. 10. P. V. 38.

de **Montbel** (François-Sébastien).
Né le 20 janvier 1758 au Dorat, diocèse de Limoges.
Admis à la Flèche en 1767. Vol. 17. F° 199.
Admis à l'École militaire en 1771. Vol. 15. P. V. 56.

de **Montcalm de Saint-Victor** (Louis-Barthélemy-Deodat).
Né le 10 juin 1764 à Villefranche, diocèse d'Alby.
Admis en 1774 à la Flèche. Vol. 25. P. V. 28.

Montet de la Molhière (Jean).
Né le 20 juin 1745 à Janaillac, diocèse de Limoges.
Admis en 1756. Vol. 3. P. V. 35.

Montet de la Molhière (Joseph-Hilarion).
Né le 21 octobre 1752 à Janaillac, diocèse de Limoges.
Admis en 1764. - Vol. 9. P. V. 18.

de **Montfort** (Antoine-Anne).
Né le 18 août 1740 à Saint-Eufraise, diocèse de Reims.
Admis en 1753. Vol. 1. P. V. 10.

de **Montfort** (Louis-Marie-Henry-Philogène).
Né le 22 février 1763 à Saint-Euphraise, diocèse de Reims.
Admis en 1771 à la Flèche. Vol. 21. P. V. 47.

de **Montfort** (Joseph-Alexandre).
Né le 14 octobre 1773 à Saint-Brice-d'Ay, diocèse de Reims.
Admis en 1782 Vol. 34. P. V. 13.

de **Monti** (Jean-Olivier).
Né le 26 février 1758 à Nantes.
Admis à la Flèche en 1767. Vol. 17. Fº 247.
Admis à l'École militaire en 1771. Vol. 15. P. V. 35.

des **Montiers de la Couronne** (Bon-Charles).
Né le 1er novembre 1764 à Cartigny, diocèse de Bayeux.
Admis en 1772 à la Flèche. Vol. 22. P. V. 26.

de **Montigny** (Marie-Hyacinthe-François-de-Sales).
Né le 9 août 1765 à Prouilly, généralité de Châlons-sur-Marne.
Admis en 1773 à la Flèche. Vol. 23. P. V. 46.

des **Montis de la Chevallerie** (Marie-François).
Né le 31 octobre 1771 à Aunou-le-Faucon, généralité d'Alençon.
Admis en 1782. Vol. 34. P. V. 56.

de **Montmejan** (Pierre).
Né le 21 avril 1746 au Port Sainte-Marie, diocèse d'Agen.
Admis en 1756. Vol. 4. P. V. 15.

de **Montolieu** (Pierre-Charles-Cyprien).
Né le 31 octobre 1773 à Mèjanes-les-Alois, diocèse d'Uzès.
Admis en 1784. Vol. 36. P. V. 44.

de **Montpezat** (Marc-Paul).
Né le 9 septembre 1767 à Notre-Dame-de-Valettes, en Agenois.
Admis en 1778. Vol. 30. P. V. 8.

de **Montrond** (Hector-François).
Né le 10 février 1748 à Plan-de-Baix, diocèse de Die.
Admis en 1760. Vol. 5. P. V. 6.

de **Montrond** (Pierre-Alexandre).
Né le 23 décembre 1763 à Metz.
Admis en 1772 à la Flèche. Vol. 22. P. V. 33.

de **Montrond** (François-Hyacinthe).
Né le 17 février 1765 à Metz.
Admis en 1773 à la Flèche.   Vol. 23. P. V. 20.

de **Montrond** (Louis-Paul-Antoine).
Né le 9 décembre 1766 à Lorry devant Metz.
Admis en 1775 à la Flèche.   Vol. 26. P. V. 60.

de **Montrond** (Jean-Hubert-Scipion).
Né le 16 février 1766 à Lorry devant Metz.
Admis en 1777.   Vol. 27. P. V. 76.

de **Montrond** (Auguste-Honoré).
Né le 19 juillet 1770 à Metz.
Admis en 1782.   Vol. 34. P. V. 30.

de **Monyer de Prilly** (Marie-Henry-Pierre).
Né le 28 septembre 1774 à Avignon.
Admis en 1783.   Vol. 35. P. V. 37.

de **Morard de Galle de la Bayette** (Alexandre-Justin-Bonaventure).
Né le 21 avril 1780 à Grenoble.
Admis en 1788.   Vol. 40. P. V. 22.

Morel de la Carbonnière (Antoine-Pierre).
Né le 19 octobre 1773 à Saint-Pierre-de-Congé, diocèse de Sées.
Admis en 1783.   Vol. 35. P. V. 56.

Morel de la Colombe (Jean-Baptiste-François-Charles).
Né le 30 novembre 1775 à Malhat, en Auvergne.
Admis en 1785.   Vol. 37. P. V. 27.

de **Morel de la Colombe de la Chapelle** (Claude).
Né le 2 septembre 1779 à la Chapelle-sur-Usson, en Auvergne.
Admis en 1788.   Vol. 40. P. V. 65.

de **Moreton de Chabrillan** (Louis-Joseph-Henry).
Né le 15 juillet 1750 à Versailles.
Admis en 1760.   Vol. 5. P. V. 7.

de **Morgues de Lantriac** (Jacques-Antoine).
Né le 5 juillet 1774 au Puy-en-Velay.
Admis en 1784.   Vol. 36. P. V. 51.

de **Morgues de Saint-Germain** (Mathieu-Gabriel-Frédéric).
Né le 27 septembre 1776 à la Prade, diocèse de Puy-en-Velay.
Admis en 1786 à la Flèche.   Vol. 38. P. V. 50.

de **Morot de Grétigny** (Charles-François).
Né le 6 août 1767 à Dijon.
Admis en 1779.   Vol. 31. P. V. 47.

de la **Morre** (Basile-Gabriel).
Né le 7 avril 1775 à Bar-le-Duc.
Admis en 1785.   Vol. 37. P. V. 28.

du **Mosnard** (Simon).
Né le 25 février 1755 à Saint-Barban, diocèse de Poitiers.
Admis en 1766.   Vol. 11. P. V. 42.

du **Mosnard** (Jacques).
  Né le 24 novembre 1759 à Saint-Hilaire-de-Leignac, diocèse de Poitiers.
  Admis en 1770 à la Flèche.   Vol. 20. Fo 319.

du **Mosnard de Villefavard** (François).
  Né le 15 septembre 1762 à Saint-Martial, diocèse de Limoges.
  Admis en 1770 à la Flèche.   Vol. 20. Fo 135.

du **Mosny** (Léon-Marie-Hubert).
  Né le 3 septembre 1748 à Saint-Cyr, en Champagne.
  Admis en 1760.   Vol. 5. P. V. 41.

de **Mosny** (Louis-François-Philippe).
  Né le 3 octobre 1749 à Reges, diocèse de Troyes.
  Admis en 1760.   Vol. 7. P. V. 22.

de **Mothes de Blanche** (François-Joseph).
  Né le 28 octobre 1752 à Villeneuve d'Agenois.
  Admis en 1764.   Vol. 9. P. V. 39.

de **Mothes de Blanche** (François-Bernard).
  Né le 17 août 1756 à Villeneuve d'Agenois.
  Admis en 1768.   Vol. 13. P. V. 16.

de la **Mothe de Flomond** (François-Joseph).
  Né le 13 janvier 1756 à Mayssac, généralité de Limoges.
  Admis en 1766.   Vol. 11. P. V. 33.

de **Moucheron de Freullemont** (Claude-Alexandre-Henry).
  Né le 15 novembre 1764 à Moutiers-en-Perche, évêché de Chartres.
  Admis en 1773 à la Flèche.   Vol. 24. P. V. 8.

du **Moulin de la Barthette** (Barthélemy).
  Né le 9 juin 1766 à Aire, généralité de Pau.
  Admis en 1777.   Vol. 28. P. V. 50.

du **Moulin de la Barthette** (Jean-Pierre).
  Né le 20 avril 1762 à Aire, généralité d'Auch.
  Admis en 1771 à la Flèche.   Vol. 21. P. V. 31.

du **Moulin de Montlezun de la Barthette** (Barthélemy-Firmin).
  Né le 8 décembre 1762 à Saint-Jean-d'Aire en Gascogne.
  Admis en 1771 à la Flèche.   Vol. 21. P. V. 5.

du **Moulin de Montlezun de la Barthette** (Barthélemy-Antoine).
  Né le 4 septembre 1769 à Aire, en Gascogne.
  Admis en 1779.   Vol. 31. P. V. 54.

de la **Moussac** (Jean).
  Né le 3 juin 1758 à Moulins, en Bourbonnais.
  Admis à la Flèche en 1766.   Vol. 17. Fo 155.
  Admis à l'École militaire en 1772.   Vol. 16. P. V. 50.

de **Moussclard** (Louis-David).
  Né le 6 mars 1751 à Courtampierre, élection de Nemours, généralité de Paris.
  Admis en 1761.   Vol. 7. P. V. 28.

de **Moustoulac de la Fage** (Joseph).
  Né le 27 février 1779 à Cahors.
  Admis en 1788.   Vol. 40. P. V. 24.

le **Mouton de Boisdeffre** (Jean-François-René). } Frères.
le **Mouton de Boisdeffre** (Louis-René-Alexandre). }

Nés à Saint-Germain-de-Bérus, diocèse du Mans.

{ Jean-François-René, le 29 novembre 1745.
Louis-René-Alexandre, le 17 décembre 1746.

Admis en 1755.
Vol. 2. P. V. 26.

le **Mouton de Boisdeffre** (René-Nicolas).
Né le 28 octobre 1748 à Bérus, diocèse du Mans.
Admis en 1760.
Vol. 5. P. V. 31.

le **Mouton de Boisdeffre** (René-Jean-Baptiste-Michel).
Né le 9 novembre 1755 à Bérus, diocèse du Mans.
Admis en 1765.
Vol. 10. P. V. 34.

de **Moyria** (Jean-François-Joseph).
Né le 16 octobre 1748 à Béziers.
Admis en 1768.
Vol. 17. Fo 315.

de **Moyria** (Joseph-Claude).
Né le 4 juillet 1752 à Béziers.
Admis en 1762.
Vol. 8. P. V. 36.

de **Moyria** (Joseph-Marie-Anne).
Né le 21 février 1745 à Bourg en Bresse.
Admis en 1756.
Vol. 3. P. V. 36.

de **Mun de Sarlabous** (Alexandre).
Né le 9 décembre 1741 à Bize, diocèse de Comenges.
Admis en 1754.
Vol. 1. P. V. 36.

de **Mung de la Ferté** (Jean-Joseph).
Né le 23 juin 1759 à Maux, diocèse de Nevers.
Admis en 1767.
Vol. 17. Fo 231.

de **Mung de la Ferté** (Jacques-Marie).
Né le 28 novembre 1756 à Maux, diocèse de Nevers.
Admis en 1766.
Vol. 11. P. V. 47.

de **Mung de la Ferté** (Jean-Julien).
Né le 5 décembre 1777 à Poil, en Nivernais.
Admis en 1786 à la Flèche.
Vol. 38. P. V. 42.

de **Murat** (Paul).
Né le 4 novembre 1768 à Périgny, en Aunis.
Admis en 1778.
Vol. 30. P. V. 9.

de **Musnier de la Converserie** (Jean-François).
Né le 17 avril 1756 à Longueville, en Boulonnais.
Admis en 1766.
Vol. 11. P. V. 34.

de **Musnier de la Converserie** (Louis-François-Félix).
Né le 18 janvier 1766 à Longueville en Boulonnais.
Admis en 1777.
Vol. 28. P. V. 14.

de **Musnier de la Converserie** (Louis-Marie-Florent).
Né le 5 juin 1776 à Longueville, en Boulonnais.
Admis en 1786 à la Flèche.
Vol. 38. P. V. 51.

de **Musset de Patay** (Charles-Henry).
    Né le 8 septembre 1755 à Lunay, diocèse du Mans.
    Admis à la Flèche en 1764.   Vol. 17. F° 12.
    Admis à l'École militaire en 1769.   Vol. 14. P. V. 17.

de **Musset de Patay** (Victor-Donatien).
    Né le 5 juin 1768 à Saint-Martin-de-Lunay, diocèse du Mans.
    Admis en 1778.   Vol. 29. P. V. 23.

de **Mussey** (Marie-Claude Jean-François), ci-devant Mayeur.
    Né le 15 mars 1774 à Bar-le-Duc
    Admis en 1784.   Vol. 36. P. V. 28.

de **Myon de Gombervaux** (Pierre-Benoît). } Frères.
de **Myon de Gombervaux** (Jean-Charles). }
                  { Pierre-Benoît, le 24 septembre 1745.
    Nés à Vaucouleurs. { Jean-Charles, le 8 novembre 1746.
    Admis en 1756.   Vol. 3. P. V. 37.

N

de **Nattes** (Antoine-Dominique). { Frères.
de **Nattes** (Dominique-Thibéry). }
    Antoine-Dominique, né le 3 mars 1747 à Montpellier.
    Dominique-Thibéry, né le 29 janvier 1749 à Saint-Thibéry, diocèse
        d'Agde.
    Admis en 1756.   Vol. 3. P. V. 38.

de **Nattes** (Pierre-Henry-Étienne).
    Né le 14 juillet 1750 à Saint-Thibéry, diocèse d'Agde.
    Admis en 1760.   Vol. 6. P. V. 29.

de **Nattes de Nadaillan** (Claude-Bérenger).
    Né le 27 juillet 1751 à Saint-Thibéry, diocèse d'Agde.
    Admis en 1762.   Vol. 7. P. V. 47.

de **Nattes** (Jean-Baptiste-Henry).
    Né le 24 juin 1760 à Saint-Thibéry, diocèse d'Agde.
    Admis en 1769.   Vol. 18. P. V. 213.

de **Nattes** (Pierre-Bérenger).
    Né le 11 février 1763 à Saint-Thibéry, diocèse d'Agde.
    Admis en 1771 à la Flèche.   Vol. 21. P. V. 35.

Nepveu de Bellefille (Alexandre-Henry).
    Né le 10 décembre 1777 au Mans.
    Admis en 1787.   Vol. 39. P. V. 44.

Nepveu de Bellefille (Jacques-Pierre-Daniel).
    Né le 3 septembre 1768 au Mans.
    Admis en 1780.   Vol. 32. P. V. 9.

le **Nepveu de Carfort** (Jean-Louis).
  Né le 5 octobre 1778 à Saint-Brieuc.
  Admis en 1786 à la Flèche.   Vol. 38. P. V. 58.

le **Neuf de Tourneville** (Jean-Baptiste-Adrien).
  Né le 23 mars 1759 à Sanvic, bailliage du Havre-de-Grâce.
  Admis en 1769.
                                        Vol. 19. P. V. 47.

le **Neuf de Tourneville** (Augustin-Barthélemy).
  Né le 2 mai 1757 à Sanvic, diocèse de Rouen.
  Admis en 1766.
                                        Vol. 17. F° 119.

le **Neveu de Dungy** (Jean-Augustin).
  Né le 29 août 1775 à Saint-Aignan de Trévières.
  Admis en 1762.
                                        Vol. 8. P. V. 16.

de **Neyon de Loisy** (Jean-Joseph-Gabriel).
  Né le 18 avril 1768 à Esvre, en Champagne.
  Admis en 1778.
                                        Vol. 29. P. V. 16.

de **Neyon de Loisy** (Joseph-Pierre).
  Né le 15 avril 1778 à Brilancourt, diocèse de Verdun.
  Admis en 1789.
                                        Vol. 40. P. V. 91.

de **Niceville** (Jean-François).
  Né le 7 février 1749 à Nonsart, diocèse de Metz.
  Admis en 1760.
                                        Vol. 6. P. V. 5.

de **Niceville** (Stanislas-Auguste).
  Né le 21 octobre 1778 à Fresnes-sur-l'Escaut, diocèse d'Arras.
  Admis en 1786 à la Flèche.
                                        Vol. 38. P. V. 39.

de **Niceville de Viller** (Charles).
  Né le 5 juillet 1763 à Pont-à-Mousson.
  Admis en 1771 à la Flèche.
                                        Vol. 21. P. V. 42.

de **Niceville de Viller** (Joseph-Nicolas).
  Né le 7 mars 1768 à Pont-à-Mousson.
  Admis en 1780.
                                        Vol. 32. P. V. 49.

de **Nicolas de la Coste** (Louis-Anne).
  Né le 29 juillet 1763 à Argentac, diocèse de Tulle.
  Admis en 1771 à la Flèche.
                                        Vol. 21. P. V. 36.

le **Noble de Bailleul** (Alexandre-Louis).
  Né le 7 mars 1745 à Bailleul, diocèse d'Evreux.
  Admis en 1755.
                                        Vol. 2. P. V. 46.

de **Nogerée** (Joseph-Louis).
  Né le 1er juillet 1777 à Chambourg, diocèse de Tours.
  Admis en 1785 à la Flèche.
                                        Vol. 37. P. V. 19.

le **Noir de Pasdeloup** (Philippe-Jean-Joseph).
  Né le 25 mai 1752 à Nantilly-de-Saumur, diocèse d'Angers.
  Admis en 1762.
                                        Vol. 8. P. V. 18.

de **Nollent de Coullerville** (François-Auguste).
  Né le 5 février 1764 à la Couberge, diocèse d'Evreux.
  Admis en 1772 à la Flèche.
                                        Vol. 22. P. V. 20.

de **Nollent de Fatouville** (François-Charles).
  Né le 24 mars 1757 à Preaux, diocèse de Lisieux.
  Admis en 1768.
                                        Vol. 13. P. V. 11.

de **Nollet** (François-Paul).
Né le 14 octobre 1776 à Saint-Martial-de-Brigueil-l'Aîné, en Poitou.
Admis en 1787. Vol. 39. P. V. 1.

de **Nollet de Leypaud** (Paul-Melchior).
Né le 1er novembre 1750 au château du Mast du Bost à Saint-Martin-de-Blond, diocèse de Limoges.
Admis en 1761. Vol. 7. P. V. 4.

de **Nompère de Champagny de Pierrefite** (Louis-Annet).
Né le 4 septembre 1757 à Roanne.
Admis à l'École militaire en 1768. Vol. 13. P. V. 8.
Admis à la Flèche en 1770. Vol. 20. F° 127.

de **Nompère de Champagny** (Jean-Baptiste).
Né le 4 août 1756 à Roanne.
Admis à la Flèche en 1765. Vol. 17. F° 97.
Admis à l'École militaire en 1770. Vol. 15. P. V. 2.

de **Normand de Lourmel** (Amateur-Joseph-Jean-Baptiste).
Né le 14 avril 1761 à Lamballe, diocèse de Saint-Brieuc.
Admis en 1769 à la Flèche. Vol. 19. F° 175.

le **Normand de Lourmel** (Toussaints-Jacques-César).
Né le 15 octobre 1763 à Lamballe, évêché de Saint-Brieuc.
Admis en 1772 à la Flèche. Vol. 22. P. V. 14.

des **Nos** (Charles-Henry-Marie-François).
Né le 1er mars 1758 à Plenic, diocèse de Saint-Brieuc.
Admis à la Flèche en 1766. Vol. 17. F° 117.
Admis à l'École militaire en 1772. Vol. 16. P. V. 41.

de la **Noüe de Vair** (Charles-Marc-Antoine-Georges-Joseph).
Né le 8 juin 1747 à Saint-Guiraud, diocèse d'Auch.
Admis en 1755. Vol. 2. P. V. 34.

de la **Noüe de Vair** (Joseph-François-Louis-Marthe).
Né le 19 novembre 1749 à Fanjaux, en Tourraine.
Admis en 1760. Vol. 5. P. V. 8.

de la **Noüe** (Augustin-Henry-Gabriel-Rose).
Né le 22 juin 1766 à Eréac, évêché de Saint-Malo.
Admis en 1774 à la Flèche. Vol. 25. P. V. 13.

de la **Noüe** (Jules-César-Marie).
Né le 7 janvier 1767 à Eréac, évêché de Saint-Malo.
Admis en 1775. Vol. 26. P. V. 45.

de la **Noüe** (François-Louis).
Né le 15 novembre 1772 à Eréac, évêché de Saint-Malo.
Admis en 1782. Vol. 34. P. V. 35.

Noël de la Villehulin (Louis-Bertrand).
Né le 8 novembre 1759 à Pordic, évêché de Saint-Brieuc.
Admis en 1768. Vol. 18. F° 131.

Noël de Villehulin (Antoine-Toussaints).
Né le 14 mars 1764 à Pordic, évêché de Saint-Brieuc.
Admis en 1773. Vol. 23. P. V. 43.

de **Nourquer du Camper** (François-Guy).
Né le 3 août à Lanouée, évêché de Saint-Malo.
Admis en 1784. Vol. 36. P. V. 10.

de **Noury de la Grignardière** (Henry-Marie).
Né le 6 novembre 1771 à Cracouville, diocèse d'Evreux.
Admis en 1780. Vol. 32. P. V. 73.

de **Novion** (Jean-Baptiste-Antoine-Georges).
Né le 21 avril 1763 à Mouillompont, diocèse de Verdun.
Admis en 1771. Vol. 21. P. V. 19.

de **Novion** (Jean-Victor).
Né le 20 novembre 1745 à Thionville, diocèse de Metz.
Admis en 1755 à la Flèche. Vol. 2. P. V. 17.

de **Noyel** (François-Marie-Marc-Antoine).
Né le 15 août 1776 à Lyon.
Admis en 1785. Vol. 37. P. V. 6.

de **Noyelle** (Henry-François-de-Paule).
Né le 28 septembre 1763 à Loches, diocèse de Tours.
Admis en 1772 à la Flèche. Vol. 22. P. V. 5.

de **Nozié de la Lande** (Antoine).
Né le 11 novembre 1765 à Séverac-l'Église en Rouergue.
Admis en 1777. Vol. 28. P. V. 40.

O

de l'**Olivier de Bonne** (Jean-Étienne-Marie).
Né le 31 août 1758 à Sisteron.
Admis en 1768. Vol. 12. P. V. 42.

de l'**Olivier de Bonne** (Joseph).
Né le 11 juillet 1757 à Nibles, sénéchaussée de Sisteron.
Admis en 1768. Vol. 13. P. V. 26.

d'**Omières d'Olméiras** (Pierre-François-Joseph).
Né le 20 janvier 1752 à Aurillac.
Admis en 1762. Vol. 8. P. V. 35.

d'**Oms del Viver de Montalt** (Joseph-Augustin).
Né le 2 janvier 1760 à Villefranche, en Roussillon.
Admis en 1770 à la Flèche. Vol. 20. F° 109.

Orioult de Grandmare (François-Philibert-Amand).
Né le 3 février 1753 à Quetteville, diocèse de Lisieux.
Admis en 1764. Vol. 9. P. V. 35.

d'**Orillac** (Charles-Marie-Alexandre-Géraud).
Né le 23 octobre 1756 à Roye, diocèse d'Amiens.
Admis en 1768.   Vol. 12. P. V. 45.

d'**Orillac** (Joseph-Emmanuel),
Né le 19 avril 1741 à Paris.
Admis en 1753.   Vol. 1. P. V. 4.

d'**Orre de Molans** (André-Joseph).
Né le 30 août 1745 au bourg de Pas, en Artois.
Admis en 1755.   Vol. 2. P. V. 24.

d'**Orteman** (Jean-Baptiste-André).
Né le 11 janvier 1777 à Marsillargues, diocèse de Nîmes.
Admis en 1789.   Vol. 40. P. V. 98.

d'**Orville d'Anglure** (Charles-François).
Né le 22 juin 1752 à Saint-Projet, diocèse de Chartres.
Admis en 1762.   Vol. 8. P. V. 37.

d'**Orville d'Anglure** (Paschal-Louis-Auguste).
Né le 29 mars 1756 à Saint-Projet, diocèse de Chartres.
Admis en 1765.   Vol. 17. F° 81.

Oudan (Louis).
Né le 11 novembre 1767 à Lorient, diocèse de Vannes.
Admis en 1777.   Vol. 27. P. V. 7.

P

du **Pac de Bellegarde** (Gabriel-Marie).
Né le 9 août 1754 à Saint-Clément-de-Bellegarde, diocèse de Narbonne.
Admis en 1765.   Vol. 10. P. V. 39.

du **Pac de Bellegarde** (Guillaume-Marie).
Né le 26 juillet 1757 à Bellegarde, diocèse de Narbonne.
Admis à la Flèche en 1765.   Vol. 17. F° 85.
Admis à l'École militaire en 1771.   Vol. 15. P. V. 48.

de **Paillard d'Hardivilliers** (Pierre-Louis-Alexandre).
Né le 13 décembre 1753 à Brac)tuit, diocèse de Rouen.
Admis en 1764.   Vol. 9. P. V. 5.

de **Paillard d'Hardivilliers** (Pierre-Nicolas-Laurent-Cyprien).
Né le 14 décembre 1750 à Bractuit, diocèse de Rouen.
Admis en 1760.   Vol. 6. P. V. 38.

de **Paillard d'Hardivilliers** (Adrien-Romain).
Né le 23 octobre 1759 à Bractuit, diocèse de Rouen.
Admis en 1770 à la Flèche.   Vol. 20. P. V. 161.

de **Panevère de la Jugie** (Louis-Amable).
Né le 18 mars 1776 à Saint-Bonnet-de-Mirmont, en Auvergne.
Admis en 1785 à la Flèche.   Vol. 37. P. V. 24.

Pantin de Landemont (Charles-Marie-Augustin).
Né le 18 septembre 1765 à Angers.
Admis en 1774 à la Flèche.   Vol. 25. P. V. 46.

de **Paravicini** (Louis).
Né le 5 août 1752 à Fauconcourt, diocèse de Laon.
Admis en 1762.   Vol. 8. P. V. 13.

du **Parc de Kerstrat** (Louis-René).
Né le 17 janvier 1768 à Morlaix, évêché de Tréguier.
Admis en 1781.   Vol. 33. P. V. 45.

du **Parc de Penanguer de Locmaria** (Paschal-Étienne).
Né le 5 mai 1761 à Botlazec, en Bretagne.
Admis en 1771 à la Flèche.   Vol. 21. P. V. 40.

du **Parc de Penanguer** (Olivier-Marie).
Né le 26 novembre 1765 à Tréviale-de-Botlazec, évêché de Quimper.
Admis en 1774 à la Flèche.   Vol. 25. P. V. 6.

Parchappe (Ferdinand-Marie-Anne-Joseph).
Né le 3 novembre 1749 à Saint-André-de-Nesle-les-Repons, diocèse de
Soissons.
Admis en 1761.   Vol. 7. P. V. 18.

Parel d'Espeyrat de la Chatonnie (Jean-Joseph).
Né le 1er janvier 1755 à Treignac, généralité de Limoges.
Admis en 1767.   Vol. 12. P. V. 7.

Parel d'Espeyrat de la Chatonnie (Gabriel-Marguerite-Raphaël).
Né le 3 octobre 1759 à Treignac, généralité de Limoges.
Admis en 1769 à la Flèche.   Vol. 19. Fo 233.

Parent de Saint-Ouen (Louis).
Né le 2 avril 1745 à Saint-Ouen-sur-Brachy, diocèse de Rouen.
Admis en 1756.   Vol. 4. P. V. 16.

de **Parfourru de Jouveaux** (Jacques-Murat).
Né le 23 septembre 1761 à Courthonne-la-Mendrac, diocèse de
Lisieux.
Admis en 1770 à la Flèche.   Vol. 20. Fo 273.

le **Parmentier** (Louis-Alexandre-Pompée).
Né le 8 juin 1757 à Théroudeville, diocèse de Rouen.
Admis en 1768.   Vol. 13. P. V. 7.

de la **Parra de Lieucamp de Salgues** (Jean-Philibert).
Né le 23 juin 1769 à Aunac, diocèse de Rodez.
Admis en 1780.   Vol. 32. P. V. 1.

de **Parseau du Plessix** (Jean-François-Marie).
Né le 19 avril 1764 à Saint-Houardon.
Admis en 1774 à la Flèche.   Vol. 25. P. V. 4.

Pasquet (Charles).
Né le 17 septembre 1771 à Saint-Julien-le-Vendormois, diocèse de
Limoges.
Admis en 1781.   Vol. 34. P. V. 4.

Pasquet de Salaignac (Louis-Luglien).
Né le 24 octobre 1746 à Montdidier.
Admis en 1756. Vol. 3. P. V. 39.

Pasquet de Salaignac (Édouard-Maurice).
Né le 13 août 1750 à Montdidier.
Admis en 1761. Vol. 7. P. V. 17.

Pasquet de la Revanchère (Jean-Baptiste-Julien).
Né le 5 septembre 1779 à la Rochefoucauld, diocèse d'Angoulême.
Admis en 1788. - Vol. 40. P. V. 12.

de la **Pasture** (Antoine-Louis-Alexandre).
Né le 17 juin 1749 à Calais.
Admis en 1760. Vol. 5. P. V. 40.

Pathasier de la Forestille (Marie-Antoine).
Né le 20 décembre 1775 à Vesoul, diocèse de Besançon.
Admis en 1785. Vol. 37. P. V. 33.

de **Patras de Campaigno** (Antoine-Louis).
Né le 27 janvier 1760 à Boulogne-sur-Mer.
Admis en 1770 à la Flèche. Vol. 20. Fo 15.

du **Patural** (Claude).
Né le 21 janvier 1775 à Grandrif, diocèse de Clermont.
Admis en 1785. Vol. 37. P. V. 20.

de **Pavlot** (François-Henry).
Né le 8 septembre 1745 à Nantillois, diocèse de Reims.
Admis en 1756. Vol. 3. P. V. 40.

Pécaud de Larderct (Étienne-Bonaventure).
Né le 12 novembre 1747 à Arbois, en Franche-Comté.
Admis en 1756. Vol. 3. P. V. 42.

Pécauld (Claude-Michel-Catherine).
Né le 6 mai 1750 à Arbois, en Franche-Comté.
Admis en 1760. Vol. 6. P. V. 31.

Pécauld de Changin (François-Emmanuel).
Né le 1er septembre 1745 à Arbois, en Franche-Comté.
Admis en 1756. Vol. 3. P. V. 41.

de **Pechpeyrou de Beaucaire** (Georges-Louis).
Né le 19 septembre 1740 à Lauserte, en Quercy.
Admis en 1754. Vol. 1. P. V. 39.

de **Péhu** (Charles-Claude).
Né le 3 avril 1755 à Crépy-en-Valois, diocèse de Senlis.
Admis à la Flèche en 1760. Vol. 17. Fo 27.
Admis à l'École militaire en 1769. Vol. 14. P. V. 10.

de **Péhu** (Pierre-Charles).
Né le 7 novembre 1764 à Crépy-en-Valois, diocèse de Senlis.
Admis en 1773 à la Flèche. Vol. 23. P. V. 28.

de **Péhu** (Henry-Jean-Toussaints).
Né le 14 octobre 1760 à Crépy-en-Valois, diocèse de Senlis.
Admis en 1769 à la Flèche. Vol. 18. Fo 59.

del **Peirou de Murat** (Etienne).
Né le 11 mai 1746 à la Tourette, diocèse de Limoges.
Admis en 1756.   Vol. 4. P. V. 17.

del **Peirou de Murat** (Jean-François).
Né le 22 octobre 1750 à la Tourette, diocèse de Limoges.
Admis en 1761.   Vol. 7. P. V. 9.

del **Peirou de Bar** (Jacques-Bertrand).
Né le 18 juin 1766 à Servières, diocèse de Tulle.
Admis en 1774 à la Flèche.   Vol. 25. P. V. 23.

de **Pelissier des Granges** (Joseph-Louis).
Né le 1er mars 1754 à Courtacon, diocèse de Sens.
Admis en 1765.   Vol. 10. P. V. 10.

de **Pellegars de Malortie** (Louis-François-Joachin).
Né le 23 novembre 1763 à Saint-Martin-aux-Chartrains, diocèse de
Lisieux.
Admis en 1772 à la Flèche.   Vol. 22. P. V. 61.

de **Pellegars de Malortie** (Louis-Étienne).
Né le 19 avril 1767 à Saint-Martin-aux-Chartrains, diocèse de Lisieux.
Admis en 1777 à la Flèche.   Vol. 28. P. V. 66.

Pellegrain de Lestang (François-Jean-Louis).
Né le 21 novembre 1756 à Loches, généralité de Tours.
Admis à la Flèche en 1765.   Vol. 17. F° 103.
Admis à l'École militaire en 1770.   Vol. 15. P. V. 7.

le **Pellerin de Gauville** (Antoine-Mathurin).
Né le 14 juin 1762 à Neüillé-Pont-Pierre, diocèse de Tours.
Admis en 1772 à la Flèche.   Vol. 22. P. V. 12.

le **Pelletier de Molandé** (Guillaume-Hervé-Pierre).
Né le 23 mai 1761 à Ver, bailliage de Bayeux.
Admis en 1771 à la Flèche.   Vol. 21. P. V. 24.

Pepin de Belisle (Thomas-Jean).
Né le 1er février 1751 à Nantes.
Admis en 1761.   Vol. 7. P. V. 30.

de **Percy** (Charles-Jacques-Gabriel).
Né le 3 juin 1752 à Anfreville, bailliage de Saint-Sauveur-le-Vicomte.
Admis en 1762.   Vol. 8. P. V. 28.

du **Péroux** (Jean-Guy).
Né le 30 octobre 1749 à Arches, en Lorraine.
Admis en 1760.   Vol. 6. P. V. 1.

du **Péroux de la Forest** (Balthazar-Antoine).
Né le 11 février 1754 à Arches, en Lorraine.
Admis en 1765.   Vol. 10. P. V. 21.

du **Péroux** (Louis-Ignace).
Né le 7 décembre 1745 à Metz.
Admis en 1757.   Vol. 4. P. V. 34.

de **Perrache d'Ampus** (Jean-Antoine-Gaspard-Auguste).
Né le 8 juillet 1779 à Seyne, en Haute-Provence.
Admis en 1788.   Vol. 40. P. V. 21.

de **Perrache d'Ampus** (Alexandre-Benoît-Louis).
Né le 3 mai 1777 à Seyne, Haute-Provence.
Admis en 1775 à la Flèche.   Vol. 26. P. V. 77.

Perrault (Claude-Jean-Corentin).
Né le 12 décembre 1764 à Dijon.
Admis en 1773 à la Flèche.   Vol. 24. P. V. 14.

Perrault de Montrevost (Étienne-Élisabeth-Marie).
Né le 30 septembre 1774 à Beaune.
Admis en 1784.   -   Vol. 36. P. V. 4.

Perrault de la Motte de Montrevost (Jean-Gabriel).
Né le 22 mars 1779 à Cuivery, généralité de Dijon.
Admis en 1787.   Vol. 39. P. V. 16.

de la **Perrière de Roiffé** (Charles).
Né le 9 janvier 1753 à Saint-Jean-d'Angely.
Admis en 1764.   Vol. 9. P. V. 30.

de **Perrin** (Antoine-Charles).
Né le 28 novembre 1777 à Nancy.
Admis en 1786 à la Flèche.   Vol. 38. P. V. 10.

de **Perrin de la Bessière** (Jean-Charles-Louis).
Né le 11 novembre 1758 à Bar-le-Duc.
Admis à la Flèche en 1767.   Vol. 17. F° 244.
Admis à l'École militaire en 1772.   Vol. 16. P. V. 47.

de **Perrin de Cabrilles de Lengary** (Marie-Antoine-Guillaume).
Né le 8 avril 1770 à Lantric, diocèse de Castres.
Admis en 1779.   Vol. 31. P. V. 48.

Person de Grandchamp (Nicolas).
Né le 24 juillet 1757 à Senoncourt, diocèse de Verdun.
Admis à la Flèche en 1767.   Vol. 17. F° 167.
Admis à l'École militaire en 1771.   Vol. 15. P. V. 40.

Person de Grandchamp (Charles).
Né le 31 août 1761 à Senoncourt, diocèse de Verdun.
Admis en 1769 à la Flèche.   Vol. 18. F° 257.

Petit de la Borde (François-Jacques).
Né le 4 janvier 1744 à Blandin, diocèse de Vienne, en Dauphiné.
Admis en 1753.   Vol. 1. P. V. 5.

Petit de la Borde (Alexandre).
Né le 29 août 1747 à Grenoble, en Dauphiné.
Admis en 1755.   Vol. 2. P. V. 21.

Petit de la Borde de Mézières (Jacques).
Né le 19 janvier 1778 à Blandin, diocèse de Vienne, en Dauphiné.
Admis en 1786 à la Flèche.   Vol. 38. P. V. 21.

le **Petit de Beauvilliers** (Jean-Baptiste-Pierre).
Né le 7 juin 1767 à Châlons-sur-Marne.
Admis en 1775.   Vol. 29. P. V. 31.

Petit de Voncourt (François).
Né le 1er juin 1768 à Voncourt, bailliage de Langres.
Admis en 1778.   Vol. 30. P. V. 34.

Petremand de Valay (Désiré-Adrien).
Né le 1er octobre 1758 à Valay, bailliage de Gray, en Franche-Comté.
Admis à la Flèche en 1767. Vol. 17. Fo 259.
Admis à l'École militaire en 1772. Vol. 16. P. V. 44.

de **Peytes de Montcabrier** (Joseph-Pierre-Élisabeth).
Né le 3 juin 1771 à Toulouse.
Admis en 1781. Vol. 33. P. V. 69.

de **Phélines de Villiersfaux** (Louis-Jacques).
Né à Villiersfaux, diocèse du Mans, le 1er septembre 1747.
Admis en 1756. Vol. 3. P. V. 43.

le **Picart d'Ageville** (Pierre-Joseph).
Né le 8 juillet 1760 à Dommarien, diocèse de Langres.
Admis en 1768 au collège royal de la Flèche. Vol. 18. Fo 45.

le **Picard de Phélipeaux** (Louis-Edmond).
Né le 1er avril 1767 à Saint-Martin-d'Angle, en Poitou.
Admis en 1779. Vol. 31. P. V. 6.

Piccot de Peccaduc (Pierre-Marie-Auguste).
Né le 13 février 1767 à Fougeray, évêché de Nantes.
Admis en 1778. Vol. 29. P. V. 3.

Picon d'Andrezel (Barthélemy-Philibert).
Né le 29 septembre 1757 à Salins, diocèse de Besançon.
Admis en 1766. Vol. 17. Fo 111.

Picot de Moras (Jean-Louis-Ferdinand-Henry).
Né le 24 janvier 1768 à Montmirey-le-Château, en Franche-Comté.
Admis en 1778. Vol. 29. P. V. 20.

Picot de Moras (Jean-Louis-Ferdinand-Henry).
Né le 6 février 1767 à Montmirey-le-Château, en Franche-Comté.
Admis en 1775 à la Flèche. Vol. 26. P. V. 76.

Picot de Moras (Pierre-François-Joseph).
Né le 18 décembre 1779 à Montmirey-le-Château, en Franche-Comté.
Admis en 1789. Vol. 40. P. V. 94.

de **Picquet de Juillac** (Joseph-Angélique).
Né le 12 juillet 1764 à Lombez.
Admis en 1772 à la Flèche. Vol. 22. P. V. 17.

de **Picquet de Magny** (Augustin).
Né le 6 avril 1777 à Rapilly, diocèse de Séès.
Admis en 1786 à la Flèche. Vol. 38. P. V. 28.

Pidoux de Montanglaust (Philippe).
Né le 12 octobre 1771 à Coulommiers en Brie, diocèse de Meaux.
Admis en 1781. Vol. 33. P. V. 20.

de **Pières** (Balthazar-Joseph-François).
Né le 30 mars 1764 à Sementron, bailliage d'Auxerre.
Admis en 1772 à la Flèche. Vol. 22. P. V. 47.

de **Pières** (Jean-Amable-Benjamin).
Né le 13 juin 1765 à Sementron, bailliage d'Auxerre.
Admis en 1773 à la Flèche. Vol. 23. P. V. 19.

de **Pierre** (Louis-Marie).
Né le 30 décembre 1767 à Saint-Malo-de-Valogne, en Normandie.
Admis en 1777.   Vol. 28. P. V. 33.

Pierre de Puygreffier (Louis).
Né le 25 août 1779 à Saint-Martin-des-Éparges, diocèse de Verdun.
Admis en 1788.   Vol. 40. P. V. 33.

de **Pierrepont** (Jacques-Pierre).
Né le 30 août 1767 à Pierrepont, diocèse de Bayeux.
Admis en 1777.   Vol. 27. P. V. 67.

de **Pillon du Boscregnoult** (Balthazar).
Né le 6 décembre 1774 à Notre-Dame-du-Hameau, diocèse de Lisieux.
Admis en 1785 à la Flèche.   Vol. 37. P. V. 21.

du **Pin du Bâtiment** (Pierre).
Né le 25 février 1766 à Saint-Saud-de-la-Coussière, diocèse de Péri-
gueux.
Admis en 1777.   Vol. 28. P. V. 75.

Pinault de Bonnefonds (François).
Né le 9 mars 1761 à Saint-Génitour-du-Blanc, diocèse de Bourges.
Admis en 1769 à la Flèche.   Vol. 19. Fº 227.

Pinault de Bonnefonds (René-Philippe).
Né le 8 mars 1765 à Saint-Génitour-du-Blanc, diocèse de Bourges.
Admis en 1774 à la Flèche.   Vol. 25. P. V. 22.

de **Pins** (Jean-Paul-Gaston).
Né le 8 février 1766 à Castres.
Admis en 1778.   Vol. 30. P. V. 22.

de **Pins** (Michel-Jean-Paul-Charles-Aman-Fidèle-Aimé).
Né le 29 septembre 1780 à Castres.
Admis en 1788.   Vol. 40. P. V. 72.

Pioger de Retonval (Eugène-François-André).
Né le 6 juillet 1750 à Retonval, diocèse de Rouen.
Admis en 1760.   Vol. 6. P. V. 33.

Pioger de Saint-Perreu (Louis-François-Augustin). }
Pioger de Saint-Perreu (Henry-Armand).   } Frères.
    Nés à ~~Poitiers~~ { Louis-François-Augustin, le ~~18 juin 1754~~;
                       { Henry-Armand, le 20 avril 1755.
Admis en 1765.   Vol. 10. P. V. 32.

de **Piolenc** (Joseph-Louis-Gabriel).
Né le 12 juillet 1756 à Saint-Esprit, diocèse d'Uzès, généralité de
Montpellier.
Admis en 1767.   Vol. 12. P. V. 26.

de **Piolenc** (Jean-Joseph-Marcel).
Né le 12 septembre 1764 à Saint-Esprit, diocèse d'Uzès, généralité de
Montpellier.
Admis en 1773 à la Flèche.   Vol. 23. P. V. 15.

des **Pins** (Bertrand-Madeleine-Jean-Louis-Marie-Françoise-Rose).
Né le 29 juillet 1778 à Cahors.
Admis en 1787.   Vol. 39. P. V. 48.

du **Plessis d'Argentré de Pontestan** (Pierre-Alexis-Marie).
Né le 17 août 1761 à Laval.
Admis en 1769 à la Flèche.   Vol. 18. F° 247.

du **Plessis d'Argentré de Pontestan** (François-Marie-Louis-Charles).
Né le 17 août 1764 à Laval.
Admis en 1773 à la Flèche.   Vol. 23. P. V. 12.

du **Plessis de Grenedan** (René-Jean).
Né le 26 juin 1763 à Vannes, en Bretagne.
Admis en 1772.   Vol. 22. P. V. 43.

du **Plessis de Grenedan** (Philippe-Marie).
Né le 24 juillet 1773 à Brest.
Admis en 1784 à la Flèche.   Vol. 36. P. V. 7.

de **Plument de Baillac** (Paul-François).
Né le 29 décembre 1778 à Etagnac, diocèse de Limoges.
Admis en 1788.   Vol. 40. P. V. 31.

de **Pluviers de Saint-Michel** (Louis-Marie).
Né le 3 novembre 1767 à Montpellier (Languedoc).
Admis en 1777.   Vol. 28. P. V. 57.

de **Poilvilain de Misouard** (Louis-Gilles).
Né le 18 janvier 1758 à Avranches en Normandie.
Admis à la Flèche en 1767.   Vol. 17. F° 241.
Admis en 1771.   Vol. 15. P. V. 46.

de **Poilvilain de Misouard** (Charles-Bernard).
Né le 12 novembre 1759 à Avranches.
Admis en 1770 à la Flèche.   Vol. 20. F° 257.

de **Poirson** (Jean-Baptiste-Ambroise).
Né le 22 juin 1766 à Bar-le-Duc.
Admis en 1774 à la Flèche.   Vol. 25. P. V. 32.

de **Pompery** (François-Hyacinthe).
Né le 28 février 1749 à Ciry, diocèse de Soissons.
Admis en 1759.   Vol. 5. P. V. 4.

de **Ponsonaille de Grizols du Chassan** (Antoine-Augustin-Clément).
Né le 22 novembre 1762 à Saint-Martin-de-Faverolles, en Auvergne.
Admis en 1771 à la Flèche.   Vol. 21. P. V. 45.

de **Ponsonaille de Grizols du Chassan** (Antoine).
Né le 3 février 1766 à Faverolles en Auvergne.
Admis en 1777.   Vol. 27. P. V. 63.

du **Pont** (Venance).
Né le 1er décembre 1755 à l'Étoile en Dauphiné.
Admis à la Flèche en 1767.   Vol. 17. F° 161.
Admis à l'École militaire en 1770.   Vol. 14. P. V. 32.

du **Pont d'Aubevoye de l'Aubberdière** (Louis-François-Bertrand).
Né le 17 octobre 1759 à Boce, diocèse d'Angers.
Admis en 1767.   Vol. 17. F° 195.

du **Pont du Chambon** (Jean-François).
Né le 17 avril 1753 à Louisbourg, en l'Isle royale, diocèse de Québec.
Admis en 1764.   Vol. 9. P. V. 7.

du **Pont du Chambon** (Louis-Joseph).
Né le 9 août 1766 à Chalais, généralité de la Rochelle.
Admis en 1775 à la Flèche. Vol. 26. P. V. 72.

du **Pont du Chambon de Mézillac** (François).
Né le 15 janvier 1768 à Rochefort-sur-Mer.
Admis en 1779. Vol. 31. P. V. 55.

du **Pont du Chambon de Mezillac** (Pierre-Louis-Alphonse-Benjamin).
Né le 1er octobre 1769 à Saint-Martin-de-Ré, généralité de la Rochelle.
Admis en 1779. ‾ Vol. 31. P. V. 56.

du **Pont du Chambon de Vergor** (Joseph).
Né le 6 novembre 1758 à Québec.
Admis à la Flèche en 1767. Vol. 17. Fo 185.
Admis à l'École militaire en 1772. Vol. 16. P. V. 56.

du **Pont de Complègne** (Antoine-Joseph-Charles).
Né le 6 août 1771 à Fontainebleau, diocèse de Sens.
Admis en 1780. Vol. 32. P. V. 53.

du **Pont de Complègne** (Henry-André).
Né le 21 août 1779 à Fontainebleau, diocèse de Sens.
Admis en 1788. Vol. 40. P. V. 13.

du **Pont de Vivier** (Ange-Roland).
Né le 21 novembre 1766 à Rochefort-sur-Mer.
Admis en 1775 à la Flèche. Vol. 26. P. V. 36.

de **Pontavice des Renardières** (Laurent-René-Hyacinthe-Anne).
Né le 9 février 1764 à Montours, évêché de Rennes.
Admis en 1772 à la Flèche. Vol. 22. P. V. 51.

de **Pontavice des Renardières** (Louis-Anne).
Né le 16 janvier 1766 à Montours, évêché de Rennes.
Admis en 1777. Vol. 27. P. V. 28.

de **Pontbriand** (Antoine-François-Claude-Louis).
Né le 3 avril 1767 à Bollène, Comtat-Venaissin.
Admis en 1777. Vol. 27. P. V. 26.

de **Pontevès** (Joseph-Étienne-Marguerite).
Né le 26 décembre 1777 à Barjols, diocèse de Fréjus.
Admis en 1786 à la Flèche. Vol. 38. P. V. 15.

de **Pontevès** (Louis-César).
Né le 4 septembre 1778 à la Guadeloupe.
Admis en 1788. Vol. 40. P. V. 83.

de **Pontual de la Villecevault** (Nicolas-Auguste).
Né le 31 décembre 1777 à Dinan.
Admis en 1787. Vol. 59. P. V. 11.

des **Porcellets de Maillanne** (Joseph-Suzon-Marthe).
Né le 16 mars 1750 à Nismes.
Admis en 1761. Vol. 7. P. V. 35.

des **Porcellets de Maillanne** (Joseph-René-Marie-Auguste).
Né le 8 novembre 1770 à Beaucaire, en Languedoc.
Admis en 1781. Vol. 33. P. V. 59. .

Poret (Étienne-Henry).
Né le 7 mars 1778 à Biards, diocèse d'Avranches.
Admis en 1789.   Vol. 40. P. V. 87.

du **Port de Pontcharras** (Jean-Frédéric).
Né le 28 février 1746 à la Mure, en Dauphiné.
Admis en 1754.   Vol. 1. P. V. 45.

du **Portail** (Raimond-Frix-René).
Né le 4 août 1778 à Bassoues, en Gascogne.
Admis en 1788.   Vol. 40. P. V. 69.

de la **Porte d'Issertieux** (René-Joseph).
Né le 18 janvier en 1770 à la Charité-sur-Loire, généralité de
    Bourges.
Admis en 1779.   Vol. 31. P. V. 31.

de la **Porte des Vaux** (Jean-Hector).
Né le 17 septembre 1779 à Millac, diocèse de Poitiers.
Admis en 1788.   Vol. 40. P. V. 75.

du **Potet** (Louis).
Né le 25 octobre 1771 à Fays, diocèse de Toul.
Admis en 1782.   Vol. 34. P. V. 2.

du **Pouget de Reniac** (Louis-François).
Né le 30 janvier 1757 à Amance, diocèse de Besançon.
Admis en 1766.   Vol. 17. Fo 133.

Poulain de Mauny (César-Auguste).
Né le 6 mars 1764 à Landehen, évêché de Dol, en Bretagne.
Admis en 1773 à la Flèche.   Vol. 23. P. V. 10.

Poullain de Brustel (Louis-Abraham).
Né le 15 mars 1765 à Danci, généralité d'Alençon.
Admis en 1774 à la Flèche.   Vol. 24. P. V. 39.

de **Pourcheresse de Fraisans** (Marie-Louis-Joseph-Philippe).
Né le 24 août 1765 à Besançon.
Admis en 1774 à la Flèche.   Vol. 24. P. V. 40.

Poussineau de Vandeuvre (Philippe-Michel).
Né le 20 juillet 1756 à Mauzé, en Poitou.
Admis en 1767.   Vol. 12. P. V. 13.

Poussineau de Vandeuvre (Jean-Nicolas).
Né le 19 août 1760 à Mauzé, en Poitou.
Admis en 1769 à la Flèche.   Vol. 19. Fo 101.

de **Pouy** (Jean-Joseph-Gabriel).
Né le 23 septembre 1780 à Miradoux, diocèse de Lectoure.
Admis en 1788.   Vol. 40. P. V. 52.

de **Prépetit** (Pierre-Charles-Jean).
Né le 6 janvier 1773 à Condé-sur-Noireau, diocèse de Bayeux.
Admis en 1783.   Vol. 35. P. V. 57.

de **Pressac** (Jean-François-Aimar-Constantin).
Né le 6 juin 1764 à Valenciennes.
Admis en 1773 à la Flèche.   Vol. 24. P. V. 16.

du **Pressac de Lioncel** (Pierre).
Né le 23 juin 1765 à Saint-Christophe-de-Claix, diocèse d'Angoulême.
Admis en 1774 à la Flèche.   Vol. 24. P. V. 36.

de **Préverand de Sonneville** (Pierre-Augustin-Victor).
Né le 21 juillet 1778 à Villefagnan, en Angoumois.
Admis en 1788.   Vol. 40. P. V. 46.

de **Prévost de Lémian** (Louis-Pierre-Augustin).
Né le 12 septembre 1765 à Valreas (Comtat-Venaissin).
Admis en 1774.   Vol. 25. P. V. 18.

Prévost de Traversay (Auguste-Jean).
Né le 24 juin 1762 à Rochefort, diocèse de la Rochelle.
Admis en 1770 à la Flèche.   Vol. 20. P. V. 261.

Prévost de Traversay (Sévère-Charles).
Né le 15 septembre 1766 à Rochefort, diocèse de la Rochelle.
Admis en 1777.   Vol. 27. P. V. 72.

Prévost de Traversay (Louis-Justin-Marie).
Né le 8 août 1770 à Rochefort, diocèse de la Rochelle.
Admis en 1779.   Vol. 31. P. V. 41.

Prévost de Traversay (Louis-Marie-Armand).
Né le 3 juillet 1773 à Brest.
Admis en 1782.   Vol. 34. P. V. 51.

de **Prez d'Andriven de la Queüe** (Louis-Auguste).
Né le 26 octobre 1757 à la Queüe, généralité de Paris.
Admis en 1768.   Vol. 13. P. V. 25.

de **Prez de Champolant** (Gabriel).
Né le 13 novembre 1770 à Villefollet, diocèse de Poitiers.
Admis en 1782.   Vol. 34. P. V. 37.

des **Prez de la Graillère** (Jean-Philippe-César).
Né le 14 septembre 1759 à Secondigny, en Poitou.
Admis en 1769 à la Flèche.   Vol. 18. Fo 217.

du **Prez de la Queüe** (Alexandre-Victor).
Né le 18 octobre 1765 à Gallois, diocèse de Chartres.
Admis en 1775 à la Flèche.   Vol. 26. P. V. 14.

Prieur de Recquemont (Louis-François).
Né le 3 mars 1768 à Paris.
Admis en 1778.   Vol. 30. P. V. 26.

de **Pruines** (Antoine).
Né le 13 février 1779 à Saint-Martin-de-Boisset, bailliage d'Aurillac.
Admis en 1788.   Vol. 40. P. V. 42.

de **Puch de Montbreton** (Alexandre-Charles).
Né le 31 janvier 1762 à Saint-Martin-de-Lerme, diocèse de Bazas.
Admis en 1772 à la Flèche.   Vol. 22. P. V. 7.

del **Puech de Comeiras** (Louis-Henry-Joseph).
Né le 10 octobre 1767 à Saint-Hippolyte, diocèse d'Alais.
Admis en 1777.   Vol. 27. P. V. 48.

del Puech de Comeiras (Jacques-Fortuné-Marie).
Né le 7 novembre 1780 à Saint-Hippolyte, diocèse d'Alais.
Admis en 1789. Vol. 40. P. V. 93.

de Pujo de Labatut de Lengres (Étienne-Emmanuel).
Né le 11 septembre 1772 à Vic-Bigorre, généralité d'Auch.
Admis en 1783. Vol. 35. P. V. 6.

de Puniet de Cavenac (Étienne-Charles).
Né le 24 mai 1768 à Moncuq, en Quercy.
Admis en 1778. Vol. 30. P. V. 40.

de Puniet de Cavenac (François-Arnaud).
Né le 15 mars 1771 à Moncuq, en Quercy.
Admis en 1780. Vol. 32. P. V. 66.

de Puniet de Montfort (Joseph).
Né le 6 avril 1774 à Moncuq, en Quercy.
Admis en 1783. Vol. 35. P. V. 42.

de Purgoldt de Lowenhardt (Étienne-François-Charles).
Né le 6 avril 1765 à Cayenne.
Admis en 1777. Vol. 28. P. V. 92.

de Putecotte de Reneville (Alexandre-François).
Né le 24 septembre 1748 à Saint-Patrice d'Argence, en Basse-Normandie.
Admis en 1760. Vol. 6. P. V. 12.

de Putecotte de Reneville (Pierre-Charles-Alexandre).
Né le 2 janvier 1777 à Grenoble.
Admis en 1787. Vol. 39. P. V. 28.

du Puy de Chateauvert (Gaspard).
Né le 7 mai 1765 à Montaigu-le-Blain, diocèse de Clermont.
Admis en 1774 à la Flèche. Vol. 24. P. V. 25.

de Puy de Saint-Amand (Bernard).
Né le 10 septembre 1771 à Toulouse.
Admis en 1782. Vol 34. P. V. 22.

Puyou de Pouvourville (Charles-Louis-Étienne).
Né le 1er septembre 1768 à Landau, diocèse de Spire, en Basse-Alsace.
Admis en 1779 à la Flèche. Vol. 37. P. V. 52.

Puyou de Pouvourville (Jean-Philippe).
Né le 7 septembre 1771 à Landau, diocèse de Spire, en Basse-Alsace,
Admis en 1781. Vol. 33. P. V. 19.

Q

Quarré d'Aligny (Étienne-François).
Né le 2 septembre 1751 à Bouze près Beaune, en Bourgogne.
Admis en 1762 au collège royal de la Flèche. Vol. 8. P. V. 23.

Quarré d'Aligny (Louis-Fortuné).
Né le 17 décembre 1759 à Beaune en Bourgogne.
Admis en 1768 au collège royal de la Flèche.   Vol. 18. F° 41.

de **Quatrebarbes** (Hyacinthe-Charles-René).
Né le 4 juillet 1759 à Chateaugontier, généralité de Tours.
Admis en 1769 à la Flèche.   Vol. 18. F° 281.

de **Quatrebarbes** (Augustin-Lancelot).
Né le 23 octobre 1763 à Chateaugontier, généralité de Tours.
Admis en 1773 à la Flèche.   Vol. 23. P. V. 9.

de **Quelo de Cadouzan** (François-Marie-Joseph).
Né le 31 janvier 1772 à Dolay, évêché de Nantes.
Admis en 1783.   Vol. 35. P. V. 35.

de **Querelles** (Pierre-David-Michel-Jérôme).
Né le 30 septembre 1758 à Montpellier.
Admis à la Flèche en 1768.   Vol. 17. F° 331.
Admis à l'École militaire en 1772.   Vol. 16. P. V. 10.

de **Querelles** (Jean-Jacques-Louis)
Né le 29 novembre 1765 à Montpellier.
Admis en 1775 à la Flèche.   Vol. 26. P. V. 57.

le **Queux** (Claude-Louis-François).
Né le 6 juillet 1764 à Lichtemberg, en Franconie.
Admis en 1773 à la Flèche.   Vol. 23. P. V. 39.

de **Queux** (Henry-Hippolyte).
Né le 26 août 1767 a Arces, en Saintonge.
Admis en 1778.   Vol. 29. P. V. 49.

le **Queux de Saint-Hilaire** (Philippe-Alexandre)
Né le 25 janvier 1760 à Bordeaux.
Admis en 1777.   Vol. 27. P. V. 43.

de **Quiefdeville** (Louis-Florent-Victurnien-Charles-Léopold).
Né le 15 novembre 1770 à Toul.
Admis en 1779.   Vol. 31. P. V. 33.

R

Rado (Alexandre-Marie).
Né le 26 février 1777 à Glénac, en Bretagne.
Admis en 1787.   Vol. 39. P. V. 51.

de **Raguet de Fossé** (Pierre-Anne-Charles).
Né le 18 mai 1743 à Mézières, diocèse de Reims.
Admis en 1755.   Vol. 2. P. V. 15.

de **Raguet de Fossé** (Louis-François-Henry).
Né le 11 octobre 1765 à Quesnoy-en-Hainant, diocèse de Cambrai.
Admis en 1774 à la Flèche.   Vol. 24. P. V. 44.

de **Raguet de Fossé** (Antoine-François-Jacob).
Né le 8 juin 1767 à Quesnoy-en-Hainaut, diocèse de Cambrai.
Admis en 1774 à la Flèche. Vol. 26. P. V. 25.

de **Raguet de Liman** (Louis-Antoine-Noël).
Né le 12 mai 1762 à Saint-Vast-en-Valenciennes, diocèse d'Arras.
Admis en 1770 à la Flèche. Vol. 20. F° 143.

de **Raguet de Liman** (Christian-Frédéric-Xavier).
Né le 23 juin 1759 à Saint-Vast-en-Valenciennes.
Admis en 1768. Vol. 17. F° 289.

le **Rahier des Bordes de la Berge** (Louis-François).
Né le 30 avril 1756 à Vaudoy-en-Brie.
Admis en 1766. Vol. 11. P. V. 24.

de **Raillard de Prauthoy** (Joseph-Philippe).
Né le 3 février 1756 à Saint-Martin de Sauxures, diocèse de Toul.
Admis en 1767. Vol. 12. P. V. 10.

de **Raimond de las Bordes** (Antoine-Jacques-Noël).
Né le 23 décembre 1762 à Castelnaudary, diocèse de Saint-Papoul.
Admis en 1772 à la Flèche. Vol. 22. P. V. 39.

de **Raimond de la Nougarède** (Marc-Antoine-Marie).
Né le 3 août 1760 à Castelnaudary, diocèse de Saint-Papoul.
Admis en 1769 à la Flèche. Vol. 19. F° 167.

de **Raimond de la Nougarède** (Jean-François).
Né le 15 mai 1761 à Castelnaudary, diocèse de Saint-Papoul.
Admis en 1775 à la Flèche. Vol. 26. P. V. 18.

de **Raimond de la Nougarède** (Marc-Antoine-Thérèse).
Né le 19 avril 1778 à Castelnaudary, diocèse de Saint-Papoul.
Admis en 1788. Vol. 40. P. V. 78.

de **Rancher** (Pierre).
Né le 8 juin 1775 à Lièze, diocèse de Tours.
Admis en 1784. Vol. 36. P. V. 24.

de **Randenraedt de Mandre de Montureux** (Jean-François).
Né le 1er juin 1750 à Thuillères, bailliage de Langres.
Admis en 1761. Vol. 7. P. V. 10.

de **Rangueil de Popincourt** (Auguste-François-Ferdinand).
Né le 30 mars 1757 à Saint-Agnan-de-Grivesnes, généralité d'Amiens.
Admis en 1768. Vol. 13. P. V. 12.

le **Ras de Grangy de Claye** (Alexandre-César).
Né le 17 novembre 1768 à Mézin, diocèse de Condom.
Admis en 1778. Vol. 29. P. V. 48.

de **Rassent** (Hercule-Alexandre).
Né le 9 septembre 1750 à Archelles, doyenné de Longueville, diocèse
de Rouen.
Admis en 1760. Vol. 6. P. V. 37.

de **Rastel de Rocheblave** (Jean-Joseph).
Né le 2 juin 1744 à Briançon, en Dauphiné, diocèse d'Embrun.
Admis en 1753. Vol. 1. P. V. 6.

de **Raulin de Belval** (Louis-César-François-Désiré).
Né le 25 octobre 1751 à Belval, diocèse de Boulogne.
Admis en 1762.   Vol. 8. P. V. 17.

de **Raulin de Belval** (André-Charles-Eugène).
Né le 23 mars 1754 à Belval, diocèse de Boulogne.
Admis en 1764.   Vol. 9. P. V. 3.

de **Raulin de Belval** (Auguste-Louis).
Né le 14 février 1757 à Belval, diocèse de Boulogne.
Admis à la Flèche en 1765.   -   Vol. 17. Fº 57.
Admis à l'École militaire en 1771.   Vol. 15. P. V. 36.

de **Raulin de Quetteville** (Jean-Baptiste).
Né le 15 août 1766 à Berneval, bailliage de Caux.
Admis en 1778.   Vol. 30. P. V.4.

de **Baxis de Flassan** (Gaëtan).
Né le 7 août 1760 à Bédoin en Comtat-Venaissin.
Admis en 1768 à la Flèche.   Vol. 18. Fº 127.

de **Baxis de Flassan** (Louis-Anselme).
Né le 19 février 1759 à Bédoin en Comtat-Venaissin.
Admis en 1767.   Vol. 17. Fº 267.

de **Baxis de Flassan** (Joseph-François-Casimir).
Né le 17 décembre 1768 à Bédoin en Comtat-Venaissin.
Admis en 1777 à la Flèche.   Vol. 28. P. V. 73.

de **Raxes** (Bernard-Donatien).
Né le 3 juillet 1756 à Poitiers.
Admis en 1765.   Vol. 17. Fº 65.

de **Redon de la Pujade** (Marie-François de Paule).
Né le 1er avril 1773 à Castel-Sarrazin.
Admis en 1783.   Vol. 35. P. V. 16.

de **Redon de la Pujade** (Jean-Pierre-Marguerite).
Né le 31 juillet 1774 à Larrazet, diocèse de Montauban.
Admis en 1784.   Vol. 36. P. V. 1.

de **Regnier de Rohault** (Jean-Laurent-Hubert).
Né le 23 septembre 1754 à Deüillet, généralité de Soissons.
Admis en 1765.   Vol. 10. P. V. 28.

de **Regnier de Rohault** (Jean-Charles-Hubert).
Né le 28 novembre 1760 à Deüillet, généralité de Soissons.
Admis en 1769 à la Flèche.   Vol. 19. Fº 31.

de **Regnier de la Motte** (François).
Né le 31 janvier 1745 au bourg de Craone, diocèse de Laon.
Admis en 1756.   Vol. 3. P. V. 44.

de **Réméon de Longuevau** (François-Mathurin).
Né le 9 février 1751 au château de Joux en Franche-Comté.
Admis en 1761.   Vol. 7. P. V. 20.

de **Réméon de Thorigny** (Christophe).
Né le 25 juillet 1754 à Blois.
Admis en 1766.   Vol. 11. P. V. 39.

de **Rémond du Mesnil** (Charles).
Né le 4 août 1774 à Ervy-le-Châtel, diocèse de Sens.
Admis en 1783. Vol. 35. P. V. 41.

de **Renty** (Jean-Baptiste).
Né le 19 septembre 1754 à Blois-Pargny, diocèse de Laon.
Admis à la Flèche en 1764. Vol. 17. F° 11.
Admis à l'École militaire en 1769. Vol. 13. P. V. 41.

de **Renty** (Jean-Charles).
Né le 14 décembre 1756 à Blois-Pargny, diocèse de Laon.
Admis à la Flèche en 1765. Vol. 17. F° 63.
Admis à l'École militaire en 1770. Vol. 15. P. V. 8.

de **Requiston** (Victor-Alexandre-François).
Né le 12 juillet 1746 à Paris.
Admis en 1756. Vol. 4. P. V. 25.

de **Resseguier** (Antoine-Nicolas).
Né le 16 juillet 1755 à Joigny, diocèse de Sens.
Admis en 1760. Vol. 11. P. V. 28.

de **Reviers** (Jacques-Joseph).
Né le 6 octobre 1740, à Coudeville, diocèse de Coutances.
Admis en 1754. Vol. 1. P. V. 42.

de **Reviers de Mauny** (Jacques-François-Vincent).
Né le 30 septembre 1752 à Chateaudun.
Admis en 1764. Vol. 9. P. V. 6.

de **Reviers de Mauny** (Jean-Charles).
Né le 23 juin 1754 à Chateaudun.
Admis à la Flèche en 1764. Vol. 17. F° 11.
Admis en 1759. Vol. 14. P. V. 5.

de **Reynaud de Monts** (Jean-Antoine-Marie-Galien).
Né le 17 décembre 1770 à Saint-Robert-de-Montferrand, en Auvergne.
Admis en 1781. Vol. 33. P. V. 31.

de **Reynaud de Monts** (Charles-Ildebert-Marian).
Né le 19 décembre 1774 à Saint-Robert-de-Montferrand, en Auvergne.
Admis en 1783. Vol. 35. P. V. 38.

Richard de Batilly (Louis-Nicolas). } Frères.
Richard de Batilly (Mathias). }
Nés à Etain, en Lorraine. } Louis-Nicolas, le 4 avril 1741 ;
} Mathias, le 6 avril 1742.
Admis en 1754. Vol. 1. P. V. 35.

Richard de Beligny (Marie-Guillaume-Joseph-Honoré).
Né le 14 février 1770 à Beaune, généralité de Dijon.
Admis en 1781. Vol. 33. P. V. 40.

Richard de la Bertonallère (Charles-François).
Né le 10 mars 1768 à Poitiers.
Admis en 1778. Vol. 30. P. V. 52.

de **Richard de Castelnau** (Charles-Joseph-Aimable).
Né le 31 juillet 1769 à Angers.
Admis en 1778. Vol. 30. P. V. 49.

de **Richery d'Allons** (Jean-François).
  Né le 4 juin 1755 à Glandève, en Provence.
  Admis à la Flèche en 1764.   Vol. 17. F° 41.
  Admis à l'École militaire en 1769.   Vol. 14. P. V. 13.

de **Richoufz** (Claude-François-Frédéric).
  Né le 27 juillet 1754 à Porquericourt, diocèse de Noyon.
  Admis à la Flèche en 1764.   Vol. 17. F° 33.
  Admis à l'École militaire en 1770.   Vol. 14. P. V. 22.

le **Ricque de Recourt** (Fortuné).
  Né le 23 janvier 1780 à Béthune, diocèse d'Arras.
  Admis en 1788.   Vol. 40. P. V. 14.

de **Ridouet de Sancé** (Augustin-Jean-Jacques).
  Né le 6 novembre 1747 à Strasbourg.
  Admis en 1756.   Vol. 3. P. V. 45.

de **Ridouet de Sancé** (Jean-Louis-Alexandre Gédéon).
  Né le 18 mars 1755 à Metz.
  Admis à la Flèche en 1764.   Vol. 17. F° 27.
  Admis à l'École militaire en 1769.   Vol. 13. P. V. 45.

de la **Rigaudie** (Jean-Léonard-Augustin).
  Né le 9 août 1778 à Ségonzac, diocèse de Périgueux.
  Admis en 1788.   Vol. 40. P. V. 80.

de **Rignac** (Jacques-Honoré-Félix).   }
de **Rignac** (Dominique-Jean-Baptiste. } Frères.
    Nés à Barcelonette. { Jacques-Honoré-Félix, le 28 juillet 1749 ;
                        { Dominique-Jean-Baptiste, le 18 juillet 1751.
  Admis en 1760.   Vol. 5. P. V. 10.

de **Riget de Montjoux** (Charles-César).
  Né le 29 octobre 1746 à Montjoux, en Dauphiné.
  Admis en 1756.   Vol. 4. P. V. 8.

de **Riget de Montjoux** (Claude-Alexandre).
  Né le 10 février 1754 à Montjoux, en Dauphiné.
  Admis en 1765.   Vol. 10. P. V. 40.

de **Riget de Montjoux** (Jean-Joseph).
  Né le 17 mars 1758 à Montjoux, en Dauphiné.
  Admis à la Flèche en 1768.   Vol. 17. F° 323.
  Admis à l'École militaire en 1772.   Vol. 16. P. V. 3.

de **Riols** (Louis).
  Né le 6 septembre 1780 à Saint-Victor-de-Marenghol-Lambron, diocèse
    de Clermont.
  Admis en 1788.   Vol. 40. P. V. 43.

de **Riom de Pradt** (Dominique-Antoine-Hector).
  Né le 23 avril 1759 à Allanche, en Auvergne.
  Admis en 1768.   Vol. 17. F° 309.

de **Riom de Pradt** (Dominique-Marie-Anne).
  Né le 2 décembre 1756 à Landeyrac, diocèse de Saint-Flour.
  Admis en 1766.   Vol. 11. P. V. 35.

de **Rivals de la Devèze** (Jean-Marie-André).
Né le 8 septembre 1768 à Toul.
Admis en 1779.   Vol. 31. P. V. 71.

de **Rivals de la Devèze** (Jean-Joseph-Athanase).
Né le 1er mai 1778 à Castelnaudary, diocèse de Saint-Papoul.
Admis en 1788.   Vol. 40. P. V. 53.

de la **Rivière** (Théodore-Augustin).
Né le 30 octobre 1744 à Dreux, diocèse de Chartres.
Admis en 1753.   Vol. 1. P. V. 29.

de la **Rivière** (Robert).
Né le 2 juillet 1749 à Dreux, diocèse de Chartres.
Admis en 1760.   Vol. 5. P. V. 14.

de la **Rivière** (Louis-François-Aimé).
Né le 12 septembre 1773 à Maubert-Fontaine, diocèse de Reims.
Admis en 1782.   Vol. 34. P. V. 39.

de **Rivolle** (Pierre-Edouard).
Né le 13 octobre 1756 à Asti, en Piémont.
Admis à la Flèche en 1765.   Vol. 17. Fo 69.
Admis à l'École militaire en 1770.   Vol. 15. P. V. 5.

de **Robert** (Jean-Charles-Adam-Maximilien-Henry).
Né le 9 octobre 1759 à Prez, diocèse de Reims.
Admis en 1767.   Vol. 17. Fo 261.

de **Robert du Chatelet** (Louis-François-Maximilien).
Né le 23 juillet 1765 à Auxerre.
Admis en 1774 à la Flèche.   Vol. 24. P. V. 49.

de **Robert d'Escragnolle** (Louis-César-François-Marie).
Né le 31 octobre 1775 à Grasse, en Provence.
Admis en 1785 à la Flèche.   Vol. 37. P. V. 7.

Robert d'Hurcourt (Nicolas-Gédéon-Éléonor).
Né le 25 mai 1776 à Paris.
Admis en 1786 à la Flèche.   Vol. 38. P. V. 11.

Robin de Coulognes (Charles-Jacques-Désiré).
Né le 21 août 1752 à Saint-Germain-d'Orly, diocèse de Paris.
Admis en 1762.   Vol. 8. P. V. 34.

Robinault de Saint-Rejan (Toussaints-Marie).
Né le 2 novembre 1769 à Laurelas, en Bretagne.
Admis en 1779.   Vol. 31. P. V. 51.

de **Robinet de Plas** (François-Barnabé).
Né le 10 juin 1767 à Aubeterre, en Angoumois.
Admis en 1778.   Vol. 29. P. V. 55.

de la **Roche** (Étienne). } Frères.
de la **Roche** (Jean-Baptiste). }
Nés à Montluçon. { Étienne, le 2 décembre 1749 ;
{ Jean-Baptiste, le 27 décembre 1750.
Admis en 1760.   Vol. 5. P. V. 13.

de la **Roche** (Philibert-Marie).
Né le 23 janvier 1766 à Autun.
Admis en 1775 à la Flèche.   Vol. 26. P. V. 46.

de la **Rocheaymon** (Philibert).
Né le 24 mars 1774 à Saint-Martin-du-Bois, diocèse de Bordeaux.
Admis en 1784.   Vol. 36. P. V. 40.

de la **Rocheaymon** (Nicolas).
Né le 4 août 1767 à Saint-Martin-du-Bois, diocèse de Bordeaux.
Admis en 1777.   Vol. 28. P. V. 27.

de la **Roche de Carelle** (François-Marie).
Né le 22 août 1764 à Saint-Étienne-la-Varenne, en Beaujolais.
Admis en 1774 à la Flèche.   Vol. 25. P. V. 52.

de **Roche de Cavillac** (Claude-Hercule),
Né le 23 septembre 1765 à Mansuy-lez-Toul, diocèse de Toul.
Admis en 1777.   Vol. 27. P. V. 74.

de **Roche de Cavillac** (Louis-Joseph-Aimé).
Né le 13 mars 1767 à Toul.
Admis en 1773 à la Flèche.   Vol. 23. P. V. 26.

de la **Roche de Cienne** (Charles-Gaston).
Né le 23 septembre 1764 à Bourbon-l'Archambault, diocèse de Bourges.
Admis en 1774 à la Flèche.   Vol. 24. P. V. 28.

de la **Roche de Saint-André** (Charles-René-Marie).
Né le 17 juin 1774 aux Sables-d'Olonne, diocèse de Luçon.
Admis en 1783.   Vol. 35. P. V. 14.

de la **Roche de Saint-André** (Alexandre-Louis).
Né le 1er décembre 1760 à Rochefort, diocèse de la Rochelle.
Admis en 1771 à la Flèche.   Vol. 21. P. V. 3.

de la **Roche Vernay** (René).
Né le 24 janvier 1759 à Loudun.
Admis en 1769 à la Flèche.   Vol. 19. F° 141.

de la **Roche Vernay** (Henry).
Né le 24 avril 1764 à Loudun.
Admis en 1773 à la Flèche.   Vol. 23. P. V. 37.

du **Rocher du Pargat** (Jean-Baptiste-François).
Né le 19 décembre 1770 à la Goesnière, évêché de Saint-Malo.
Admis en 1781.   Vol. 33. P. V. 53.

des **Roches** (Jean).
Né le 31 mai 1760 à Saint-Claud, diocèse d'Angoulême.
Admis en 1770 à la Flèche.   Vol. 20. F° 97.

de la **Rochette de Salbas** (Antoine).
Né le 21 août 1777 à Saint-Poncy, diocèse de Saint-Flour.
Admis en 1786 à la Flèche.   Vol. 38. P. V. 16.

de la **Rochette de la Tour** (Joseph-Louis).
Né le 28 septembre 1780 à Saint-Jeure-de-Bonas, généralité de Montpellier.
Admis en 1788.   Vol. 40. P. V. 38.

Rochette de Malauzat (Pierre-Amable).
Né le 29 avril 1776 à Saint-Paul-la-Roche, diocèse de Périgueux.
Admis en 1785 à la Flèche.   Vol. 37. P. V. 17.

de **Rochon de Vormeselle** (Gabriel).
Né le 11 mars 1750 à Queyssac, en Périgord.
Admis en 1761.   . Vol. 7. P. V. 11.

de **Roquard** (Gabriel-François-Rostaing).
Né le 18 septembre 1773 à Bolleue, dans le Comtat-Venaissin.
Admis en 1784.   Vol. 36. P. V. 8.

de la **Rocque de Chanfray** (Julien-Armand-Romain).
Né le 17 novembre 1751 à Notre-Dame-du-Hamel, diocèse de Lisieux.
Admis en 1762.   Vol. 8. P. V. 33.

Rodais (Pierre-Léon).
Né le 16 juin 1779 à Saumur, diocèse d'Angers.
Admis en 1788.   Vol. 40. P. V. 77.

de **Rodarel de Seilhac** (Jules-Marc).
Né le 18 décembre 1762 à Phalsbourg, diocèse de Strasbourg.
Admis en 1771 à la Flèche.   Vol. 21. P. V. 39.

Roland de Rengervé (Félix-Marie).
Né le 9 septembre 1761 au Rocher-Martinaye, diocèse de Saint-Malo.
Admis en 1771 à la Flèche.   Vol. 21. P. V. 37.

de **Romanet de Ressay** (Joseph-Christophe-Emmanuel).
Né le 30 septembre 1746 à Metz.
Admis en 1756.   . Vol. 4. P. V. 27.

de **Romé** (Guillaume-Jérôme-Jean-Nicolas).
Né le 15 novembre 1752 à Fécamp.
Admis en 1765.   Vol. 10. P. V. 14.

de **Ronsay de la Barbellnière** (Pierre-Charles).
Né le 5 octobre 1744 à Saint-Maurice-du-Buignon-en-Gastine.
Admis en 1756.   Vol. 3. P. V. 46.

de **Roquard** (Pierre-Aignan-Joachim).
Né le 8 août 1771 à Chassenon, diocèse de Limoges.
Admis en 1781.   Vol. 33. P. V. 26.

Roque de Fourchaud (Jérôme-Nicolas).
Né le 26 août 1745 à Saint-Sauveur-de-Cayenne, en Amérique.
Admis en 1757.   Vol. 4. P. V. 42.

de la **Roque de Séverac** (Jean-Pierre).
Né le 8 septembre 1770 à la Chaize-Dieu, en Auvergne.
Admis en 1780.   Vol. 32. P. V. 46.

de **Roquefeuil** (Joseph-François).
Né le 17 août 1767 à Truel, diocèse de Rodez.
Admis en 1777.   Vol. 28. P. V. 48.

de **Roquefeuil** (Georges-Hippolyte).
Né le 30 juin 1756 à Prunet, diocèse de Saint-Flour.
Admis en 1768.   Vol. 13. P. V. 19.

de **Roquefeuil** (Louis-Pierre-Marie-Emmanuel).
Né le 10 juillet 1774 à Montpellier.
Admis en 1784.   Vol. 36. P. V. 5.

de **Roquefenil** (Marie-François-Henry).
Né le 14 octobre 1772 à Montpellier.
Admis en 1783.   Vol. 35. P. V. 36.

de **Roquefeuille d'Amber** (François-Marie-Hippolyte-Casimir).
Né le 30 mars 1778 à Saint-Remy-en-Rouergue, diocèse de Rodez.
Admis en 1787.   Vol. 39. P. V. 50.

de **Roquemaurel** (Jean-Baptiste-Marie-Maurice-Ursule).
Né le 27 août 1771 à Notre-Dame-de-Vic, diocèse de Couserans.
Admis en 1783.   Vol. 35. P. V. 1.

de **Roquevert** (Nicolas-Joseph).
Né le 23 juillet 1749 à Essoye, diocèse de Langres.
Admis en 1759.   Vol. 5. P. V. 2.

de **Rose** (Joseph-François-Marie).
Né le 18 mars 1752 à Lissieux, en Lyonnais.
Admis en 1762.   Vol. 8. P. V. 29.

du **Rosel** (Charles-Jacques).
Né le 5 octobre 1763 à Saint-Germain-du-Grioult, diocèse de Bayeux.
Admis en 1773 à la Flèche.   Vol. 23. P. V. 36.

de **Rossel** (Christophe-Henry).
Né le 3 septembre 1756 à Sens.
Admis à la Flèche en 1765.   Vol. 17. F° 69.
Admis à l'École militaire en 1770.   Vol. 15. P. V. 19.

de **Rossel** (Élisabeth-Paul-Edouard).
Né le 11 septembre 1765 à Sens.
Admis en 1774 à la Flèche.   Vol. 25. P. V. 41.

de **Rossel de Cercy** (Louis-Christophe).
Né le 13 février 1774 à Sens.
Admis en 1783.   Vol. 35. P. V. 13.

des **Retours de la Chaux** (Charles-Henry).
Né le 29 avril 1778 à Saint-Pierre-de-la-Chaux, diocèse de Sées.
Admis en 1787.   Vol. 39. P. V. 17.

de **Roucy** (Éblé-Charles-Louis).
Né le 20 décembre 1780 à Saint-Remy-de-Vandy, diocèse de Reims.
Admis en 1788.   Vol. 40. P. V. 17.

le **Rouge de Guerdavid** (Jean-Louis).
Né le 23 janvier 1765 à Morlaix, diocèse de Tréguier.
Admis en 1774 à la Flèche.   Vol. 25. P. V. 3.

de **Rougemont** (Marc-Jean-Marie).
Né le 18 avril 1758 à Saint-Martin-de-Varenne, diocèse de Poitiers.
Admis à la Flèche en 1767.   Vol. 17. F° 161.
Admis à l'École militaire en 1772.   Vol. 16. P. V. 4.

de **Rougeot** (Alexandre-Ferdinand).
Né le 20 mars 1778 à Montreuil-sur-Mer, généralité d'Amiens.
Admis en 1787.   Vol. 39. P. V. 4.

Rougeot de Moncrif (Étienne-François).
Né le 10 novembre 1775 à Auxerre.
Admis en 1785 à la Flèche.   Vol. 37. P. V. 10.

Rougier (François).
Né le 24 mai 1764 à Nieuil, en Aunis.
Admis en 1772 à la Flèche.   Vol. 22. P. V. 22.

Roiiot (Antoine-Christophe-François-de-Paule).
Né le 18 août 1749 à Sainte-Croix-de-Pont-à-Mousson, en Lorraine.
Admis en 1760.   Vol. 6. P. V. 32.

de **Roussel de la Batisse** (Antoine-François).
Né le 3 février 1776 à Courpière, en Auvergne.
Admis en 1786 à la Flèche.   Vol. 38. P. V. 57.

de **Roux d'Arbaud** (Louis-Antoine).
Né le 31 octobre 1764 à la Martinique.
Admis en 1773 à la Flèche.   Vol. 23. P. V. 48.

de **Roux d'Arbaud** (Jacques-Louis-Rose).
Né le 1er octobre 1768 à la Martinique.
Admis en 1777.   Vol. 27. P. V. 12.

le **Roux de Bonneval** (Pierre-Joseph-Hippolyte).
Né le 23 juin 1776 à Marseille.
Admis en 1786 à la Flèche.   Vol. 38. P. V. 32.

le **Roux du Minihy** (Pierre-Marie).
Né le 19 janvier 1771 à Saint-Quay, sénéchaussée de Saint-Brieuc.
Admis en 1782.   Vol. 34. P. V. 54.

Roux du Rognon de Rochelle (Claude-Gaspard).
Né le 13 janvier 1777 à Lons-le-Saunier, en Franche-Comté.
Admis en 1787.   Vol. 39. P. V. 35.

Roux du Rognon de Rochelle (Charles-Onésime-Guillaume).
Né le 16 février 1767 à Lons-le-Saunier, en Franche-Comté.
Admis en 1777.   Vol. 27. P. V. 8.

Roy de Panloup (Gilbert).
Né le 5 novembre 1758 à Iseure-de-Moulins, en Bourbonnais.
Admis en 1767.   Vol. 17. Fo 237.

le **Roy d'Allarde** (Denis-Michel-Éléonor).
Né le 20 septembre 1767 à Neuilly-en-Dun-le-Roy, généralité de Bourges.
Admis en 1777.   Vol. 27. P. V. 21.

le **Roy de Bury** (Jean-Louis).
Né le 26 août 1744 à Saint-Maxent, en Bretagne.
Admis en 1756.   Vol. 3. P. V. 47.

le **Roy de Bury d'Antecourt** (Claude-Ferdinand).
Né le 27 octobre 1779 à Saint-Ouen-d'Ochencourt, diocèse d'Amiens.
Admis en 1787.   Vol. 39. P. V. 26.

Roy de la Chaise (Claude-Sébastien).
Né le 6 février 1779 à Moulins, en Bourbonnais.
Admis en 1787.   Vol. 39. P. V. 15.

le **Roy de Lenchère** (François).
Né le 24 juin 1765 à Bonœuil, diocèse de Saintes.
Admis en 1773 à la Flèche.   Vol. 24. P. V. 20.

le **Roy de Lenchère** (Jean-Aunet)
Né le 16 août 1767 à Bonœuil, diocèse de Saintes.
Admis en 1778.   Vol. 29. P. V. 41.

— 140 —

le **Roy de Limeux** (Antoine-François-Isidore).
Né le 5 octobre 1750 à Eu.
Admis en 1761. Vol. 7. P. V. 29.

Royer de Fontenay (François-Martial). ⎫ Frères.
Royer de Fontenay (Louis-Jean-Baptiste). ⎭
Tous deux nés à Fay-Billot, ⎫ François-Martial, le 21 janvier 1756;
diocèse de Langres. ⎭ Baptiste, le 13 juin 1757.
Admis en 1768. Vol. 13. P. V. 29.

Royer de Fontenay de Donnemarie (Louis-Charles).
Né le 11 octobre 1760 à Donnemarie, diocèse de Langres.
Admis en 1770 à la Flèche. Vol. 20. F° 207.

Royer de Fontenay de Donnemarie (Jean-Baptiste).
Né le 18 octobre 1763 à Donnemarie, diocèse de Langres.
Admis en 1773 à la Flèche. Vol. 23. P. V. 49.

des **Roys** (Joseph-Guillaume).
Né le 16 mai 1769 à Mauriac, en Haute-Auvergne.
Admis en 1778. Vol. 30. P. V. 53.

des **Roys** (Joseph-Valentin-Marie).
Né le 4 juin 1770 à Toulon.
Admis en 1779. Vol. 31. P. V. 3.

de **Rozet de la Garde de la Bastide** (Paul-Joseph-Ferdinand).
Né le 19 août 1755 à Besançon.
Admis en 1766. Vol. 11. P. V. 1.

de **Rozet de la Garde** (Louis-Jean-Paul).
Né le 11 février 1762 à Briançon.
Admis en 1771 à la Flèche. Vol. 21. P. V. 9.

Ruault (Jean-Pierre-Bonaventure).
Né le 25 août 1761 à Vire, diocèse de Bayeux.
Admis en 1771 à la Flèche. Vol. 21. P. V. 20.

de **Ruays de la Sauvagerie** (René-François).
Né le 29 mai 1765 à la Plaine-en-Rays, évêché de Nantes.
Admis en 1777. Vol. 27. P. V. 51.

de la **Rue de Fresnay** (Vincent-Marie).
Né le 19 août 1747 à Brest.
Admis en 1759. Vol. 5. P. V. 5.

de la **Rue d'Héricourt** (Louis-Marc-Antoine).
Né le 24 août 1746 à Héricourt, diocèse de Beauvais.
Admis en 1756. Vol. 3. P. V. 48.

de **Ruel des Landais** (Pierre-Nicolas).
Né le 5 décembre 1764 à Rouen.
Admis en 1774 à la Flèche. Vol. 25. P. V. 40.

de **Ruelz** (François).
Né le 10 août 1747 à Sainte-Foy de Lyon.
Admis en 1755. Vol. 2. P. V. 22.

S

de **Sabater** (Étienne-François-Bernard).
Né le 20 mai 1767 à Ille-de-Roussillon.
Admis en 1777.   Vol. 28. P. V. 63.

de **Sabrevois** (Charles-François).
Né le 27 novembre 1746 à Condé-en-Haynaut.
Admis en 1756.   Vol. 3. P. V. 49.

de **Saget** (Louis-Marie-Joseph).
Né le 19 mars 1778 à Toulouse.
Admis en 1788.   Vol. 40. P. V. 7.

de **Sagey** (Jean-Armand-François-Xavier).
Né le 10 novembre 1755 à Ornans, comté de Bourgogne.
Admis en 1767.   Vol. 12. P. V. 4.

Saguez de Breuvery (Pierre-Madeleine).
Né le 10 décembre 1758 à Châlons, en Champagne.
Admis à la Flèche en 1766.   Vol. 17. F° 137.
Admis à l'École militaire en 1772.   Vol. 16. P. V. 21.

de la **Saigne Saint-Georges** (Joseph).
Né le 2 août 1775 à Montluçon, diocèse de Bourges.
Admis en 1785 à la Flèche.   Vol. 37. P. V. 25.

de **Saincton** (Pierre-Gabriel).
Né le 22 novembre 1747 à Bar-le-Duc.
Admis en 1756.   Vol. 3. P. V. 50.

de **Saincton** (Alexandre).
Né le 11 octobre 1757 à Bar-le-Duc.
Admis à la Flèche en 1766.   Vol. 17. F° 117.
Admis à l'École militaire en 1771.   Vol. 15. P. V. 30.

de **Sainctignon** (Alexandre-Xavier-Charles-Joseph).
Né le 13 juin 1766 à Mercy-le-Bas, en Lorraine.
Admis en 1788.   Vol. 29. P. V. 51.

de **Saint-Gresse** (Jean-Bernard).
Né le 5 mai 1770 à Ordan, diocèse d'Auch.
Admis en 1779.   Vol. 31. P. V. 58.

de **Sainte-Hermine** (Louis-Madeleine).
Né le 7 novembre 1762 à Saint-Mesme, diocèse de Saintes.
Admis en 1771 à la Flèche.   Vol. 21. P. V. 4.

de **Sainte-Hermine** (Pierre-Louis-André-Madeleine-René).
Né le 11 juillet 1765 à Boutteville, diocèse de Saintes.
Admis en 1773 à la Flèche.   Vol. 23. P. V. 31.

de **Saint-Léger** (Césaire-Nicolas).
Né le 2 août 1769 à Laon.
Admis en 1781.   Vol. 33. P. V. 39.

de **Saint-Légier de Boisrond d'Orignac** (Blaise-Antoine-Nicolas).
Né le 10 novembre 1756 à Saint-Cyers-du-Taillon, diocèse de Saintes.
Admis en 1766. Vol. 11. P. V. 46.

de **Saint-Légier de Boisrond d'Orignac** (Jean-Grégoire).
Né le 9 janvier 1758 à Saint-Cyers-du-Taillon, diocèse de Saintes.
Admis à la Flèche en 1767. Vol. 17. F° 193.
Admis à l'École militaire en 1771. Vol. 15. P. V. 45.

de **Saint-Légier de la Saussaye** (Jean-Georges-Laurent).
Né le 18 janvier 1769 à Saintes.
Admis en 1778. Vol. 30. P. V. 17.

de **Saint-Mauris** (Alexandre-Ardouin-Charles-Emmanuel-Louis).
Né le 1er mai 1767 à Mens, en Dauphiné.
Admis en 1778. Vol. 29. P. V. 54.

de **Saint-Mauris** (Gabriel-François-de-Paule).
Né le 18 mai 1749 à Verdun-sur-Meuse.
Admis en 1759. Vol. 5. P. V. 1.

de **Saint-Mauris** (Claude-Alexis-Yoland).
Né le 4 janvier 1772 à Lons-le-Saunier, en Franche-Comté.
Admis en 1783. Vol. 35. P. V. 5.

de **Saint-Ours de Lassac** (Charles).
Né le 25 décembre 1745 à la Rochelle.
Admis en 1757. Vol. 4. P. V. 32.

de **Saint-Pair de Carlac** (Jean-Joseph-François).
Né le 18 juin 1754 à Dol, en Bretagne.
Admis à la Flèche en 1764. Vol. 17. F° 12.
Admis à l'École militaire en 1769. Vol. 13. P. V. 37.

de **Saint-Pair de Carlac** (Joseph-Ange).
Né le 25 avril 1759 à Dol, en Bretagne.
Admis en 1768 à la Flèche. Vol. 18. F° 5.

de **Saint-Pé** (Joseph-Michel).
Né le 24 février 1759 à Saint-Loup, en Condomois.
Admis en 1769 à la Flèche. Vol. 18. F° 221.

de **Saint-Pezran** (Guillaume-Jean).
Né le 9 septembre 1774 à Flouguer-Carhaix, diocèse de Quimper.
Admis en 1784. Vol. 36. P. V. 56.

de **Saint-Pol de Velledieu** (Benoît-Anthème).
Né le 22 février 1764 à Saint-Anthème, en Auvergne.
Admis en 1777. Vol. 28. P. V. 24.

de **Saint-Privé** (Joseph-Léopold).
Né le 30 juin 1779 à Charmes-sur-Moselle, en Lorraine.
Admis en 1787. Vol. 39. P. V. 24.

de **Saint-Sauveur** (Louis-Joachim-Mathieu).
Né le 24 juillet 1757 à Favières, généralité d'Alençon.
Admis à la Flèche en 1766. Vol. 17. F° 137.
Admis à l'École militaire en 1771. Vol. 15. P. V. 26.

de Salha (Valentin).
Né le 13 janvier 1758 à Bardos, diocèse de Bayonne.
Admis à la Flèche en 1767.   Vol. 17. Fº 259.
Admis à l'École militaire en 1771.   Vol. 15. P. V. 33.

de Saliguac (Jacques-Charles).
Né le 6 août 1748 à Paris.
Admis en 1760.   Vol. 5. P. V. 29.

de Salin de Niar (François-Urbain).
Né le 25 mai 1760 à Neuf-Brisack.
Admis en 1769 à la Flèche.   Vol. 18. Fº 177.

de Salin de Niar (François-Urbain).
Né le 15 janvier 1765 à Neuf-Brisack, diocèse de Bâle.
Admis en 1777.   Vol. 27. P. V. 64.

de Salis (Joachim-Valentin-Aimé).
Né le 3 avril 1747 à Aire, en Artois.
Admis en 1757.   Vol. 4. P. V. 30.

de la Salle (Joseph-Bertrand-Régis).
Né le 28 janvier 1769 à Saint-Just, en Auvergne.
Admis en 1778.   Vol. 30. P. V. 20.

de la Salle (Jean-Pierre-Baptiste).
Né le 15 avril 1772 à Saint-Just, en Auvergne.
Admis en 1783.   Vol. 35. P. V. 44.

de Sallemard (Pierre).
Né le 23 février 1770 à Vienne, en Dauphiné.
Admis en 1779.   Vol. 31. P. V. 15.

de Salvert (Henry-Étienne).
Né le 11 octobre 1756 à Aurillac.
Admis à la Flèche en 1765.   Vol. 17. Fº 91.
Admis à l'École militaire en 1770.   Vol. 15. P. V. 12.

de Sandret de Trianon (Pierre-Joseph).
Né le 20 avril 1767 à Hébertot, diocèse de Lisieux.
Admis en 1777 à la Flèche.   Vol. 28. P. V. 65.

de Samzillon (Mathieu).
Né le 7 décembre 1768 à Bussière-Galland, diocèse de Limoges.
Admis en 1780.   Vol. 32. P. V. 12.

de Saqui de Tourès (Louis-Charles-Hilarion).
Né le 28 août 1749 à Toulon.
Admis en 1760.   Vol. 5. P. V. 36.

de Sarcé (Louis-François-de-Sales).
Né le 1er octobre 1770 à la Flèche, en Anjou.
Admis en 1780.   Vol. 32. P. V. 58.

de Sarcé (René-Alexandre).
Né le 5 septembre 1778 à Lude, diocèse d'Angers.
Admis en 1786 à la Flèche.   Vol. 38. P. V. 23.

de Sarcilly (Georges-Augustin).
Né le 15 septembre 1771 à Clairefougère, diocèse de Bayeux.
Admis en 1782.   Vol. 34. P. V. 19.

de Sarlac (Étienne-Clément).
Né le 28 février 1745 à Saint-Amans-l'Homps, diocèse de Lectoure.
Admis en 1755.   Vol. 2. P. V. 38.

de Sarrau d'Arasse (Claude-Alexandre).
Né le 8 septembre 1767 à Pont-à-Mousson, élection de Nancy.
Admis en 1778.   Vol. 30. P. V. 50.

de Sarrazin de la Devèse (François-Xavier-Victor).
Né le 7 janvier 1770 à Barre, diocèse de Mende.
Admis en 1782.   Vol. 34. P. V. 1.

de Sars (Jacques-Marie-Casimir).
Né le 28 septembre 1766 à Valenciennes (Hainaut).
Admis en 1777.   Vol. 28. P. V. 56.

de Sars (Marie-Eugène-Louis).
Né le 19 janvier 1768 à Valenciennes (Hainaut).
Admis en 1778.   Vol. 29. P. V. 53.

de Sartiges de Sourniac (Jean-Baptiste).
Né le 5 avril 1763 à La Roche-Canillac, diocèse de Limoges.
Admis en 1772.   Vol. 22. P. V. 6.

de Saulnier du Pleissac (Antoine).
Né le 21 juillet 1764 à Bourdeville.
Admis en 1774 à la Flèche.   Vol. 24. P. V. 27.

du Saulzet (Marie-Cosne-Damien).
Né le 2 août 1767 à Fournot, diocèse de Clermont.
Admis en 1777.   Vol. 28. P. V. 17.

du Saunier de Serre de Montservier (Pierre-Pascal).
Né le 11 septembre 1778 à Joursac, diocèse de Saint-Flour.
Admis en 1788.   Vol. 40. P. V. 82.

de Saussey de la Champagne (Guy-François-Pierre).
Né le 20 décembre 1763 à Millière, diocèse de Coutances.
Admis en 1772 à la Flèche.   Vol. 22. P. V. 32.

de Sauvage d'Eyquem (Achille-Claude-Luc-René).
Né le 1er janvier 1766 à Saumur, diocèse d'Angers.
Admis en 1774.   Vol. 24. P. V. 36.

de Sauzay (Pierre).
Né le 29 avril 1761 à Saint-Blaise-de-Pleinpied, diocèse de Bourges.
Admis en 1769 à la Flèche.   Vol. 18. F° 209.

de Savatte de Genouillé (Gabriel-Louis-Marc).
Né le 27 avril 1779 à Saint-Nicolas-de-Beauvoir, diocèse de Poitiers.
Admis en 1788.   Vol. 40. P. V. 71.

Savatte de la Mothe des Effes (Pierre).
Né le 29 octobre 1757 à Brelou, diocèse de Poitiers.
Admis à la Flèche en 1766.   Vol. 17. F° 158.
Admis à l'École militaire en 1772.   Vol. 16. P. V. 40.

Savatte de la Mothe des Effes (Augustin).
Né le 7 février 1759 à Saint-Pierre de Brelou, diocèse de Poitiers.
Admis en 1768 à la Flèche.   Vol. 18. F° 169.

Savatte de la Ressonnière (Jean-Pierre-Jacques).
Né le 26 mars 1750 à Poitiers.
Admis en 1760.   Vol. 6. P. V. 26.

de **Savignac de Vaux** (Joseph).
Né le 22 janvier 1766 à la Jonchère, diocèse de Limoges.
Admis en 1777.   Vol. 27. P. V. 31.

de **Schwilgué** (François-Alexandre).
Né le 28 décembre 1746 à Thann, en Haute-Alsace, diocèse de Basle.
Admis en 1755.   Vol. 2. P. V. 28.

de **Schwilgué** (Bernard-Jean-Antoine).
Né le 4 novembre 1749 à Tham, en Haute-Alsace.
Admis en 1760.   Vol. 5 P. V. 43.

de **Schwilgué** (Philippe-Romain-Louis).
Né le 12 novembre 1748 à Thann en Haute-Alsace.
Admis en 1756.   Vol. 4. P. V. 26.

de **Séguin de Cabassolle** (Louis-Marie-Étienne).
Né le 24 mars 1766 à Chinon, généralité de Tours.
Admis en 1774 à la Flèche.   Vol. 25. P. V. 2.

de **Seguin de Piégon** (Étienne-René).
Né le 6 mars 1758 à l'Isle-de-France.
Admis à la Flèche en 1767.   Vol. 17. F° 225.
Admis à l'École militaire en 1772.   Vol. 16. P. V. 27.

de **Seguin de Piégon** (Alexandre).
Né le 20 juin 1770 à Chinon, en Touraine.
Admis en 1779.   Vol. 31. P. V. 34.

de **Séguins** (Alexandre-Joseph-François).
Né le 16 juillet 1769 à Carpentras.
Admis en 1780.   Vol. 32. P. V. 2.

de **Séguins** (Paul-César-Bruno).
Né le 9 septembre 1770 à Carpentras.
Admis en 1780.   Vol. 32. P. V. 3.

de **Séguins de Pazzis d'Aubignan** (Paul-Louis-Antoine-de-Padoue).
Né le 12 avril 1760 à Carpentras.
Admis en 1769 à la Flèche.   Vol. 19. F° 197.

de **Ségur de Cabanac** (Auguste-François-Marcel).
Né le 12 janvier 1771 à Eschères, diocèse de Toul.
Admis en 1781.   Vol. 33. P. V. 6.

de **Ségur de Montazeau** (Henry-Philippe-Jean-Baptiste).
Né le 9 décembre 1756 à Montazeau, diocèse de Périgueux.
Admis à la Flèche en 1766.   Vol. 17. F° 145.
Admis à l'École militaire en 1770.   Vol. 15. P. V. 13.

de **Ségur de Montazeau** (Jean).
Né le 20 juillet 1765 à Montazeau, diocèse de Périgueux.
Admis en 1774 à la Flèche.   Vol. 24. P. V. 42.

de **Ségur de Montazeau** (François-Marie-Athanase).
Né le 17 août 1767 à Montazeau, diocèse de Périgueux.
Admis en 1775 à la Flèche.   Vol. 26. P. V. 66.

de **Ségur de Montazeau** (Henry-Philippe).
Né le 27 juillet 1754 à Montazeau, diocèse de Périgueux.
Admis en 1765. Vol. 17. F. 51.

de **Ségur de Montazeau** (Alexandre).
Né le 17 août 1771 à Montazeau, diocèse de Périgueux.
Admis en 1781. Vol. 33. P. V. 9.

Seigneur (Henry-Bonaventure-Gabriel).
Né le 3 septembre 1772 à Bar-le-Duc.
Admis en 1782. Vol. 34. P. V. 32.

de **Selve** (Marie).
Né le 8 mars 1764 à Quéven, diocèse de Vannes.
Admis en 1772 à la Flèche. Vol. 22. P. V. 31.

Senault (Théophile-Hyacinthe).
Né le 25 avril 1777 à Prez-sous-la-Fauche, diocèse de Toul.
Admis en 1788. Vol. 40. P. V. 25.

le **Sénéchal** (Charles-Louis-Marie).
Né le 8 février 1749 à Sainte-Marie-Madeleine-de-Douvren, doyenné
d'Enverme, élection d'Arques.
Admis en 1760. Vol. 6. P. V. 18.

de **Séran d'Audrieu** (Jean-Baptiste-François).
Né le 8 novembre 1756 à la Seyne, en Provence.
Admis à la Flèche en 1765. Vol. 17. F° 57.
Admis en 1770. Vol. 14. P. V. 46.

de **Serre** (Roch-Hyacinthe-Louis-Pierre-Fourier).
Né le 7 juillet 1779 à Pagny, diocèse de Toul
Admis en 1788. Vol. 40. P. V. 30.

de la **Serre** (Jean-Louis-Joseph-Henry).
Né le 12 novembre 1749 à Pézenas, diocèse d'Agde.
Admis en 1760. Vol. 5. P. V. 28.

de la **Serre de Villemarin** (Jean-François).
Né le 10 janvier 1760 à Pézenas, diocèse d'Agde.
Admis en 1769 à la Flèche. Vol. 19. F° 43.

de **Sers d'Aulix** (Paul-André-Marie).
Né le 29 novembre 1758 à Peyrère, généralité de Toulouse.
Admis à la Flèche en 1767. Vol. 17. F° 167.
Admis à l'École militaire en 1772. Vol. 16. P. V. 59.

de **Séverac de Jnzes** (Jean-Baptiste-Louis-Michel).
Né le 13 octobre 1755 à Sainte-Madelène-d'Arcomie, diocèse de Mende,
généralité de Montpellier.
Admis en 1768. Vol. 13. P. V. 21.

de **Séverac de Ségur** (Guillaume).
Né le 6 mai 1769 à Allanche, en Auvergne.
Admis en 1779. Vol. 31. P. V. 77.

de **Seyturier** (François-Joseph).
Né le 16 juin 1765 à Bourg-en-Bresse
Admis en 1774 à la Flèche. Vol. 25. P. V. 42.

de **Sibert de Cornillon** (Charles-Joseph).
   Né le 17 mars 1752 à Bagnols, diocèse d'Uzès.
   Admis en 1762 à la Flèche.　　　　　　　Vol. 8. P. V. 38.

de **Sibert de Cornillon** (Charles-François).
   Né le 10 février 1758 à Bagnols, diocèse d'Uzès.
   Admis à la Flèche en 1766.　　　　　　Vol. 17. Fº 138.
   Admis à l'École militaire en 1772.　　　Vol. 16. P. V. 13.

de **Sigaud de Lestang** (Jean-François-Mathieu).
   Né le 14 mai 1773 à Puy-en-Velay.
   Admis en 1783.　　　　　　　　　　　Vol. 35. P. V. 55.

de **Signy** (Marie-Gabriel).
   Né le 11 mars 1755 à Huismes, généralité de Tours.
   Admis en 1766.　　　　　　　　　　Vol. 11. P. V. 50.

de **Silly** (Jean-François-Charles).
   Né le 1er février 1757 à Nancy.
   Admis en 1767　　　　　　　　　　Vol. 12. P. V. 37.

de **Silly** (Gabriel-François).
   Né le 5 avril 1748 à Nancy.
   Admis à la Flèche en 1767.　　　　　Vol. 17. Fº 265.
   Admis à l'École militaire en 1772.　　Vol. 16. P. V. 48.

Siochan de Kersabiec (Claude-Laurent-Joseph).
   Né le 10 août 1763 à Minihy-de-Léon, en Basse-Bretagne.
   Admis en 1773 à la Flèche.　　　　　Vol. 23. P. V. 8.

Siochan de Kersabiec (Jean-Marie-Angélique).
   Né le 24 avril 1769 à Minihy-de-Léon, en Basse-Bretagne.
   Admis en 1780.　　　　　　　　　　Vol. 32. P. V. 43.

Siochan de Kersabiec (Jean-Pierre-Marie).
   Né le 1er janvier 1767 à Minihy-de-Léon, en Basse-Bretagne.
   Admis en 1775　　　　　　　　　　Vol. 26. P. V. 51.

Simoni de Pétriconi (César-Joseph-Balthazar).
   Né le 23 janvier 1768 au village de Sorio, en Corse.
   Admis en 1777.　　　　　　　　　　Vol. 28. P. V. 82.

Simoni de Pétriconi (Jean-Laurent).
   Né le 15 septembre 1776 au village de Sorio, en Corse.
   Admis en 1787.　　　　　　　　　　Vol. 39. P. V. 3.

de **Simony** (Louis-Henry).
   Né le 25 mars 1757 à Bettoncourt, en Champagne.
   Admis en 1767.　　　　　　　　　　Vol. 12. P. V. 17.

de **Simony de Broutière** (Louis-Victor).
   Né le 16 février 1765 à Toulon.
   Admis en 1773 à la Flèche.　　　　　Vol. 23. P. V. 25.

de **Simony de Broutière** (Charles).
   Né le 29 décembre 1775 à Toulon.
   Admis en 1786 à la Flèche.　　　　　Vol. 38. P. V. 24.

du **Sobirats** (François-Marie-Joseph).
   Né le 24 février 1765 à Carpentras, Comtat-Venaissin.
   Admis en 1777.　　　　　　　　　　Vol. 28. P. V. 81.

de **Solages** (Gabriel-François).
  Né le 27 septembre 1752 à Neufour, dépendance de Clermont, en
    Argonne.
  Admis en 1763.   Vol. 8. P. V. 41.

de **Solan de Saboulies** (Joseph-Hercule-Élisabeth-Marie).
  Né le 12 juillet 1767 à Toulouse.
  Admis en 1778.   ·   Vol. 30. P. V. 3.

du **Solier** (Jean-Marie).
  Né le 17 juin 1755 à Saint-Vincent-de-Barrès, en Vivarais.
  Admis en 1767.   Vol. 12. P. V. 1.

de **Soret du Filleul** (Alexandre-Nicolas).
  Né le 1er juin 1766 à Limesy, généralité de Rouen.
  Admis en 1774 à la Flèche.   Vol. 25. P. V. 9.

Souchet Dalvimart (Gaétan-Octavien).
  Né le 13 mai 1770 à Paris.
  Admis en 1780.   Vol. 32. P. V. 17.

Souchet Dalvimart (Octavien-Pierre-Louis).
  Né le 2 octobre 1772 à Paris.
  Admis en 1782.   Vol. 34. P. V. 11.

Souffrain (François).
  Né le 1er avril 1764 à Saint-Pierre-de-Mouhet, en Poitou.
  Admis en 1772 à la Flèche.   Vol. 22. P. V. 8.

Souquet de la Coudraye (Philippe-Henry).
  Né le 16 septembre 1751 à Varennes dans le Clermontois, diocèse de
    Reims.
  Admis en 1761.   Vol. 7. P. V. 5.

Souquet de la Coudraye (Nicolas-Denis).
  Né le 19 janvier 1757 à Varennes dans le Clermontois, diocèse de
    Reims.
  Admis en 1768.   Vol. 13. P. V. 1.

Souquet de la Coudraye (Jean-Jacques).
  Né le 2 août 1755 à Varennes dans le Clermontois, diocèse de Reims.
  Admis à la Flèche en 1764.   Vol. 17. Fo 27.
  Admis à l'Ecole militaire en 1769.   Vol. 14. P. V. 15.

Souquet de la Tour (Guillaume-Jean-François).
  Né le 13 décembre 1766 à Crosménil, généralité d'Alençon.
  Admis en 1777.   Vol. 27. P. V. 60.

e **Sucur de Givry** (Juvénal-Jean-Henry).
  Né le 22 juin 1770 à Laon.
  Admis en 1781.   Vol. 33. P. V. 22.

T

de **Tabouret de Crespy** (Louis-Ignace).
Né le 7 juillet 1747 à Toul.
Admis en 1756.   Vol. 3. P. V. 51.

de **Tabouret de Crespy** (Yacinthe-Léopold).
Né le 12 février 1749, à Neufchateau en Lorraine.
Admis en 1760.   Vol. 6. P. V. 6.

Taillandier de Rouville (Cosme-Damien-Claude).
Né le 13 juin 1780 à Saint-Jean-d'Olmet, en Auvergne, diocèse de
Clermont.
Admis en 1788.   Vol. 40. P. V. 64.

de **Taillevis de Jupeaux** (Anne-Louis-Marie).
Né le 17 août 1774 à Vendôme.
Admis en 1784.   Vol. 36. P. V. 11.

de **Taillevis de Jupeaux** (Louis).
Né le 11 juin 1780 à Vendôme.
Admis en 1788.   Vol. 40. P. V. 8.

de **Tallevast du Pré** (Jean-François).
Né le 17 février 1745 à Longueville, diocèse de Bayeux.
Admis en 1755.   Vol. 2. P. V. 27.

Tartereau de Berthemont (Antoine-Louis).
Né le 18 septembre 1748 à Paris.
Admis en 1757.   Vol. 4. P. V. 31.

de **Tascher** (Louis-François-Philibert).
Né le 17 août 1754 à Saint-Pierre-d'Avèze, province du Maine.
Admis à la Flèche en 1764.   Vol. 17. F° 33.
Admis à l'École militaire en 1769.   Vol. 13. P. V. 39.

Taschereau de Pictières (Pierre-Louis).
Né le 31 août 1763 à Ballon, élection de Tours.
Admis en 1772 à la Flèche.   Vol. 22. P. V. 19.

de **Taurlac** (Antoine).
Né le 25 janvier 1767 à Millau, diocèse de Rodez.
Admis en 1777.   Vol. 28. P. V. 46

de **Taurlac** (Jean-François).
Né le 24 avril 1764 à Millau, diocèse de Rodez.
Admis en 1774 à la Flèche.   Vol. 24. P. V. 23.

Taveau de Mortemer (Gaspard-François-Alexandre).
Né le 19 janvier 1778 à Montmorillon, généralité de Poitiers.
Admis en 1788.   Vol. 40. P. V. 15.

Teillé de Laubray (Jean-Ambroise).
Né le 8 septembre 1753 à Saint-Jean-d'Angely.
Admis en 1764.   Vol. 9. P. V. 12.

Teillé de Laubray (Philippe-Jacques-Alexis).
Né le 29 octobre 1747 à Saint-Sauveur-de-Cayenne, Amérique.
Admis en 1757.   Vol. 4. P. V. 43.

Teillé de Laubry (Jacques-Édouard).
Né le 20 janvier 1749 à Saint-Jean-d'Angely.
Admis en 1760.   Vol. 5. P. V. 45.

Teillé de Vaury (Pierre-Philippe-Charles-Gabriel-Alexandre).
Né le 2 février 1755 à Vouillé-sur-Niort.
Admis en 1765.   Vol. 10. P. V. 6.

de **Termes** (Jean-Baptiste-Bernard-François).
Né le 28 septembre 1764 à Veyrignac, diocèse de Sarlat.
Admis en 1773 à la Flèche.   Vol. 24. P. V. 22.

de **Terrasson** (René-Cyprien-Gabriel).
Né le 5 mai 1770 à Saint-Fimeux, diocèse d'Angoulême.
Admis en 1781.   Vol. 33. P. V. 13.

Terrasson de Verneuil (Alexandre-Charles-Gabriel).
Né le 5 septembre 1749 à Roullet, en Angoumois.
Admis en 1760.   Vol. 5. P. V. 48.

Terrasson de Verneuil (François-Charles-Louis).
Né le 11 mars 1755 à Angoulême.
Admis à la Flèche en 1764.   Vol. 17. F° 33.
Admis à l'École militaire en 1769.   Vol. 13. P. V. 44.

du **Tertre d'Escuffeut** (Antoine-Marie).
Né le 7 mars 1743 à Estaples, diocèse de Boulogne.
Admis en 1754.   Vol. 2. P. V. 3.

du **Tertre d'Escuffeut** (Jean-Marie).
Né le 8 décembre 1745 à Estaples, diocèse de Boulogne.
Admis en 1756.   Vol. 4. P. V. 20.

du **Tertre de le Marcq** (Louis-Marie-Joseph).
Né le 21 avril 1752 à Bimont, diocèse de Boulogne.
Admis en 1763.   Vol. 8. P. V. 40.

du **Tertre de le Marcq** (Jean-François).
Né le 26 mars 1757 à Rimboval, diocèse de Boulogne.
Admis à la Flèche en 1766.   Vol. 17. F° 138.
Admis à l'École militaire en 1771.   Vol. 15. P. V. 47.

de **Testas de Folmont** (Antoine).
Né le 3 septembre 1748 à Saint-Pierre-de-Bagat, diocèse de Cahors,
    en Quercy.
Admis en 1760.   Vol. 6. P. V. 16.

de **Testas de Folmont** (Charles).
Né le 14 août 1759 à Bagat, diocèse de Cahors, en Quercy.
Admis en 1768.   Vol. 17. F° 319.

de **Teste de Saint-Didier** (Joseph).
Né le 14 octobre 1773 à Chimay, diocèse de Liège.
Admis en 1783.   Vol. 35. P. V. 2.

de la **Teyssonnière** (Charles-Claude). ⎱ Frères.
de la **Teyssonnière** (Joseph-Marie). ⎰
    Charles-Claude, né le 27 mai 1738 ⎱ à Saint-Martin-de-Buellaz,
    Joseph-Marie, né le 4 juillet 1740 ⎰   près Bourg, en Bresse.
    Admis en 1753.   Vol. 1. P. V. 14.

de la **Teyssonnière** (Nestor-Agricole-Charles).
    Né le 1er septembre 1777 à Bourg-en-Bresse.
    Admis en 1785 à la Flèche.   Vol. 37. P. V. 42.

de **Thézan** (Louis).
    Né le 16 juin 1770 à Narbonne.
    Admis en 1780.   Vol. 32. P. V. 39.

de **Thézan de Luc** (Étienne-Charles).
    Né le 11 décembre 1770 à Norenzac, diocèse d'Agde.
    Admis en 1779.   Vol. 31. P. V. 61.

de **Thiballier de Dommarie** (Philippe-Louis-Constantin).
    Né le 2 mars 1772 à Mircourt, en Lorraine.
    Admis en 1782.   Vol. 34. P. V. 38.

Thibault d'Allerit (François-Louis).
    Né le 14 mars 1775 à Niort.
    Admis en 1784.   Vol. 36. P. V. 33.

de **Thibault de Noblet de la Rochetulon** (Claude-René-Marie-François).
    Né le 8 décembre 1749 à Thorigné, diocèse du Mans.
    Admis en 1760.   Vol. 5. P. V. 20.

Thierry (Edme-Valentin).
    Né le 11 avril 1753 à Arthonnay, diocèse de Langres.
    Admis en 1765.   Vol. 10. P. V. 7.

Thierry (Claude-Mathurin).
    Né le 27 juin 1756 à Vougrey, en Champagne.
    Admis en 1767.   Vol. 12. P. V. 23.

de **Thieulin** (Jean-Charles-Emmanuel).
    Né le 30 juin 1764 à Strasbourg.
    Admis en 1772 à la Flèche.   Vol. 22. P. V. 55.

de **Thieulin de Saint-Vincent** (Jean-Thomas).
    Né le 30 juillet 1745 à Chateauneuf-en-Thimerais, diocèse de Char-
      tres.
    Admis en 1755.   Vol. 2. P. V. 31.

Thirel du Genneté (Nicolas-Joachim-Louis-Pierre).
    Né le 28 juin 1757 à Corneville, diocèse de Rouen.
    Admis à la Flèche en 1766.   Vol. 17. Fo 137.
    Admis à l'École militaire en 1771.   Vol. 15. P. V. 51.

Thomas d'Azneville (Louis-Thomas).
    Né le 30 août 1759 à Saint-Quentin, diocèse de Noyon.
    Admis en 1768 à la Flèche.   Vol. 18. Fo 165.

de **Thomassin** (Denis).
    Né le 9 octobre 1765 à Nuits, généralité de Dijon.
    Admis en 1777.   Vol. 28. P. V. 22.

de **Thomassy** (François).
Né le 29 janvier 1762 à Menrucis, diocèse d'Alais.
Admis en 1771 à la Flèche.   Vol. 21. P. V. 41.

Thoreau de la Martinière (Paul-René).
Né le 28 février 1747 à Meigné, diocèse d'Angers.
Admis en 1757.   Vol. 4. P. V. 41.

Thoreau des Roches (René).
Né le 2 mai 1755 à Vaudelnay, diocèse de Poitiers.
Admis en 1766.   Vol. 11. P. V. 48.

de **Thouvenin d'Hamonville** (Michel).
Né le 14 octobre 1747 à Saint-Mihiel, en Lorraine, diocèse de Verdun.
Admis en 1755.   Vol. 2. P. V. 23.

de **Thouvenin d'Hamonville** (Charles).
Né le 18 mars 1750 à Saint-Mihiel, en Lorraine, diocèse de Verdun.
Admis en 1761.   Vol. 7. P. V. 24.

Thouvenot de Fleury (Jacques-Joseph).
Né le 28 juillet 1767 à Ligny-en-Barrois, diocèse de Toul.
Admis en 1778.   Vol. 29. P. V. 18.

Thubert de Vrillaye (Jean-Marc).
Né le 25 avril 1763 à Chavaigne, diocèse de Poitiers.
Admis en 1772 à la Flèche.   Vol. 22. P. V. 44.

de **Thumery** (François-Joseph-Léopold).
Né le 23 février 1765 à Essegney, diocèse de Toul.
Admis en 1774 à la Flèche.   Vol. 25. P. V. 26.

de **Thumery** (Pierre-Sébastien).
Né le 2 avril 1770 à Essegney, diocèse de Toul.
Admis en 1780.   Vol. 32. P. V. 24.

de **Tilly** (Pierre-Jacques).
Né le 11 octobre 1755 à Contilly, diocèse du Mans.
Admis à la Flèche en 1765.   Vol. 17. F° 83.
Admis à l'École militaire en 1770.   Vol. 14. P. V. 36.

de **Tilly** (René-Pierre-Charles-Antoine).
Né le 17 janvier 1766 à Neufvillalais, diocèse du Mans.
Admis en 1774 à la Flèche.   Vol. 25. P. V. 10.

de **Tilly** (Clément).
Né le 4 février 1769 à Neufvillalais, diocèse du Mans.
Admis en 1778.   Vol. 29. P. V. 27.

de **Tilly** (Louis-Stanislas-Xavier-Elisabeth-Marie).
Né le 18 juin 1778 à Beaumout-le-Vicomte.
Admis en 1788.   Vol. 40. P. V. 10.

de **Tilly de Prémont** (Jacques-Louis-François).
Né le 2 février 1759 à Vernon, diocèse d'Évreux.
Admis en 1767.   Vol. 17. F° 204.

de **Tisseuil d'Auvaux** (François).
Né le 9 février 1760 à Abzat-sur-Vienne, diocèse de Limoges.
Admis en 1770 à la Flèche.   Vol. 20. F° 51.

de **Torcy** (Aimar-Alexandre).
Né le 9 octobre 1778 à Bois-Haltin, bailliage de Caux.
Admis en 1787.   Vol. 40. P. V. 55.

de la **Touche de la Guillonnière** (Louis-Jacques).
Né le 25 avril 1777 à Bonneuil-Matours, diocèse de Poitiers.
Admis en 1787.   Vol. 39. P. V. 52.

de la **Tour de Gouvernet de Verfeuil** (Jean-Alexandre).
Né le 16 octobre 1766 à Laval, diocèse d'Uzès.
Admis en 1775 à la Flèche.   Vol. 24. P. V. 52.

de la **Tour de Gouvernet de Verfeuil** (Louis-Philippe).
Né le 4 octobre 1764 à Trescol, diocèse d'Uzès.
Admis en 1778.   Vol. 29. P. V. 5.

de la **Tour de Saint-Igest** (Marc-Antoine-Paul).
Né le 13 octobre 1749 à Pruines, en Rouergue.
Admis en 1760.   Vol. 6. P. V. 2.

de la **Tour de Saint-Igest** (Charles-Emmanuel).
Né le 13 juin 1777 à l'Isle-de-France.
Admis en 1781.   Vol. 33. P. V. 68.

de la **Tour du Mesnil** (Henry-François). } Frères.
de la **Tour du Mesnil** (François).
Henry-François, né le 27 septembre 1746 } à Saint-Mihiel, en Lorraine.
François, né le 2 décembre 1747
Admis en 1756.   Vol. 3. P. V. 52.

de la **Tour du Mesnil** (François-Emmanuel-Jules).
Né le 3 janvier 1758 à Saint-Étienne-de-Saint-Mihiel, diocèse de Verdun.
Admis à la Flèche en 1767.   Vol. 17. F° 259.
Admis à l'École militaire en 1771.   Vol. 15. P. V. 32.

de la **Tour du Mesnil** (Michel).
Né le 25 février 1759 à Saint-Mihiel, diocèse de Verdun.
Admis en 1768 à la Flèche.   Vol. 18. F° 19.

de **Tournemire** (Joseph-François). } Frères.
de **Tournemire** (Guillaume).
Joseph-François, né le 30 novembre 1767 } à Tourrette,
Guillaume, né le 31 octobre 1768   diocèse de Limoges.
Admis en 1777 à la Flèche.   Vol. 28. P. V. 90.

Touzalin (Jean-Charles-Rémy).
Né le 25 mai 1773 à Poitiers.
Admis en 1784.   Vol. 36. P. V. 36.

de **Trémault** (Henry-Charles).
Né le 22 octobre 1770 à Lunay, diocèse du Mans.
Admis en 1781.   Vol. 33. P. V. 27.

de **Trémault** (Louis-Henry).
Né le 23 octobre 1777 à Vendôme, diocèse de Blois.
Admis en 1787.   Vol. 39. P. V. 10.

du **Trémolet de la Cheisserie** (Jean-Baptiste).
Né le 14 février 1777 à Champis, généralité de Montpellier.
Admis en 1786 à la Flèche.   Vol. 38. P. V. 26.

de **Trépezec** (Gabriel-Louis-Mathurin).
Né le 23 janvier 1755 à Saint-Samson, évêché de Saint-Brieuc.
Admis à la Flèche en 1764.   Vol. 17. F° 42.
Admis à l'École militaire en 1770.   Vol. 14. P. V. 27.

Treton de Vaujuas (Jacques-François-René).
Né le 8 août 1756 à Mayenne.
Admis en 1766.   Vol. 11. P. V. 8.

Treton de Vaujuas (François-René-Charles).
Né le 23 mai 1761 à Ver, bailliage de Bayeux.
Admis en 1771 à la Flèche.   Vol. 21. P. V. 23.

de **Trie de Pillavoine** (Barthélemy).
Né le 6 juillet 1764 à Chavigny, paroisse d'Evreux.
Admis en 1778.   Vol. 29. P. V. 42.

de **Trion de Montalembert** (Louis-François-Joseph-Bonaventure).
Né le 18 octobre 1758 à Paris.
Admis à la Flèche en 1768.   Vol. 17. F° 343.
Admis à l'École militaire en 1772.   Vol. 16. P. V. 11.

de **Tschoudy** (Jean-Joseph-Charles-Richard). } Frères.
de **Tschoudy** (Anne-François-Louis-Luc). }
    Jean-Joseph-Charles-Richard, né le 3 avril 1764 } à Metz.
    Anne-François-Louis-Luc, né le 12 juin 1765 }
Admis en 1777.   Vol. 27. P. V. 52.

de **Tschoudy** (Jean-Baptiste-Marie-Joseph).
Né le 1er août 1774 à Pont-à-Mousson, diocèse de Toul.
Admis en 1784.   Vol. 36. P. V. 12.

de **Tullières** (Pierre-Louis-Marie).
Né le 7 janvier 1754 à Saint-Pierre-de-Dangeau, diocèse de Chartres.
Admis à la Flèche en 1766.   Vol. 17. F° 49.
Admis à l'Ecole militaire en 1769.   Vol. 14. P. V. 1.

de **Tusseau** (Charles-René-Jacques).
Né le 18 mars 1776 à Thouars, diocèse de Poitiers.
Admis en 1786.   Vol. 38. P. V. 25.

de **Tutil de Grémy** (François-Joseph).
Né le 7 juillet 1766 au bourg de Samer, en Boulonnais.
Admis en 1774 à la Flèche.   Vol. 25. P. V. 50.

U

des **Ulmas de Trougay** (Joseph-Charles).
Né le 20 août 1773 à Rony, généralité de Moulins.
Admis en 1784.   Vol. 36. P. V. 38.

d'**Umières d'Olmeiras** (Pierre-François-Joseph).
Né le 20 janvier 1752 à Aurillac, en Auvergne.
Admis en 1762.   Vol. 8. P. V. 35.

d'**Urre de Molans** (André-Joseph).
Né le 30 août 1745, au Bourg de Pas, en Artois.
Admis en 1755.   Vol. 2. P. V. 24.

V

du **Val** (Gabriel-Lazare).
Né le 1er septembre 1764 à Essertenne, en Bourgogne.
Admis en 1773 à la Flèche.   Vol. 24. P. V. 7.

du **Val** (Pierre-Marie-Stanislas).
Né le 7 mai 1763 à Essertenne, en Bourgogne.
Admis en 1771 à la Flèche.   Vol. 21. P. V. 43.

du **Val de Thaas** (Claude-François).
Né le 4 juillet 1766 à Saint-Médard-de-Thaas, diocèse de Troyes.
Admis en 1777.   Vol. 28. P. V. 26.

de **Valles** (Jean-Armand-Constant). } Frères jumeaux.
de **Valles** (Christophe).
Nés le 3 février 1752 à Chateaudun.
Admis en 1762.   Vol. 8. P. V. 12.

le **Vallois** (Anne-Pierre-Antoine-Louis).
Né le 5 octobre 1751 à Clécy, bailliage de Vire.
Admis en 1762.   Vol. 8. P. V. 19.

de **Valory** (Charles-Joseph-François).
Né le 5 juin 1751 à Phalsbourg, diocèse de Strasbourg.
Admis en 1762.   Vol. 7. P. V. 48.

de **Valory** (Louis-Henry-Daniel).
Né le 11 septembre 1753 à Phalsbourg, diocèse de Strasbourg.
Admis en 1764.   Vol. 9. P. V. 1.

de **Valory** (François-Florent).
Né le 9 février 1755 à Huningue.
Admis en 1765.   Vol. 10. P. V. 16.

de **Valory** (Guy-Louis-Henry).
Né le 20 mars 1757 à Toul.
Admis à la Flèche en 1765.   Vol. 17. F° 57.
Admis à l'École militaire en 1772.   Vol. 16. P. V. 36.

de **Vandel** (François).
Né le 2 février 1757 à Champigny-sur-Veude, diocèse de Poitiers.
Admis à la Flèche en 1765.   Vol. 17. F° 85.
Admis à l'École militaire en 1770.   Vol. 15. P. V. 16.

de **Vandel** (Jean-Urbain).
Né le 29 septembre 1759 à Champigny-sur-Veude, diocèse de Poitiers.
Admis en 1768 à la Flèche. Vol. 18. F° 13.

de **Vanel de Lisleroy** (Marie-Joseph-Prosper).
Né le 29 décembre 1765 à Saint-Esprit, diocèse d'Uzès.
Admis en 1774 à la Flèche. Vol. 25. P. V. 19.

de **Vanel** (Armand-Louis-Marcelin).
Né le 9 décembre 1771 à Soissons.
Admis en 1782. Vol. 34. P. V. 9.

de **Varènes** (François-Gabriel-Étienne-Thomas).
Né le 21 décembre 1768 à Avignon.
Admis en 1778. Vol. 30. P. V. 13.

de **Varennes** (Philippe).
Né le 31 mai 1739 à Conches, diocèse d'Evreux.
Admis en 1754. Vol. 1. P. V. 32.

de **Varoquier** (Jean-Baptiste-Barthélemy).
Né le 9 mars 1754 à Saint-Affrique-en-Rouergue, diocèse de Vabres.
Admis en 1765. Vol. 10. P. V. 29.

de **Varoquier** (François-Auguste-Gédéon).
Né le 22 février 1762 à Saint-Affrique-en-Rouergue, diocèse de Vabres.
Admis en 1771 à la Flèche. Vol. 21. P. V. 6.

de **Vasconselles** (Anne-Jacques-Louis).
Né le 8 juillet 1756 à Authon, en Perche, diocèse de Chartres.
Admis en 1766. Vol. 11. P. V. 25.

de **Vassal de la Garde** (Armand-Augustin).
Né le 12 juillet 1756 à Lherm, diocèse de Cahors.
Admis en 1768. Vol. 12. P. V. 49.

de **Vassal de la Garde** (Jean-Louis-Emmanuel).
Né le 18 juillet 1758 à Lherm, diocèse de Cahors.
Admis à la Flèche en 1766. Vol. 17. F° 155.
Admis à l'École militaire en 1772. Vol. 16. P. V. 1.

de **Vassal de Montviel** (Jean-Baptiste-François).
Né le 23 juillet 1769 à Riom. ns
Admis en 1778. Vol. 30. P. V. 25.

de **Vassal de Rignac** (Henry).
Né le 22 octobre 1776 à Limeyrac, sénéchaussée de Périgueux.
Admis en 1786 à la Flèche. Vol. 38. P. V. 47.

de **Vassart** (Jean-François).
Né le 12 avril 1767 à Audernay, diocèse de Toul.
Admis en 1777. Vol. 27. P. V. 37.

de **Vassart** (Alexis-Victoire).
Né le 1er juin 1769 à Dugny, diocèse de Verdun.
Admis en 1780. Vol. 32. P. V. 10.

de **Vassaux** (Louis-Guillaume). ⎫
de **Vassaux** (Daniel). ⎬ **Frères.**
Louis-Guillaume, né le 4 novembre 1740 ⎫ à Breuille-sur-Meuse,
Daniel, né le 21 mars 1742 ⎬ diocèse de Reims.
Admis en 1753. Vol. 1. P. V. 28.

le **Vasseur** (Jean-Charles-Hyacinthe).
Né le 7 août 1760 à Bar-le-Duc, diocèse de Toul.
Admis en 1770 à la Flèche.   Vol. 20. F° 203.

le **Vasseur** (Hyacinthe).
Né le 5 juillet 1765 à Bar-le-Duc, diocèse de Toul.
Admis en 1775 à la Flèche.   Vol. 26. P. V. 26.

de **Vathaire de Guerchy** (Joseph).
Né le 29 mai 1756 à Ruay, diocèse d'Autun.
Admis en 1767.   Vol. 12. P. V. 32.

de **Vauclerois de Neuflize** (Gabriel-Vincent-Louis).
Né le 1er septembre 1755 à Neuflize, diocèse de Reims.
Admis à la Flèche en 1766.   Vol. 17. F° 145.
Admis à l'École militaire en 1770.   Vol. 14. P. V. 47.

de **Vaufleury de la Durandière** (Jean-Félix-César).
Né le 2 janvier 1777 à Mortain, diocèse d'Avranches.
Admis en 1786 à la Flèche.   Vol. 38. P. V. 62.

de **Vaugrigneuse** (Arnaud-Alphonse-Joseph).
Né le 8 octobre 1765 à Paris.
Admis en 1775 à la Flèche.   Vol. 26. P. V. 15.

de **Vaulx d'Achy** (François-Joseph).
Né le 6 février à Solckling, diocèse de Metz.
Admis en 1777.   Vol. 28. P. V. 3.

de **Vaveray de Menonville de Monnoir** (Louis-Martial).
Né le 2 mai 1779 à Mussy-l'Évêque, diocèse de Langres.
Admis en 1789.   Vol. 40. P. V. 100.

de **Veilhan** (Laurent-Madeleine).
Né le 11 mars 1771 à Saint-Saulge, en Nivernais.
Admis en 1781.   Vol. 33. P. V. 4.

de **Vendlères de Gaumont** (Marie-Gabriel).
Né le 18 mars 1762 à Briey, diocèse de Metz.
Admis en 1770 à la Flèche.   Vol. 20. F° 197.

de **Vendomois de Fontaines** (François-Paul-Jean).
Né le 22 août 1760 à Montauriol, diocèse de Mirepoix.
Admis en 1769 à la Flèche.   Vol. 18. F° 205.

de **Vendomois de Fontaines** (Jean-Hyacinthe-Louis).
Né le 19 avril 1770 à Belfton, diocèse de Mirepoix.
Admis en 1782.   Vol. 34. P. V. 41.

le **Veneur** (Pierre-Joseph).
Né le 4 mars 1752 à la Trève-de-Gausson, évêché de Saint-Brieuc.
Admis en 1762.   Vol. 7. P. V. 46.

le **Veneur** (Jean-Marie).
Né le 24 octobre 1756 à la Trève-de-Gausson, diocèse de Saint-Brieuc.
Admis en 1767.   Vol. 12. P. V. 40.

le **Veneur de la Ville-Chapron** (Jean-Marie).
Né le 24 octobre 1756 à Saint-Brieuc.
Admis en 1767.   Vol. 12. P. V. 40.

de **Venoix de Garencelle** (Joseph).
Né le 15 octobre 1765 à Sermentot, généralité de Caen.
Admis en 1774 à la Flèche.   Vol. 25. P. V. 37.

de **Verdelon** (Pierre-Laurent-Gabriel).
Né le 11 novembre 1770 à Roanes, élection d'Aurillac, en Auvergne.
Admis en 1781.   Vol. 33. P. V. 70.

de **Verdonnet** (François).
Né le 4 mai 1766 à Bouzel, en Auvergne.
Admis en 1776 à la Flèche.   Vol. 25. P. V. 43.

de **Verdun de Ballant** (Jean-Julien).
Né le 29 juin 1756 à Vessey, évêché d'Avranches.
Admis en 1766.   Vol. 11. P. V. 30.

de **Verdun de Ballant** (Julien-Robert-Félix).
Né le 21 mars 1750 à Vessey, évêché d'Avranches.
Admis en 1760.   Vol. 6. P. V. 43.

du **Vergier de Kerhorlay** (Guillaume-Michel).
Né le 12 septembre 1748 à Calais.
Admis en 1760.   Vol. 5. P. V. 47.

de la **Vergne** (Joseph).
Né le 5 septembre 1762 à Aixe-et-Tarn, diocèse de Limoges.
Admis en 1771 à la Flèche.   Vol. 21. P. V. 27.

de la **Vergne** (François).
Né le 5 février 1765 à Aixe, diocèse de Limoges.
Admis en 1777.   Vol. 27. P. V. 25.

de la **Vergne de Cerval** (François).
Né le 28 décembre 1776 à Saint-Cyprien, sénéchaussée de Sarlat.
Admis en 1786 à la Flèche.   Vol. 38. P. V. 5.

du **Verne de Praile** (Thomas-Laurent-Madeleine).
Né le 21 juin 1763 à Giverdy, diocèse de Nevers.
Admis en 1772 à la Flèche.   Vol. 22. P. V. 58.

du **Verne de Praile** (Philippe-Henry).
Né le 12 novembre 1767 à Giverdy, diocèse de Nevers.
Admis en 1777.   Vol. 27. P. V. 61.

du **Verne de Praile** (Louis-Madeleine).
Né le 9 juillet 1771 à Giverdy, diocèse de Nevers.
Admis en 1781.   Vol. 33. P. V. 30.

Vernier de Byans (Benoît).
Né le 11 janvier 1772 à Salins, en Franche-Comté.
Admis en 1783.   Vol. 35. P. V. 17.

de **Verrière** (Marie-Prime-Félicien).
Né le 14 octobre 1776 à Beaulieu, diocèse de Limoges.
Admis en 1785 à la Flèche.   Vol. 37. P. V. 34.

de **Verteuil** (Henry-Joseph).
Né le 13 avril 1760 à Serignac, en Saintonge,
Admis en 1768 à la Flèche.   Vol. 18. F° 37.

de **Verteuil** (Alexis-Joseph).
Né le 23 janvier 1759 à Rochefort, diocèse de la Rochelle.
Admis en 1768.   Vol. 17. F° 285.

de **Verteuil** (Mathieu).
Né le 22 janvier 1765 à Rochefort, diocèse de la Rochelle.
Admis en 1777. Vol. 27. P. V. 71.

le **Veyer de Belair** (Joseph-Philibert).
Né le 30 septembre 1759 à Riantec, évêché de Vannes.
Admis en 1770 à la Flèche. Vol. 20. F° 311.

le **Veyer de Belair** (Albin-Joseph).
Né le 27 février 1765 à Port-Louis, évêché de Vannes.
Admis en 1777. Vol. 27. P. V. 16.

de **Vézier de la Marre** (Louis-François).
Né le 29 juin 1745 à Chézy-en-Orceois, diocèse de Soissons.
Admis en 1756. Vol. 3. P. V. 53.

Viart de Chalvosson (Artus-Alexandre).
Né le 17 août 1764 à Saint-Julien-de-Cry, diocèse de Langres.
Admis en 1773. Vol. 23. P. V. 16.

Viart de Chalvasson (Claude-Maurice).
Né le 6 février 1766 à Saint-Julien-de-Cry, diocèse de Langres.
Admis en 1777. Vol. 27. P. V. 29.

de **Vichy** (Jean-Baptiste).
Né le 14 décembre 1758 à Saint-Julien-d'Aniat, diocèse de Saint-
Flour.
Admis à la Flèche en 1770. Vol. 20. F° 21.
Admis à l'École militaire en 1772. Vol. 16. P. V. 23.

le **Vicomte** (Joseph-François-Toussaint-Charles).
Né le 1er février 1767 à Morieux, diocèse de Saint-Brieuc.
Admis en 1775 à la Flèche. Vol. 26. P. V. 69.

le **Vicomte** (Jean-Louis).
Né le 23 décembre 1769 à Rennes.
Admis en 1780. Vol. 32. P. V. 57.

le **Vicomte** (Paul).
Né le 12 février 1778 à Rennes.
Admis en 1787. Vol. 39. P. V. 14.

le **Vicomte de la Villegerieu** (Charles-Marie-Jean-Baptiste).
Né le 30 décembre 1769 à Morieux, évêché de Saint-Brieuc.
Admis en 1779. Vol. 31. P. V. 23.

de **Vidal** (Joseph-François-Victor).
Né le 23 octobre 1758 à Estampes, diocèse de Sens.
Admis à la Flèche en 1768. Vol. 18. F° 17.
Admis à l'École militaire en 1772. Vol. 16. P. V. 16.

du **Vidrange** (Jean-Baptiste-Ferdinand).
Né le 5 avril 1778 à Séricourt, diocèse de Toul.
Admis en 1787. Vol. 39. P. V. 32.

Viénet de Vaublanc (Jean-François).
Né le 30 janvier 1757 à l'Ile de Saint-Domingue.
Admis en 1768. Vol. 12. P. V. 44.

Viénot de Vaublanc (Vincent-Marie).
Né le 3 mars 1756 au Fort-Dauphin en Bourgogne.
Admis à la Flèche en 1765.   Vol. 17. F° 58.
Admis à l'École militaire en 1770.   Vol. 14. P. V. 39.

Viénot de Vaublanc (Vincent-François).
Né le 8 mars 1770 à Paris.
Admis en 1784.   Vol. 33. P. V. 23.

le **Vieux de Corcelle** (Pierre).
Né le 23 décembre 1756 au Pont-de-Beauvoisin, en Dauphiné.
Admis à la Flèche en 1767.   Vol. 17. F° 161.
Admis à l'École militaire en 1770.   Vol. 15. P. V. 15.

Vigier (Jacques).
Né le 10 janvier 1768 à Thouars, diocèse de Poitiers.
Admis en 1777 à la Flèche.   Vol. 28. P. V. 83.

de la **Vigne de Dampierre** (Frédéric-Joseph-César).
Né le 14 mai 1758 à Lamballe, évêché de Saint-Brieuc.
Admis à la Flèche en 1766.   Vol. 17. F° 145.
Admis à l'École militaire en 1772.   Vol. 16. P. V. 6.

des **Vignes de Davayé** (François-Charles-Albert-Marie).
Né le 25 décembre 1768 à Mâcon.
Admis en 1778.   Vol. 30. P. V. 24.

de **Vignon de Barnoux de Servasca** (Marie-Armand-Frédéric-Parfait).
Né le 6 juin 1774 à Paris.
Admis en 1784.   Vol. 36. P. V. 39.

de **Villaucourt** (Henry-Félix).
Né le 4 septembre 1753 à Château-Salins, diocèse de Metz.
Admis en 1764.   Vol. 9. P. V. 32.

Villavicencio de Castries (Jean-Michel-Joseph).
Né le 31 janvier 1780 à Sonilly, diocèse de Verdun.
Admis en 1788.   Vol. 40. P. V. 40.

de **Villebois** (Pierre-Marie-Maurille).
Né le 13 septembre 1756 à Angers.
Admis en 1767.   Vol. 12. P. V. 36.

de **Villedon** (Gabriel-Bonaventure-Clément).
Né le 13 septembre 1753 à l'Ile d'Oléron.
Admis en 1764.   Vol. 9. P. V. 48.

de **Villedon** (Gabriel).
Né le 1er février 1756 à l'Ile d'Oléron.
Admis en 1766.   Vol. 11. P. V. 17.

de **Villedon de Gournay** (Amable-Louis).
Né le 4 août 1757 à Fenioux, diocèse de la Rochelle.
Admis en 1766.   Vol. 17. F° 105.

de **Villedon de Sansay** (Louis-Venant-Alexis).
Né le 24 août 1763 à Saint-Pierre-de-Fenioux, diocèse de la Rochelle.
Admis en 1773 à la Flèche.   Vol. 23. P. V. 18.

de Villèle (Guillaume-François).
Né le 5 octobre 1756 à Caraman, diocèse de Toulouse.
Admis en 1768. Vol. 13. P. V. 3.

de Villèle (Jean-Joseph-Anne-Hilaire).
Né le 18 janvier 1764 à Caraman, diocèse de Toulouse.
Admis en 1777. Vol. 27. P. V. 5.

de Villelongue de Guignicourt (Pierre).
Né le 31 mars 1747 à Corrobert, diocèse de Soissons.
Admis en 1756. Vol. 4. P. V. 21.

de Villelongue (François-Pierre).
Né le 9 juillet 1753 à Fismes, en Champagne.
Admis en 1764. Vol. 9. P. V. 22.

de Villelongue (Jean-Baptiste-Nicolas).
Né le 18 avril 1755 à Corrobert, diocèse de Soissons.
Admis à la Flèche en 1764. Vol. 17. Fo 12.
Admis à l'École militaire en 1770. Vol. 14. P. V. 29.

de Villelongue (Pierre-Joseph).
Né le 18 février 1771 à Saint-Prix-d'Orbaix, en Champagne.
Admis en 1782. Vol. 34. P. V. 23.

de Villelongue de Nevion (Robert-Louis).
Né le 25 avril 1771 à Correbert, diocèse de Soissons.
Admis en 1781. Vol. 33. P. V. 49.

de Villeneufve de Coüé (Louis-François-Élisabeth).
Né le 16 août 1768 à Seiches, diocèse d'Angers.
Admis en 1777 à la Flèche. Vol. 28. P. V. 6°.

de Villeneuve d'Esclapon (Pierre-Jean-Baptiste-Silvestre).
Né le 31 décembre 1763 à Valensolle, en Provence.
Admis en 1772 à la Flèche. Vol. 22. P. V. 57.

de Villeneuve d'Esclapon (Hercule-François).
Né le 15 novembre 1766 à Valensolle, en Provence.
Admis en 1777. Vol. 28. P. V. 11.

de la Villéon de la Villevalis (Arthur-Marie). } Frères.
de la Villéon de la Villevalis (Toussaints-Léonard). }
Arthur-Marie, né le 22 avril 1744 } à Pommeret, évêché
Toussaint-Léonard, né le 30 octobre 1746 } de Saint-Brieuc.
Admis en 1754. Vol. 2. P. V. 8.

de Villereau (Pierre-Marc).
Né le 5 septembre 1755 à Saint-Sauveur-de-Cayenne (Amérique).
Admis à la Flèche en 1764. Vol. 17. Fo 12.
Admis à l'École militaire en 1769. Vol. 14. P. V. 16.

de Villereau (Jacques-Augustin).
Né le 10 avril 1766 à Perqueuil, généralité d'Alençon.
Admis en 1775 à la Flèche. Vol. 26. P. V. 74.

de Villereau (Pierre-Jean-Louis).
Né le 10 juillet 1776 à Saint-Hilaire-la-Gérard, diocèse de Sées.
Admis en 1786 à la Flèche. Vol. 38. P. V. 44.

de la **Villette** (François-Marie-Joseph-Charles).
Né le 3 septembre 1764 à Veynes, diocèse de Gap.
Admis en 1772 à la Flèche.   Vol. 22. P. V. 52.

de **Villiers d'Herbigny** (Charles-Marie-Hubert).
Né le 25 janvier 1778 à Herbigny, diocèse de Reims.
Admis en 1787.   Vol. 39. P. V. 20.

de **Villiers de l'Isle-Adam** (Alexandre-Marie-Claude).
Né le 16 novembre 1762 à Villenauxe, diocèse de Troyes.
Admis en 1771 à la Flèche.   Vol. 21. P. V. 32.

de **Villiers** (Nicolas-François-Joseph).
Né le 16 décembre 1771 à Jusancourt, diocèse de Reims.
Admis en 1781.   Vol. 33. P. V. 35.

de **Vins du Manègre** (Dominique-Marie-Élisabeth-Toussaints).
Né le 13 février 1778 à Sarlat.
Admis en 1790.   Vol. 40. P. V. 104.

de **Violaine** (Pierre-Joseph-Daniel).
Né le 2 août 1744 à Bleid, province de Luxembourg.
Admis en 1756.   Vol. 3. P. V. 54.

Visdelou de Lisconet (Jean-Marie-Toussaint-Aimé).
Né le 15 avril 1768 à Saint-Thurian, évêché de Saint-Brieuc.
Admis en 1778.   Vol. 29. P. V. 52.

Visdelou de Lisconet (François-Marie-César).
Né le 17 novembre 1770 à Saint-Quentin, évêché de Saint-Brieuc.
Admis en 1782.   Vol. 34. P. V. 8.

Vitier (Charles-Jean-Baptiste).
Né le 18 février 1775 à Barjon, diocèse de Dijon.
Admis en 1785.   Vol. 37. P. V. 23.

de la **Voirie** (Pierre-Artus).
Né le 18 juin 1771 à Secondigny, en Gastines.
Admis en 1788.   Vol. 40. P. V. 29.

de **Voisins** (Jean-Joseph).
Né le 9 février 1757 à Nevers.
Admis en 1768.   Vol. 13. P. V. 20.

de **Voisins** (Jean-Baptiste).
Né le 19 août 1753 à Saint-Pierre-le-Moutier, généralité de Moulins.
Admis en 1765.   Vol. 10. P. V. 43.

de **Voisins** (Charles-Pierre).
Né le 20 janvier 1756 à Nevers.
Admis en 1766.   Vol. 11. P. V. 53.

de **Voisins de Brugairolles** (Paul).
Né le 10 mars 1779 à Carcassonne.
Admis en 1788.   Vol. 40. P. V. 81.

Vollant de Berville (Paul-Antoine-Joseph).
Né le 1er mars 1745 à Arras.
Admis en 1755.   Vol. 2. P. V. 29.

de **Vossey** (François-Octave-Marie).
Né le 28 juin 1765 à Josselin, évêché de Saint-Malo.
Admis en 1773 à la Flèche.   Vol. 23. P. V. 27.

de **Vossey** (Guy-Toussaints-François).
Né le 21 juin 1766 à Josselin, évêché de Saint-Malo.
Admis en 1775 à la Flèche.   Vol. 26. P. V. 43.

W

de **Wasservas** (François-Marie).
Né le 16 septembre 1754 à Doullens.
Admis à la Flèche en 1764.   Vol. 17. F° 41.
Admis à l'École militaire en 1769.   Vol. 13. P. V. 40.

de **Wasservas** (Charles-François).
Né le 19 février 1767 à Bapaume, diocèse d'Arras.
Admis en 1775 à la Flèche.   Vol. 26. P. V. 22.

de **Wasservas** (Philippe-François-Roch).
Né le 17 avril 1753 à Doullens.
Admis en 1764.   Vol. 9. P. V. 23.

de **Witasse de Vermandovillers** (Jacques-Marie-Joseph).
Né le 12 septembre 1751 à Vermandovillers, diocèse de Noyon.
Admis en 1762.   Vol. 8. P. V. 6.

de **Wicquet de l'Enclos** (Antoine-Joseph).
Né le 19 août 1750 au bourg de Samer, diocèse de Boulogne.
Admis en 1760.   Vol. 6. P. V. 23.

du **Wicquet de l'Enclos** (César-Joseph).
Né le 20 mars 1755 à Samer, diocèse de Boulogne.
Admis en 1764.   Vol. 17. P. V. 13.

Y

de **Y d'Espiney** (Jean-Joseph).
Né le 25 février 1745 à Saint-Quentin en Picardie.
Admis en 1756.   Vol. 3. P. V. 55.

Z

de **Zeddes** (Augustin-Louis-François).
Né le 6 juin 1772 à Andoche-de-Beuré, diocèse de Langres.
Admis en 1783.   Vol. 35. P. V. 9.

de **Zeller** (Charles-Julien).
Né le 3 juillet 1773 à Bitche, diocèse de Metz.
Admis en 1782.   Vol. 34. P. V. 57.

de **Zur-Lauben** (Jean-Baptiste-Jacques-Marie-Ange).
Né le 12 juin 1760 à Phalsbourg, diocèse de Strasbourg.
Admis en 1768 à la Flèche.   Vol. 18. F° 103.

NOTES ET ÉCLAIRCISSEMENTS

Note 1.

Ces procès-verbaux sont au nombre de 2 475 environ conservés dans quarante volumes. Ces volumes sont magnifiquement reliés; pour le plus grand nombre en maroquin vert avec gardes de satin rouge. Le plat et le dos portent les armes du Roi. Les parchemins sont dorés sur tranche.

Le format est grand in-folio.

Chacun des volumes, pour le plus grand nombre aussi, porte un titre enluminé et contient une table. Chacune des pages des procès-verbaux est encadrée d'une bordure à l'encre rouge. Chacun des procès-verbaux porte en tête et dessous les noms et prénoms du gentilhomme admis, ses armoiries très bien dessinées et gouachées. En marge sont des cartouches dans lesquels est inscrit chacun des degrés de noblesse.

Tous les paragraphes sont soutenus par un arbre en couleurs dont les rameaux dépassent l'écriture et même le cadre.

Chacun des procès-verbaux est terminé par la déclaration de d'Hozier, signée de sa main, que le candidat réunit les conditions de l'édit constitutif de l'école.

On trouve dans les premiers volumes, au haut des tables, des vignettes, et au bas, des culs-de-lampe, à la plume, d'une très belle exécution et très souvent d'une heureuse composition. Ces illustrations sont signées *Fontaine*.

NOTE 2.

Mazarin fonda en 1661 le collège des Quatre-Nations, où l'on devait élever particulièrement les jeunes nobles appartenant aux provinces conquises. A la mort de Mazarin, cet établissement devint un collège ordinaire.

NOTE 3.

Louis XIV établit en 1682 les compagnies de cadets pour la noblesse. On leur enseignait les mathématiques, le dessin, la langue allemande, l'escrime et la danse.

Ces compagnies furent supprimées en 1692.

Louis XV, en 1726, en rétablit six : à Cambrai, Metz, Strasbourg, Perpignan, Bayonne et Caen.

On les réduisit à deux en 1729, puis à une seule qu'on licencia en 1733. Enfin, en 1751, on substitua aux compagnies de cadets la première École royale militaire qui fut établie à Paris dans le bâtiment qui porte encore aujourd'hui le nom.

NOTE 4.

On a contesté à Mme de Pompadour le mérite d'avoir usé de son influence à la Cour pour la réalisation des projets relatifs à la création de l'École royale militaire.

Nous donnons, pour convaincre les personnes impartiales, trois lettres de la favorite à M. Paris du Vernay, financier, conseiller d'État, mort en 1770. Ces lettres, très curieuses d'ailleurs et très intéressantes pour les biographes, sont conservées aux Archives nationales dans le carton K 140, 17 bis.

Lettre de Madame de Pompadour à Paris Du Vernay.

4 avril 1750.

« Jay demandé au petit Saint mon cher Nigau les papiers consernants « l'établissement des gentilshommes il ma dit quil étoit sûr de les avoir

« rendu au grand paris que malgré cela il les avoit fait chercher et ne
« les avoit pas trouvé mandés moy s'il faut les demander a monmartes
« car jimagine que c'est luy qui les a, le roy a tres grande envie d'ef-
« fectüer le projet il veut auparavant sçavoir ce quil faut de fond pour
« cette maison afin quelle ne puisse jamais estre défaite et S. M. ne
« veut pas de fonds extraordinaires pour le batiment contant que cela
« cera pris sur le revenu, attendu que le nombre decoliers ne sera
« rempli qu'au bout de dix ans arrangés vous en consequence cher
« Nigau et soyés bien sur de ma tendre amitié pour vous. »

Lettre de Madame de Pompadour du 18 septembre 1750,
au même, sur petit papier à bordure rose.

Ce 18   .

« Mʳ Daucour qui, comme vous le scavés mon cher grand Nigau a
« épousé Mᶜ de Malvoisin Lainée, ma demandé ce qui est contenu dans
« le mémoire cy joint M. Dargensson ma dit quil vous en laissoit le
« maitre.

« Ainsy je compte que vous me ferés ce plaisir sy cela est possible
« sans faire tort a personne, *nous avons été avant hier a Saint-Cyr je ne*
« *peux vous dire combien j'ay été attendrie de cet établissement ainsy que*
« *tout ce qui etoit ils sonts tous venus me dire qu'il faudroit en faire un*
« *pareil pour les hommes cela m'a donné envie de rire car ils croironts*
« *quand notre affaire sera sçüe que c'est eux qui onts donné l'idée je vous*
« *embrasse de tout mon cœur mon cher Nigau.* »

Lettre écrite par Madame de Pompadour à Fontainebleau
le 10 novembre 1750 à M. Du Vernay.

« Je vous envoys mon cher Nigau un paquet que je reçois de Labbé
« de berny pour vous c'est surement pour le Sʳ pluyette qu'il vous
« écrit car il m'en a écrit fort au long vous m'avés dit que sil offroit le
« même prix il auroit la préference, c'est presisement ce que je vous
« demande bien entendu qu'on ne saura pas que je vous ay parlé
« (malgré ma répugnance) car je n'ay encore pu faire de bien a Labbé
« c'est le seul de mes amis qui soit dans le cas. *J'ay été dans lenchan-*
« *tement de voir le roy entrer dans le detail tantost je brûle de voir la*
« *chose publique parce quaprés il ne sera plus possible de la rompre. Je*
« *compte sur votre éloquence pour séduire Mʳ de Machault quoique je le*
« *croys trop attaché au roy pour s'opposer à sa gloire enfin mon cher*
« *Duvernay je compte sur votre vigilance pour que lunivers en soit bientost*
« *instruit vous viendrés me voir jeudy a ce que jespere je n'ay pas besoin de*
« *vous dire que je seray ravie et que je vous aime de tout mon cœur.* »

NOTE 5.

Edit de 1751.

Les historiens et chroniqueurs ont souvent cité cet édit et en ont donné des extraits, nous croyons que ce document doit être lu tout entier pour qu'il soit possible d'apprécier la fondation de l'école militaire en France. Nous recommandons à nos lecteurs l'exposé des motifs.

Louis, par la grâce de Dieu, roy de France et de Navarre : à tous présens et à venir, salut.

Il n'a peut-être jamais été fait de fondation plus digne de la religion et de l'humanité d'un souverain que l'établissement de l'hôtel des Invalides : ce monument de la bonté du feu Roy, notre très honoré seigneur et bisayeul, eut suffi pour immortaliser son règne. Jusqu'à lui, les officiers et les soldats, forcés par leurs blessures ou par leur âge de se retirer du service, ne subsistaient qu'avec peine, dans nos provinces, des secours que leur accordaient les rois nos prédécesseurs. Louis XIV a eu le premier la gloire de leur assurer un asyle honorable, dans lequel ils trouvent une subsistance commode sans perdre les glorieuses marques de leur état, et un repos occupé de fonctions militaires proportionnées à leurs forces. Quoique nous n'ayons rien négligé pour maintenir et même pour augmenter la splendeur d'un si noble établissement; notre affection pour des sujets qui ont eu tant de part à la gloire de nos armes nous a fait chercher un moyen de leur donner des témoignages plus particuliers de notre satisfaction. Pour commencer à remplir cet objet, nous avons par notre édit du mois dernier (novembre) accordé la noblesse à ceux que leurs services et leurs grades ont rendus dignes d'un honneur que la nature leur avait refusé; et nous avons ouvert à ceux qui voudront marcher sur leurs traces la carrière qui peut les y conduire; il ne nous restait plus qu'à donner des preuves aussi sensibles de notre estime et de notre protection au corps même de la noblesse, à cet ordre de citoyens que le zèle pour notre service et la soumission à nos ordres ne distinguaient pas moins que la naissance.

Après l'expérience que nos prédécesseurs et nous, avons faite de ce que peuvent sur la noblesse française, les seuls principes de l'honneur que ne devrions-nous pas attendre si tous ceux qui la composent y joignaient les lumières acquises par une heureuse éducation? Mais nous n'avons pu envisager sans attendrissement que plusieurs d'entre eux, après avoir consommé leurs biens à la défense de l'État, se trouvassent réduits à laisser sans éducation des enfants qui auraient pu servir d'appui à leurs familles et qui éprouvassent le sort de périr et de vieillir dans nos armées, avec la douleur de prévoir l'avilissement de leur nom, dans une postérité hors d'état d'en soutenir le lustre, etc...

Nous avons résolu de fonder une école militaire et d'y faire élever, sous nos yeux, cinq cens gentilshommes, nés sans biens, dans le choix desquels nous préférerons ceux qui, en perdant leurs pères à la guerre, sont devenus les enfants de l'État.

Nous espérons même que l'utilité de cet établissement qui semble n'avoir pour objet qu'une partie de la noblesse pourra se communiquer au corps entier, et que la place qui sera suivie dans l'éducation des cinq cens gentilshommes que nous adoptons, servira de modèle aux pères qui sont en état de la procurer à leurs enfans; en sorte que l'ancien préjugé qui a fait croire que la valeur seule fait l'homme de guerre cède insensiblement au goût des études militaires, que nous aurons introduit. Enfin nous avons considéré que si le feu Roy a fait construire l'hôtel des Invalides pour être le terme honorable où viendraient finir paisiblement leurs jours ceux qui auraient vieilli dans la profession des armes, nous ne pouvions mieux seconder ses vues qu'en fondant une école où la jeune Noblesse qui doit entrer dans cette carrière, pût apprendre les principes de l'art de la guerre, les exercices et les opérations pratiques qui en dépendent, et les sciences sur lesquelles ils sont fondés. C'est par des motifs aussi pressans que nous sommes déterminé à faire bâtir incessamment auprès de notre bonne ville de Paris et sous le titre d'*École royale militaire*, un hôtel assez grand et assez spâcieux pour recevoir non seulement les cinq cens jeunes gentilshommes nés sans biens, pour lesquels nous le destinons, mais encore pour loger les officiers de nos troupes auxquels nous en confierons le commandement, les maîtres en tous genres qui seront préposés aux instructions et aux exercices, et tous ceux qui auront une part nécessaire à l'administration spirituelle et temporelle de cette maison.

A ces causes, après avoir fait mettre cette affaire en délibération dans notre *Conseil*, de l'avis d'icelui, et de notre grâce spéciale, pleine puissance de l'autorité royale, nous avons par notre présent Édit perpétuel et irrévocable dit, statué et ordonné, disons, statuons et ordonnons ce qui suit.

ARTICLE PREMIER. — Nous avons par notre présent édit, fondé et établi, fondons et établissons à perpétuité une École militaire, pour le logement, subsistances, entretien et éducation dans l'art militaire de cinq cens jeunes gentilshommes de notre royaume, dans l'admission et le choix duquel il sera exactement observé ce que nous prescrirons ciaprès. A l'effet de quoi, voulons qu'il soit choisi incessamment, aux environs de notre bonne ville de Paris, un terrain et emplacement propre et commode à construire et bâtir en hôtel pour loger les dits cinq cens gentilshommes et tous ceux que nous jugerons nécessaires à leur éducation et entretien, lequel hôtel sera appelé *hôtel de l'École royale militaire*.

ART. II. — Il sera dressé par nos architectes ordinaires, sous les ordres du Directeur général de nos bâtiments et maisons, des plans des bâtiments qui doivent composer le dit lot suivant les mémoires que nous en ferons remettre à notre dit Directeur.

ART. III. — Les propriétaires du terrein choisi pour la construction du dit hôtel seront par nous payés de la juste valeur d'icelui, suivant l'estimation, et au prix qui sera par nous réglé. Et que, l'acquisition faite du dit terrein, voulons qu'à l'avenir, comme nous l'amortissons par ces présentes, sans que pour raison du dit amortissement, il nous soit payé aucun droit, ni aucune indemnité, lods et ventes, quiats et requiats, rachat ni reliefs, pour ce qui se trouvera mouvant de nous et en censive de notre domaine, nonobstant toutes aliénations et engagemens, sans aussi payer francs fiefs et nouveau acquis, ban ou arrière ban, taxes ni autres droits quelconques, qui nous sont ou pourront être dus, dont nous déchargeons le dit terrein, ce faisant, en tant que besoin est et sera don et abandon au dit hôtel, quoique le tout ne soit pas ici particulièrement apprécié, et ce, nonobstant toutes ordonnances et lois à ce contraire, auxquelles, à ce regret, point nous dérogeons et dérogerions. Et à l'égard des droits, d'indemnité, d'amortissement et autres qui pourront être dus à des seigneurs particuliers, pour raison du dit terrein, nous nous chargeons par ces présentes, de les acquitter et de dédommager les dits seigneurs, dont relevons à titre de fief, de censive ou autrement les héritages que contiendre le dit terrein; déclarons pareillement le dit hôtel exempt de tous droits de guet, garde et fortifications, fermetures de ville et faubourgs, et généralement toutes contributions publiques et particulières, telles qu'elles puissent être exprimées ou non exprimées par le présent édit, pour de toutes les dites expressions jouir sur le dit hôtel entièrement et sans réserve.

Art. IV. — Les fonds nécessaires pour l'acquisition du dit terrein, ensemble pour la construction et l'ameublement du dit hôtel, seront pris successivement sur ceux que nous assignerons au dit hôtel par forme de dotation ou autrement.

Art. V. — Voulons que celui de nos secrétaires d'état, ayant le département de la guerre, ait, sous nos ordres, la surintendance du dit hôtel pour en diriger l'établissement et y faire observer les règlemens que nous jugerons nécessaires pour la discipline, l'administration économique, l'éducation des élèves et généralement tout ce qui concernera l'ordre qui doit être observé dans le dit hôtel; et nous établirons pour lui un intendant qui lui rendra compte de tous les détails du dit hôtel, arrêtera les registres et les états des dépenses journalières et autres concernant l'établissement et la subsistance du dit hôtel et délivrera les ordonnances de payement sur la caisse du dit hôtel.

Art. VI. — Le service militaire sera fait dans le dit hôtel pour former d'autant plus les élèves aux opérations pratiques de l'art militaire, et les accoutumer à la subordination; à l'effet de quoi nous choisirons et commettrons les officiers pour composer un état-major, et pour commander les compagnies d'élèves suivant l'ordre que nous aurons voulu.

Art. VII. — Les fonds destinés pour l'établissement et l'entretien du dit hôtel, seront remis ès mains du Trésorier qui sera par nous nommé, pour être par lui employés suivant et conformément aux états et ordonnances qui en seront expédiés par l'intendant du dit hôtel. A l'effet de quoi, nous voulons et entendons qu'à la fin de chaque année, il soit fait une assemblée dans le dit hôtel à laquelle présidera le secrétaire d'état ayant le département de la guerre, pour examiner, clorre et arrêter le compte général de la recette et de la dépense, qui aura été fait durant l'année par le dit Trésorier, suivant les dits états et ordonnances, sans que le dit Trésorier soit tenu de compter devant d'autres que ceux qui composeront le dit conseil; voulant que les comptes qui seront arrêtés en icelles lui servent de décharge valable de son maniement, partout où il appartiendra.

ART. VIII. — L'*administration* du dit hôtel, tant à l'égard du spirituel que du temporel, sera réglée sur le même pied que celle de l'hôtel des Invalides, par les ordres et sous l'autorité du secrétaire d'état ayant le département de la guerre.

ART. IX. — Les maîtres qui seront chargés d'enseigner les langues et les sciences dans la dite école militaire, ainsi que ceux qui seront destinés pour les exercices du corps, seront par nous nommés, sur la proposition qui nous en sera faite par le secrétaire d'état ayant le département de la guerre, lequel sera pareillement chargé de nous présenter les projets de règlements concernant l'ordre et la discipline que nous jugerons à propos de faire observer dans toutes les parties de l'administration du dit hôtel.

ART. X. — L'*hôtel* de l'école militaire jouira des mêmes franchises, exemptions et immunités que celles accordées à l'hôtel des Invalides, comme de franc-salé et d'affranchissement de tous droits d'entrées, d'aides, et autres quelconques; et ce sur les certificats de l'intendant; nous réservant de fixer par la suite, les objets des dites exemptions et franchises, sans qu'elles puissent être attaquées en vertu de nos édits, déclarations et arrêts portant que les dits droits seront payés par les privilégiés et non privilégiés, exempts et non exempts à quoi nous avons, pour ce regard, dérogé et dérogeons par le présent édit, et sans tirer à conséquence.

ART. XI. — Pour commencer à pourvoir, tant à la dépense de la construction et de l'ameublement du dit hôtel, qu'à celle de la subsistance et de l'entretien des cinq cens jeunes gentilshommes qui y seront admis, nous avons accordé et accordons au dit *hôtel* par forme de première dotation perpétuelle et irrévocable, le droit que nous avons rétabli par notre déclaration du 10 février 1745, sur les cartes à jouer, fabriquées dans toute l'étendue de notre royaume, terres et seigneuries de notre obéissance, ensemble l'augmentation du dit droit, ordonnée par notre déclaration du 13 du présent mois, en faisant, en tant que besoin, toute aliénation nécessaire, à son profit, tant du dit droit, que de l'augmentation d'iceluy de façon qu'il sera et demeurera totalement détaché de nos finances; à l'effet de quoi nous en avons attribué l'administration et la connaissance au secrétaire d'état ayant le département de la guerre, sans que néanmoins il puisse l'affermer, notre intention étant qu'il soit régi dans la plus grande et la plus exacte économie au profit du dit hôtel; et les deniers en provenant, remis au Trésorier d'iceluy pour être employés au fait de sa charge; et au moyen de la dite donation, et de la résolution que nous avons prise de ne rien négliger d'ailleurs pour soutenir un établissement aussi utile pour notre État, nous voulons qu'il ne puisse être rien ni accepté pour iceluy, aucunes fondations qui pourraient lui être faites par quelques personnes, et pour quelque cause que

ce soit ; comme aussi qu'il ne puisse être fait, pour icelui, aucune acquisition d'héritages, ni autres biens immeubles quelconques, sinon les
héritages qui se trouveront aux environs, et qui y seront contigus, lesquels pourront être jugés nécessaires pour la plus grande commodité,
utilité et embellissement d'icelui.

ART. XII. — Les premiers fonds destinés au dit hôtel devront être
employés aux dépenses de la construction et de l'ameublement d'icelui,
il n'y sera admis aucun élève que lorsque l'établissement en sera porté
à un certain degré de perfection ; à l'effet de quoi nous nous réservons
de pourvoir dans la suite à l'admission des dits élèves, soit qu'elle ne
se fasse que lorsque l'établissement sera fini, soit que les circonstances
nous permettent d'en avancer le terme en recevant chaque année un
nombre d'élèves proportionné aux dépenses que l'on pourra faire pour
leur entretien et leur éducation sans retarder d'ailleurs le progrès de
l'établissement.

ART. XIII. — *Comme* nous nous sommes particulièrement proposé dans
cet établissement d'en faire un secours pour la Noblesse de notre royaume
qui est hors d'état de procurer une éducation continuelle à ses enfants,
nous voulons et entendons qu'il n'y ait aussi que cette espèce de Noblesse
qui y ait part et que l'on observe l'ordre suivant, dans l'admission des
dits enfants ; de sorte que la première classe soit toujours préférée à la
seconde, la seconde à la troisième et ainsi de suite jusqu'à la dernière.

ART. XIV. — La première classe sera des orphelins dont les pères auront
été tués au service, ou seront morts de leurs blessures, soit au service, soit
après s'en être retirés à cause de leurs blessures. La seconde classe, des
orphelins dont les pères seront morts au service, d'une mort naturelle, ou
qui ne s'en seront retirés qu'après trente ans de commission de quelque
espèce que ce soit. La troisième classe, des enfants qui seront à la charge
de leurs mères ; leurs pères ayant été tués au service, ou étant morts de
leurs blessures, soit au service, soit après s'en être retirés à cause de leurs
blessures. La quatrième classe, des enfants qui seront à la charge de
leurs mères, leurs pères étant morts au service d'une mort naturelle, ou
après s'être retirés du service, après trente ans de commission de quelque espèce que ce soit. La cinquième classe, des enfants dont les pères
se trouveront actuellement au service. La sixième classe, des enfants
dont les pères auront quitté le service par rapport à leur âge, leurs
infirmités ou pour quelque autre cause légitime. La septième classe, des
enfants dont les pères n'auront pas servi, mais dont les ancêtres auront
servi. La huitième classe, enfin, des enfants de tout le reste de la Noblesse
qui, par son indigence, se trouveront dans le cas d'avoir besoin de nos
secours.

ART. XV. — On recevra les dits enfants, depuis l'âge de huit à neuf
ans, jusqu'à celui de dix à onze, à l'exception des orphelins, qui pourront être reçus jusqu'à l'âge de treize ; en observant de n'en point
admettre qui ne sçachent lire et écrire, de façon que l'on puisse les appli-
quer tout de suite à l'étude des langues.

ART. XVI. — Il ne sera admis aucun élève dans le dit hôtel qu'il n'ait
fait preuve de quatre générations de Noblesse de père, au moins, à l'effet

de quoi les parents des dits élèves remettront au secrétaire d'état chargé
du département de la guerre, un cahier contenant les faits généalogiques de leur naissance, avec les copies collectionnées des titres justifi-
catifs d'iceux, lesquels cahiers et titres seront déposés aux archives de
ladite école, après avoir été examinés et reconnus pour véritables, par le
généalogiste qui sera par nous choisi et mention sera faite sur le registre
d'admission et d'entrée dans ladite école ; et seront en outre tenus de
rapporter la presente que les dits élèves sont dans l'une des classes portées
en l'article XIV, et mention en sera pareillement faite, sur le registre
d'entrée, avec les noms, surnoms, âge et domicile des enfants admis.

ART. XVII. — La destination de ces enfants exigeant qu'ils soient bien
conformés, il n'en sera reçu aucun de contrefaits, ni d'estropiés ; si
cependant il leur arrivait, tandis qu'ils seront dans le dit hôtel, quelque
accident fâcheux qui ne permît pas qu'on les destinât pour la guerre,
notre volonté n'en est pas moins qu'ils y achèvent leurs études, sauf à
les employer d'une manière convenable à leur situation, lorsqu'il s'agira
de leur donner un état.

ART. XVIII. — Tous les élèves de l'école militaire seront vêtus d'un
uniforme dont nous réglerons la composition par une ordonnance par-
ticulière.

ART. XIX. — Lorsque les dits enfants seront parvenus à l'âge de dix-
huit ou vingt ans, de même lorsque dans un âge moins avancé, leur
éducation se trouvera assez perfectionnée pour qu'ils puissent commencer à nous servir utilement, notre intention est qu'ils soient employés
dans nos troupes ou dans les autres parties de la guerre, suivant les
talents et l'aptitude que l'on reconnaîtra en eux. Et pour qu'ils puissent
se soutenir dans les premiers emplois qui leur seront confiés, nous voulons et entendons qu'il leur soit fait sur les fonds de l'école militaire,
une pension de deux cents livres par année, laquelle leur sera continuée
tant que nous le jugerons nécessaire, à l'effet de quoi nous arrêterons
tous les ans un état des dites pensions, lesquelles seront allouées, sans
difficulté, dans les comptes du Trésorier en rapportant par lui le dit état
et les quittances nécessaires.

ART. XX. — La protection singulière que nous avons résolu d'accorder
à ceux de notre Noblesse qui auront été élevés dans l'école militaire,
exigeant de leur part une reconnaissance proportionnée au bienfait qu'ils
auront reçu de nous, nous avons cru qu'il était nécessaire de leur donner
une marque distinctive ; laquelle, en les faisant reconnaître partout où
ils se trouveront, leur résulte sans cesse devant les yeux les obligations
qu'ils auront contractées envers nous et notre État, et les porte, par ce
souvenir, à donner l'exemple aux autres ; et à répondre dans toutes les
circonstances de leur vie, à l'éducation qu'ils auront reçue, à peine d'en-
courir notre disgrâce et d'être punis plus sévèrement que les autres dans
tous les cas où ils se montreraient indignes de notre protection. Nous
voulons donc qu'en sortant de l'école militaire pour passer à quelque
emploi que ce soit, ils reçoivent de nos mains une marque distinctive,
qu'ils seront tenus de porter toute leur vie, ainsi et de la manière que
nous l'ordonnerons par la suite.

ART. XXI. — Il sera pourvu par des règlements particuliers à tout ce qui pourrait n'avoir pas été prévu, statué, dit et ordonné par notre présent édit, que nous voulons être exécuté en tout son contenu. *Si donnons en mandement* à nos amés et féaux conseillers, les gens tenant nos Cours de parlement, Chambre des Comptes et Cour des Aydes à Paris, que notre présent édit, ils aient à faire lire, publier et registrer, et le contenu en icelui garder et observer selon sa forme et teneur, cessant et faisant cesser toutes choses à ce contraires, *car tel est notre plaisir*, et afin que ce soit chose ferme et stable à toujours, nous y avons fait mettre notre scel. Donné à Versailles, au mois de janvier, l'an de grâce mil sept cent cinquante-un, et de notre règne le trente-sixième, signé *Louis*. Et plus bas, par le roy, *M. P. de Voyer d'Argenson*. Visé Machault. Vu au conseil Machault et scellé du grand sceau de cire verte en lacs de soie rouge et verte.

Enregistré, ouï, et ce requérant le Procureur général du Roy, pour être exécuté selon sa forme et teneur et copies collationnées envoyées dans les bailliages et sénéchaussées du ressort, pour y être lu, publié et registré; enjoint aux substituts du Procureur général du Roy, d'y tenir la main et d'en certifier la cour dans le mois, suivant l'arrêt de ce jour. A Paris, au Parlement, le vingt-deux janvier mil sept cent cinquante-un. Signé : *Isabeau*.

NOTE 6.

LETTRES PATENTES DU ROI

Portant confirmation du collège royal de la Flèche, et qui y établissent un pensionnat de deux cent cinquante gentilshommes, données à Versailles le 7 avril 1764. (Registrées au Parlement.)

Louis, par la grâce de Dieu, roi de France et de Navarre. A tous ceux qui ces présentes lettres verront : *salut*. Notre affection singulière pour cette noblesse illustre qui fait la gloire et la force de notre royaume, et le désir d'en perpétuer l'éclat et l'utilité, nous a portés à instituer par notre édit du mois de janvier 1751 une École Militaire pour y élever cinq cents gentilshommes dans l'art des armes, et pour procurer ces officiers de distinction, auxquels est due principalement la réputation des armes françaises; mais l'expérience nous a fait reconnaître que les instructions et les exercices qui appartiennent à la profession militaire, exigent une première éducation commune aux différentes professions ouvertes à la noblesse, et que celle qui ne se rapporte qu'à un seul objet, est souvent infructueuse ou déplacée, quand elle prévient l'âge dans lequel le caractère et la portée des enfans commencent à se déclarer. Nous avons donc jugé que le cours des études publiques, destiné à préparer à toutes sortes de professions indistinctement, devait être le fondement de l'éducation de ceux qui seraient par nous admis à notre École Militaire, comme celui de toutes autres professions; mais ce premier degré d'institution ne pouvant se trouver que dans une école célèbre et nombreuse, nous avons cherché celle qui serait la plus capable d'exciter l'émulation, et de nous faire juger de l'aptitude et des dispositions de ces écoliers; c'est ce qui nous a fait jeter les yeux sur le collège de la Flèche, qui, par la noblesse de son établissement, par les avantages de sa situation, par l'étendue de ses bâtimens, et par les grands biens dont il a été doté, nous a paru remplir tout ce que nous avions désiré à ce sujet; et plus jaloux de nous montrer héritiers des sentimens et des vertus du grand Roi qui l'a fondé que de l'être de son sang et de sa Couronne, nous avons vu avec la satisfaction la plus sensible, que par un tel choix nous ne ferions qu'accomplir ses vœux et donner à cette affection maternelle et bienfaisante qu'il avoit pour la Noblesse de son royaume, tout l'effet qu'il n'avoit pas eu le temps de lui procurer, en même temps que nous porterions cet établissement à l'état le plus digne de son auguste Fondateur, puisque c'était pour l'éducation gratuite de cent pauvres gentilshommes qu'il avoit donné sa propre maison, l'avait décorée avec magnificence et enrichie de ses bienfaits; en marchant ainsi sur ses traces, nous serons en état de distinguer, par les progrès des deux cents cinquante Gentilshommes qui feront leurs études dans ce collège, ceux dont le goût et les talens les porteront au service militaire, d'avec ceux qui paraîtront destinés plustôt à servir notre État dans l'Église, dans la magistrature, ou dans toutes autres professions nobles, et les premiers deviendront plus capables de réussir dans les études et les exercices que l'art militaire exige, et ils trouveront dans notre école royale tout ce qui pourra leur être nécessaire pour se mettre en état de conserver à la nation française cette réputation de bravoure et de capacité qui fut toujours son plus bel ornement; ces jeunes rejetons, si précieux à notre état, lui deviendront tous également utiles, et ils transmettront à leurs descendants les exemples et les vertus de leurs ancêtres; toute la Noblesse de notre royaume, dont la fortune trop souvent épuisée par le service, ne répond pas à la naissance, sera également en état d'aspirer à ces places; mais les enfans de ceux qui auroient été tués à notre service et qui seroient décédés de leurs blessures, auront toujours sur les autres, une préférence si bien méritée. Le libre et gratuit accès des classes de ce collège, à tous les écoliers externes, sans distinction, mettra nos autres sujets en état de profiter des bons maîtres dont il sera rempli, et des exemples de ses pensionnaires; les voies d'examen et de concours, ainsi qu'une juste confiance en notre Université de Paris, sur le choix des sujets qui nous seront présentés pour la conduite et l'instruction de cette jeunesse, nous rendront sûrs de leur vertu et de leur capacité, et elles exciteront entre les maîtres, comme entre les écoliers, une noble émulation, dont les avantages se porteront jusque dans les autres établissements destinés à l'éducation. Enfin le bon ordre et la sage administration que nous établirons en ce collège, et plus encore l'inspection de notre secrétaire d'État et l'attention que nous nous ferons un devoir d'y donner, sur le compte qu'il nous en rendra, assureront à jamais le succès de toutes nos vues pour le bien de notre Noblesse. Mais comme les dépenses de notre École Militaire se trouveront considérablement diminuées par ce nouvel arrangement, il nous a paru juste de prendre sur ses revenus, de quoi suppléer à ceux de notredit Collège qui seroient insuffisans pour l'entretien d'un si grand nombre de pensionnaires.

C'est ainsi qu'après avoir procuré par nos lettres patentes du 21 novembre dernier, la meilleure éducation à ceux de nos sujets qui seroient dans l'indigence nous la procurerons également aux pauvres gentilshommes de notre royaume, et que par notre attention à la remplir de bons citoyens dans tous les ordres, nous contribuerons de plus en plus à sa gloire et à la félicité de nos peuples, et nous aurons cette satisfaction, si sensible à notre cœur, de nous montrer leur frère encore plus que leur Roi. *A ces causes* et autres à ce nous mouvant, de l'avis de notre conseil, et de notre certaine science, pleine puissance et autorité royale, nous avons dit, ordonné et statué; et par ces présentes signées de notre main, disons, ordonnons et statuons, voulons et nous plaît ce qui suit :

ARTICLE PREMIER. — Le collège royal de la Flèche sera et demeurera conservé, confirmant en tant que de besoin, l'établissement qui en a été fait par le Roi Henri le Grand d'heureuse mémoire.

ART. II. — Et désirant nous conformer à ses intentions, voulons que ledit collège soit et demeure dorénavant et à perpétuité, destiné à l'éducation et à l'instruction des enfans de deux cent cinquante gentilshommes de notre royaume.

ART. III. — Lesdits deux cent cinquante gentilshommes seront élevés dans ledit collège royal, nourris et soignés tant en santé qu'en maladie, et vêtus de l'uniforme qui aura été par nous réglé, sans que pour quelque cause que ce soit, il y puisse être établi aucun autre pensionnat; voulons néanmoins que toutes les classes dudit collège soient publiques, et que tous externes y soient admis ainsi que dans les autres collèges de plein exercice.

Mémoire instructif

Sur les formalités à remplir par les parents qui demandent des places au Collège royal de la Flèche pour leurs enfants.

Le roi en rétablissant dans le Collège de la Flèche, par ses lettres patentes du 20 mai 1776, l'ancienne fondation faite par Henri IV en faveur de la noblesse indigente, a voulu que les enfants qui seraient présentés pour remplir les places de cette fondation fussent assujettis aux mêmes preuves de noblesse que celles que sont tenus de faire les élèves de ses écoles militaires, c'est-à-dire de quatre degrés du côté du père seulement, et qu'ils observeront d'ailleurs les mêmes formalités par rapport à leur admission.

Les élèves du Collège royale de la Flèche doivent être admis sans distinction des emplois civils ou militaires que leurs pères auront exercés; ainsi la distinction des classes établie par l'édit de création de l'École royale militaire n'a point lieu pour leur admission dans ce collège.

Les enfants proposés pour le Collège royal de la Flèche, pourront y être reçus dès l'âge de huit ans et ne pourront plus l'être passé celui de dix ans.

La première condition que l'on exige est qu'ils fassent preuve, par titres, de quatre degrés de noblesse paternelle. Il est inutile sans cela qu'ils se présentent.

La seconde, qu'ils soient pauvres.

La troisième, qu'ils soient bien conformés.

Et la quatrième qu'ils sachent lire et écrire pour pouvoir être appliqués tout de suite à l'étude des langues.

Il est nécessaire au surplus que les parents qui proposeront des enfants pour le Collège royal de la Flèche s'adressent à MM. les Intendants des Généralités où ils sont domiciliés, ou à leurs subdélégués sur les lieux, chacun pour ce qui concerne sa subdélégation, toute autre voie serait inutile et occasionnerait aux parents des peines et des démarches qu'ils doivent s'épargner.

Ils remettront à MM. les Intendants ou à leurs subdélégués :

1° L'extrait baptistaire légalisé de l'enfant proposé; cet extrait doit faire mention du jour de la naissance ainsi que cela est prescrit par l'Ordonnance de 1667 et il faut que les dates soient écrites en toutes lettres et non en chiffres.

2° Si le père est mort il est nécessaire de produire son extrait mortuaire en bonne forme.

3° On observera la même chose par rapport à la mère.

4° L'intention du Roi étant qu'il ne soit admis aux places du Collège de la Flèche aucun enfant dont les parents pourraient se passer de ce secours, le bien des père et mère ou celui des enfants eux-mêmes s'ils n'ont ni père ni mère sera constaté par MM. les Intendants ou par leurs subdélégués, qui en délivreront un certificat détaillé, vérifié sur le rôle des impositions et attesté conforme à la commune renommée par deux gentilshommes voisins, pour les gouverneurs des provinces où le domicile des parents sera situé, ou à leur défaut, par les commandants des dites provinces et enfin par l'évêque diocésain.

5° Pour constater la bonne conformation et même la bonne constitution des enfants proposés, les parents en rapporteront un certificat signé par un médecin ou un chirurgien ou par les deux ensemble.

6° A toutes les pièces ci-dessus, il est accessible que les parents joignent un mémoire qui renferme exactement les éclaircissements ci-après :

1° Sont-ils en état de faire preuve, par titres, de quatre degrés de noblesse du côté du père seulement? Il est inutile qu'ils mettent leurs titres à MM. les Intendants, on aura soin de les leur demander lorsque leurs enfants auront été agréés par le Roi.

2° Nom et surnoms du père.

3° Son âge.

4° Exerce-t-il quelque emploi soit dans la magistrature, soit dans les armées? S'il a quelque parent ou quelqu'un de ses ancêtres qui se soit distingué dans l'une ou l'autre de ces professions, il fera bien de le dire en peu de mots.

5° La mère est-elle vivante?

6° Noms et surnoms des enfants proposés. Plusieurs frères peuvent être présentés en même temps.

7° Quel est le nombre de leurs frères et sœurs?

8° Les enfants proposés savent-ils lire et écrire? ils doivent s'attendre à être examinés sur ces deux points avant leur réception au Collège.

9° Ont-ils été confirmés et ont-ils fait leur première communion?

10° Sont-ils bien conformés?

11° Sont-ils élevés dans la maison paternelle, dans des pensions ou des collèges?

12° Quel est le lieu de l'habitation des parents, le diocèse, la généralité, la subdélégation et le bureau de poste où l'on doit adresser les lettres que l'on peut être dans le cas de leur écrire?

13° Quel est l'état de la fortune des parents? Il ne faut pas que la famille néglige de rapporter sur cela un certificat dans la forme indiquée ci-dessus.

Nota. — Les parents qui auront eu avis que les enfants qu'ils auront présentés, sont inscrits, doivent se dispenser d'envoyer de nouvelles protections ou recommandations et d'écrire eux-mêmes ultérieurement. S'ils le font, ils doivent s'attendre à ne recevoir aucune réponse.

Instruction

Sur ce que les parents doivent observer lorsqu'ils proposent leurs enfants pour les écoles royales militaires.

Cette instruction se divise en trois parties :

La première traite des classes ou degrés de préférence pour les enfants qu'on propose ;

La seconde, des conditions qu'il est nécessaire de remplir pour pouvoir être admis ;

La troisième, des questions auxquelles il faut répondre.

PREMIÈRE PARTIE

(Déclaration du Roi, du 1er février 1776.)

Le Roi, en donnant une nouvelle forme à la fondation établie par Louis XV, pour l'éducation gratuite de la noblesse de son royaume, a confirmé les dispositions de l'édit du mois de janvier 1751, qui accordent à la noblesse qui suit la profession des armes des préférences fondées sur le plus ou le moins de mérite des services militaires. Les degrés de ces préférences sont partagés en huit classes, savoir :

(Règlement du 28 mars suivant, titre II, art. 5.)

PREMIÈRE CLASSE.

Orphelins dont les pères ont été tués au service, ou qui sont morts de leurs blessures, soit au service, soit après s'en être retirés à cause de leurs blessures.

SECONDE CLASSE.

(Édit du mois de janvier 1751, art. 14.)

Orphelins dont les pères sont morts au service d'une mort naturelle ou qui ne s'en sont retirés qu'après trente ans de commission, de quelque espèce que ce soit.

TROISIÈME CLASSE.

Enfants qui sont à la charge de leurs mères, leurs pères ayant été tués au service ou étant morts de leurs blessures, soit au service, soit après s'en être retirés à cause de leurs blessures.

QUATRIÈME CLASSE.

Enfants qui sont à la charge de leurs mères, leurs pères étant morts d'une mort naturelle, ou s'étant retirés après trente ans de commission, de quelque espèce que ce soit.

CINQUIÈME CLASSE.

(Déclaration du 24 août 1760, art. 1, 2, 3 et 4.)

Enfants dont les pères sont actuellement au service ou qui s'en sont retirés par rapport à des blessures, des accidents ou des infirmités qui ne leur ont absolument pas permis d'y rester.

Dans ce dernier cas, il faut rapporter un certificat des officiers du corps où le père a servi et un procès-verbal de son état actuel, procès-verbal fait par un chirurgien juré, en présence de deux gentilshommes qui y signeront, et légalisé par le juge royal des lieux.

Art. 5 de la Déclaration du 24 août 1760.)

Les enfants des pères qui ont obtenu du roi la permission de se retirer après trente ans de service non interrompus, sont aussi de la cinquième classe.

SIXIÈME CLASSE.

Enfants dont les pères ont quitté le service sans être dans aucun des cas exprimés dans l'article précédent.

SEPTIÈME CLASSE.

Enfants dont les pères n'ont pas servi, mais dont les ancêtres ont servi.

HUITIÈME CLASSE.

(Édit du mois de janvier 1751, art. 13.)

Les enfants de tout le reste de la noblesse, qui par son indigence se trouve dans le cas d'avoir besoin des services du Roi.

(Règlement du 28 mars 1776, titre II, art. 5.)

Tel est l'ordre que Sa Majesté entend que l'on observe dans l'admission des enfants proposés pour les Écoles Royales militaires, de sorte que la première classe soit toujours préférée à la seconde, la

(Édit de janvier 1751, art. 15.)

seconde à la troisième et ainsi de suite jusqu'à la dernière.

(Règlement du 26 juillet 1783, art. 1er.)

Les enfants qui n'ont ni père ni mère pourront y être reçus depuis l'âge de sept à huit ans jusqu'à l'âge de douze; et ceux qui ont père et mère, depuis sept à huit ans, jusqu'à dix seulement.

SECONDE PARTIE

Conditions requises pour pouvoir être admis.

(Art. 16 de l'Édit de janvier 1751.)

La première condition est que l'enfant proposé soit en état de faire preuve de quatre degrés de noblesse, au moins, du côté du père seulement.

(Règlement du 26 juillet 1783, art. 1er.)

Celui dont les preuves ne seraient pas faites, un an après sa nomination à une place d'élève, ne sera pas admis à la remplir. Lorsque les branches cadettes n'auront pas ces titres en leur possession, il sera juste que les branches aînées les en aident, les aînés ne démeurant dépositaires des titres de famille que sous cette condition; s'ils s'y refusent, on pourra les contraindre judiciairement.

(Art. 13 de l'Édit et art. 7 de la Déclaration du 24 août 1760.)

La seconde condition, que l'enfant soit dans l'indigence. Il faut, à cet effet, justifier l'état de la fortune du père et de la mère, ou de l'enfant, par un certificat que délivrera le subdélégué, et dans lequel il aura soin de spécifier, autant que faire se pourra, la nature et le produit des biens, en le vérifiant sur le rôle des impositions; ce certificat doit en outre être

(Art. 8 de la Déclaration.)

attesté conforme à la commune renommée par deux gentilshommes voisins du domicile des père et mère, ou de l'enfant.

(Règlement du 28 mars 1776, titre II, art. 6.)

(Art. 17 de l'Édit de janvier 1751, et art. 6 du titre II du règlement du 28 mars 1776.)

Ce certificat doit être également attesté par les Gouverneurs des provinces où le domicile des parents est situé, si lesdits Gouverneurs y résident, ou à leur défaut par les commandants desdites provinces, ainsi que par les évêques diocésains.

(Art. 15 de l'Édit, et art. 3 du titre II du règlement.)

La troisième condition, que l'enfant soit bien conformé, c'est-à-dire qu'il ne soit ni contrefait, ni estropié; il faut en rapporter un certificat de médecin ou chirurgien, dûment légalisé, ou des deux ensemble.

La quatrième condition, que l'enfant sache lire et écrire, afin de pouvoir être appliqué tout de suite à l'étude des langues. L'enfant subira à cet égard un examen le jour de son arrivée aux écoles militaires; et, s'il n'est pas assez instruit sur ces points, il sera laissé à sa famille pour n'être admis qu'au remplacement de l'année suivante, si son âge peut encore le permettre.

(Déclaration du Roi, du 3 avril 1766.)

(Art. 3 et 4 des lettres patentes.)

La cinquième condition, que l'enfant ait eu la petite vérole, naturellement ou par inoculation; il faut en rapporter un certificat des médecin et chirurgien de la résidence, légalisé par le premier magistrat du lieu.

(Déclaration du 24 août 1762, art. 7.)

Il faut au surplus que les parents qui ont des enfants à proposer, s'adressent à MM. les Intendants ou à leurs subdélégués, chacun pour ce qui concerne sa subdélégation, toute autre voie serait inutile et occasionnerait aux parents des peines et des démarches qu'ils doivent s'épargner.

Ils remettront donc à MM. les Intendants ou à leurs subdélégués :

1º Un certificat de l'état de fortune des père et mère, et de celle de l'enfant proposé, dans la forme ci-dessus prescrite, l'intention du Roi étant qu'il ne soit reçu dans les écoles militaires aucun enfant dont les parents pourraient se passer de ce secours;

2º Un extrait de baptême dûment légalisé, et on aura attention que cet extrait fasse mention du jour de la naissance, ainsi que cela est prescrit, en l'ordonnance de 1667, et que les dates soient écrites en toutes lettres et non en chiffres;

3º Un certificat de bonne conformation;

4º Si le père est mort, on aura soin de produire son extrait mortuaire en bonnes formes;

5º On observera la même chose, par rapport à la mère;

6º L'enfant dont le père aura quitté le service pour des blessures ou des infirmités, en rapportera les certificats exigés par les art. 3 et 4 de la Déclaration du 24 août 1760, dans la forme ci-dessus prescrite;

7º Un certificat de médecin et chirurgien qui constate que l'enfant proposé a eu la petite vérole, naturellement ou par inoculation;

(Art. 9 du titre II du règlement du 23 mars 1776.)

8º Les parents se chargeront de faire conduire, à leurs frais, les enfants dans les écoles qui leur auront été indiquées;

(Art. 9 du titre II du règlement du 23 mars 1776.)

9º Les familles seront obligées de pourvoir à leur première fourniture nécessaire pour l'établissement et l'équipement de leurs enfants dans les écoles militaires; mais cette fourniture ne sera proprement qu'une avance qu'elles feront à leurs enfants, les écoles militaires devront, à leur tour, équiper à leurs frais complètement les élèves, lorsqu'ils sortiront pour être placés dans les troupes de Sa Majesté.

(Art. 10 du titre II du règlement du 23 mars 1776.)

Cette première fourniture faite par les familles, consiste en :

Un surtout de drap bleu, doublure bleue;

Un habit de drap bleu, doublure, parement rouge, et boutons blancs;

Deux vestes bleues;

Deux culottes noires;

Douze chemises;

Douze mouchoirs;

Six cravates ou mouchoirs de cou;

Six paires de bas;

Six bonnets de nuit;

Deux peignoirs;

Deux chapeaux;

Deux paires de souliers;

Deux peignes;

Un ruban de queue;

Un sac à poudre.

(Art. 22 du titre II du règlement du 23 mars 1776.) Au moyen de cette première fourniture qui est de rigueur, les familles n'auront plus à leurs charges aucuns frais pour leurs enfants, à l'exception de leurs ports de lettres. Lesdits enfants devront être entretenus en tous points pendant la durée de leur éducation, et équipés par lesdites écoles militaires à leur sortie, de la même quantité d'effets qui auront

(Décision du Roi, du 27 juin 1789.) été reçus en entrant, et ensuite conduits, aux dépens du Roi, dans les régiments où ils seront placés.

TROISIÈME PARTIE

ÉCOLES ROYALES MILITAIRES

QUESTIONS auxquelles doivent répondre les personnes qui désirent obtenir des places pour leurs enfants aux Écoles royales militaires.

QUESTIONS	RÉPONSES
1° Sont-ils en état de faire preuve, par titres, de quatre degrés de noblesse, du côté du père seulement? (Les familles continueront d'adresser leurs preuves et papiers généalogiques dans la forme accoutumée à M. d'*Hosier de Sérigny*, commissaire du Roi, pour les preuves de noblesse des élèves des écoles militaires: elles seront prévenues du moment où elles devront faire cet envoi.) 2° Noms et surnoms du père. 3° Son âge. 4° Est-il au service, ou s'en est-il retiré? a-t-il été tué au service, ou est-il mort d'une mort naturelle?	

(Il faut détailler en cet endroit le temps où le père a commencé à servir, les grades par lesquels il a passé, les époques de ces grades, etc., afin que la vérification puisse s'en faire plus facilement au bureau de la guerre.

5° S'il a quitté le service, dans quel temps et par quelles raisons?

6° A-t-il reçu quelques grâces du Roi dans le cours de ses services, ou en se retirant?

7° Est-il chevalier de Saint-Louis? S'il l'est, dans quel temps a-t-il été associé à cet ordre?

8° La mère est-elle vivante?

(Règlement du 26 juillet 1783, art. II.)

9° Noms et surnoms de l'enfant proposé[1]. Produire son extrait baptistaire. (Les parents ne pourront proposer qu'un enfant à la fois; et s'il est agréé ils ne seront admis à solliciter la même grâce, pour un second, que lorsque l'éducation du premier sera terminée.)

10° Quel est le nombre des frères et sœurs de l'enfant proposé? (Faire constater ce nombre par un certificat du curé au lieu du domicile des parents.)

11° Cet enfant a-t-il des frères, des oncles ou d'autres parents au service du Roi[2]?

12° Sait-il lire et écrire?

13° A-t-il été confirmé et a-t-il fait sa première communion?

14° Est-il bien conformé? en rapporter le certificat.

15° A-t-il eu la petite vérole ou la rougeole?

16° Quelle est son occupation actuelle?

17° Est-il élevé dans la maison paternelle, dans une pension ou dans un collège?

18° Quel est le lieu de l'habitation des parents, le Diocèse, la Généralité. l'Élection, la Subdélégation; où peut on leur écrire?

19° Quel est l'état de la fortune des parents? En rapporter le certificat tel qu'il est demandé ci-dessus.

Les parents auront attention de ne négliger aucun de ces éclaircissements qui sont tous absolument nécessaires.

1. Dans les formules plus anciennes, ce paragraphe n'existe pas d'ailleurs. Au lieu de dire : enfant proposé, la formule portait : des enfants proposés et leurs au lieu de son, et ces enfants au lieu de cet enfant.

2. Dans la formule plus ancienne, il est dit : ces enfants ont-ils des frères au service du Roi, des oncles ou d'autres parents? La question n'existe pas dans la formule précédente.

(Déclaration du 24 août 1762.)

Il faut au surplus que les parents qui auront un enfant à proposer, s'adressent à MM. les Intendants où ils sont domiciliés ou aux subdélégués de MM. les Intendants, chacun pour ce qui concerne la subdélégation; toute autre voie serait inutile, elle occasionnerait aux parents des peines et des démarches qu'ils doivent s'épargner.

Ils remettront à MM. les Intendants ou leurs subdélégués :

1º L'extrait baptistaire légalisé de l'enfant proposé, et ils feront attention que cet extrait fasse mention du jour de la naissance, ainsi que cela est prescrit par l'ordonnance de 1667, et que les dates soient écrites en toutes lettres et non en chiffres.

2º Si le père est mort, on aura soin de produire son extrait mortuaire en bonne forme.

3º On observera la même chose par rapport à la mère.

Nota. — Les parents qui auront eu avis que l'enfant qu'ils ont présenté est inscrit, doivent se dispenser d'envoyer de nouvelles protections ou recommandations et d'écrire eux-mêmes ultérieurement; s'ils le font, ils doivent s'attendre à ne recevoir aucune réponse.

NOTE 7.

Beaucoup de nos lecteurs verront avec intérêt les documents nombreux que possèdent les Archives nationales sur les écoles militaires; dans ce dépôt sont conservés tous les éléments qui peuvent fixer le chercheur sur l'histoire de l'École royale militaire à tous les moments de son existence.

C'est pourquoi nous avons cru devoir noter ici les cartons où se trouvent les pièces collectionnées mises à la disposition du public.

Documents relatifs à la fondation de l'École, projets, mémoires, lettres de Mme de Pompadour. — K, 149-152.

Analyses de mémoires sur l'établissement de l'École. — MM, 656.

Titres de propriété et droits de l'École. — MM, 657. S, 7155, 7157.

Délibérations provisoires du conseil de l'École, 1764-1790. — MM, 658.

Registre des délibérations du conseil de l'École, 1753-1777. — M, 254. MM, 661-663.

Bureau d'administration, 1776-1792. — MM, 670-673.

Affaires portées aux différents conseils, 1756-1776. — MM, 664-669

Administration de l'École, correspondance, 1776-1788. — MM, 674-677.

Affaires particulières, 1756-1776. — MM, 678-681.

Dossiers des élèves, actes baptistaires et autres. — M, 255.

État des pensions sur les fonds de l'École militaire, 1759, 1781. — M, 254.

État de situation de la caisse, 1777-1789. — M, 251.

Comptabilité, rentes, 1765-1783. — M, 252.

Revenus attribués à l'École, 1776; loterie de l'École militaire.

Affinages de Paris et de Lyon attribués à l'École militaire. — M, 253. MM, 682.

Ouvriers employés, 1784, 1788. — M, 257.

Inventaire du mobilier, 1788. — M, 253.

Bâtiments, constructions, réparations, 1771-1788. — M, 254, 256. MM, 683.

Voyez aussi le carton AD, VI, n° 10 B.

A la Bibliothèque nationale, au département des manuscrits, les ntéressés : descendants, parents, alliés, généalogistes et historiographes, trouveront de nombreux et précieux documents originaux relatifs aux noms rappelés dans notre répertoire, dans, notamment :

La *Collection Chérin*, vol. 214, *résidu.*

La *Collection Clairambault*, vol. 936 et 937.

Les *Pièces Originales* (classées par ordre alphabétique).

Les *Dossiers bleus.*

Les *Carrés de d'Hozier.*

Le *Nouveau d'Hozier.*

www.ingramcontent.com/pod-product-compliance
Lightning Source LLC
Chambersburg PA
CBHW072230270326
41930CB00010B/2073